suhrkamp taschenbuch 5281

In ihrem neuen Buch erkundet Leslie Jamison die Tiefen von Verlangen, Intimität und Obsession und testet dabei auch die Grenzen ihrer eigenen Offenheit und ihres Mitgefühls für andere aus. Wie kann sie empathisch über menschliche Erfahrung schreiben, ohne ihre kritische Distanz zu verlieren? Wie ihr Beteiligtsein verarbeiten, ohne der Selbstbezogenheit zu erliegen? In Essays über so unterschiedliche Themen wie den »einsamsten Wal der Welt«, kindliche Erinnerungen an frühere Leben oder die Erfahrung, eine Stiefmutter zu sein, sucht sie nach neuen, ehrlichen Möglichkeiten erzählerischer Zeugenschaft.

Leslie Jamison, geboren 1983 und aufgewachsen in Los Angeles. Sie schreibt u.a. für *The New York Times, The Atlantic* und *Harper's,* leitet das Non-Fiction-Programm der Columbia University und lebt mit ihrer Familie in New York.

Zuletzt erschienen: *Die Empathie-Tests* (st 4807), *Die Klarheit* (st 5052), *Der Gin-Trailer* (st 5153).

Leslie Jamison

ES MUSS SCHREIEN, ES MUSS BRENNEN

Essays

Aus dem Englischen
von Sophie Zeitz

Suhrkamp

Die amerikanische Originalausgabe erschien 2019
unter dem Titel
Make it Scream, Make it Burn
bei Little, Brown and Company, New York

Klimaneutral
Druckprodukt
ClimatePartner.com/14438-2110-1001

Erste Auflage 2023
suhrkamp taschenbuch 5281
Suhrkamp Verlag AG, Berlin, 2023
Lizenzausgabe mit freundlicher Genehmigung
des Hanser Berlin im Carl Hanser Verlag

Umschlaggestaltung und Illustration:
Nurten Zeren, zerendesign.com
Druck und Bindung: CPI books GmbH, Leck
Printed in Germany
ISBN 978-3-518-47281-1

www.suhrkamp.de

ES MUSS SCHREIEN, ES MUSS BRENNEN

Für meinen Vater
Dean Tecumseh Jamison

Wann kennen unsere Sinne etwas so gründlich,
wie wenn wir es entbehren?

Marilynne Robinson, *Haus ohne Halt*

INHALT

I. SEHNEN

II. SCHAUEN

III. BLEIBEN

I.

SEHNEN

52 BLUE

7. Dezember 1992. Whidbey Island, Puget Sound. Die Weltkriege waren vorbei. Die anderen Kriege waren vorbei: Korea, Vietnam. Auch der Kalte Krieg war endlich vorbei. Der Marinefliegerstützpunkt Whidbey Island blieb. Und der Pazifik mit seinen gewaltigen, unergründlichen Tiefen hinter dem Rollfeld, das den Namen eines verschollenen Fliegers trug: William Ault, der bei der Schlacht im Korallenmeer abgestürzt war. So ist das Leben. Der Ozean verschluckt Menschenleiber mit Haut und Haar und macht sie unsterblich. Nach William Ault hieß jetzt eine Piste, die andere Männer in den Himmel schickte.

Auf dem Stützpunkt kam der unendliche Pazifik als endliche Datenmenge an, die von einem am Meeresgrund verteilten Netzwerk von Hydrophonen aufgefangen wurde. Ursprünglich hatten die Hydrophone im Kalten Krieg sowjetische U-Boote belauscht, doch inzwischen waren sie aufs Meer selbst ausgerichtet, um dessen formloses Rauschen in etwas Messbares zu übertragen: meterweise gedruckte Graphen, die aus Spektrogramm-Schreibern rollten.

An besagtem Dezembertag 1992 bemerkte Obermaat Velma Ronquille einen seltsamen Laut. Sie vergrößerte ihn auf einem anderen Spektrogramm, um ihn genauer ansehen zu können. Es war äußerst ungewöhnlich, dass er auf einer Frequenz von 52 Hertz hereinkam. Sie winkte einen der Tontechniker herbei. Dass müsse er sich ansehen, sagte sie. Der Tontechniker kam. Er sah sich den Graphen an. Sein

Name war Joe George. Velma sagte: »Ich glaube, das ist ein Wal.«

Joes erster Gedanke war: *Heiliger Strohsack*. Das konnte nicht sein. Das Lautmuster sah zwar aus wie das eines Blauwals, aber Blauwale erzeugten normalerweise Frequenzen zwischen 15 und 20 Hertz – ein kaum wahrnehmbares Grollen am Rande des menschlichen Gehörspektrums. 52 Hertz lagen in einem völlig anderen Bereich. Und doch war es da, direkt vor ihrer Nase, die Audiosignatur eines Wesens, das mit einem unerhört hohen Lied durch die Tiefen des Pazifiks zog.

Wale singen aus vielerlei Gründen: bei der Navigation, der Futtersuche, der Kommunikation mit Artgenossen. Für manche Wale, darunter Buckel- und Blauwale, spielt der Gesang auch bei der Partnersuche eine Rolle. Männliche Blauwale singen lauter als weibliche, und ihre Lautstärke – über 180 Dezibel – macht sie zu den lautesten Tieren der Welt. Sie klicken und grunzen und trillern und summen und stöhnen. Sie klingen wie Nebelhörner. Ihre Rufe verbreiten sich Tausende von Kilometern weit durch das Meer.

Weil die Frequenz dieses Wals so einzigartig war, verfolgte man ihn in Whidbey jahrelang auf dem Radar, wenn er sich auf seine jährliche Wanderung gen Süden von Alaska nach Mexiko begab. Man nahm an, dass es sich um ein männliches Tier handelte, da nur Bullen in der Paarungszeit singen. Die Route war nicht ungewöhnlich, nur das Lied – und die Tatsache, dass sich nie andere Wale in seiner Nähe zeigten. Er war anscheinend immer allein. Der Wal rief zu hoch, und offenbar hörte ihn niemand – jedenfalls antwortete ihm niemand. Die Tontechniker nannten ihn 52 Blue. Später bestätigte eine wissenschaftliche Studie, dass Walgesang mit ähnlichen Eigenschaften nie aufgezeichnet worden war.

»Auch wenn es schwer zu akzeptieren ist«, endete der Bericht, »aber wie es aussieht, ist er in der ungeheuren Weite des Ozeans allein.«

Auf der Fahrt durch den Bundesstaat Washington von Seattle nach Whidbey Island passierte ich die nüchternen Aushängeschilder der dort ansässigen Industrie: riesige Holzstapel, Flüsse, in denen sich Stämme drängten wie Fische in der Reuse, Türme bonbonfarbener Schiffscontainer am Hafen von Skagit und schmutzig weiße Silos vor der Deception Pass Bridge, deren majestätische Stahlkonstruktion sich über den Puget Sound spannte – sechzig Meter über hartfunkelndem Wasser, auf dem Sonnensplitter gleißten. Die Insel am anderen Ende der Brücke wirkte bukolisch, außerweltlich, dabei fast wehrhaft. LITTER AND IT WILL HURT, stand auf einem Schild: Wer Müll hinterlässt, wird büßen. Auf einem anderen: Heizstrahler brauchen Abstand. Whidbey Island nennt sich selbst die längste Insel der USA, aber das stimmt nicht ganz. »Whidbey ist zwar lang«, gab die *Seattle Times* zu, »aber wir wollen sie nicht länger machen, als sie ist.« Jedenfalls ist die Insel lang genug für ein Drachen-Festival, ein Muschel-Festival, ein Fahrradrennen (die Tour de Whidbey), vier Binnenseen und ein jährlich stattfindendes Krimi-Spiel, bei dem die ganze Gemeinde Langley mit 1035 Einwohnern zum Tatort wird.

Joe George, der Tontechniker, der 52 Blue identifizierte, lebt immer noch in seinem bescheidenen Haus am Hang über der Nordspitze, etwa zehn Kilometer vom Stützpunkt entfernt. Als ich ihn besuchte, öffnete er mir lächelnd die Tür – ein stämmiger Mann mit silbernem Haar, sachlich, aber freundlich. Obwohl er schon seit zwanzig Jahren nicht mehr auf dem Stützpunkt arbeitete, konnten wir mit seinem Navy-

Ausweis das Gelände immer noch betreten. Er benutze den Ausweis regelmäßig, um auf dem Stützpunkt seinen Recycling-Müll zu entsorgen, erzählte er. Auf der Holzterrasse vor dem Officers' Club tranken Männer in Fliegeroveralls Cocktails. Die Küste dahinter war zerklüftet und schön; Wellen brandeten auf den dunklen Sand, der salzige Wind zerrte am Immergrün.

Joe erklärte, als er auf dem Stützpunkt gearbeitet habe, sei sein Team, das für die Verarbeitung der von den Hydrophonen gelieferten Audiodaten zuständig war, aus Sicherheitsgründen vom Rest des Stützpunkts isoliert gewesen. Als wir seine alte Wirkungsstätte erreichten, sah ich, was er meinte. Das Gebäude war von mit Stacheldraht gekrönten Doppelzäunen umgeben. Er sagte, manche Soldaten auf dem Stützpunkt hätten es für eine Art Gefängnis gehalten. Sie erfuhren nie, was dort geschah. Auf die Frage, wofür er die seltsamen Geräusche 1992 gehalten habe, bevor ihm klarwurde, dass es Walgesänge waren, antwortete er: »Kann ich Ihnen nicht sagen. Diese Informationen sind geheim.«

Zu Hause holte Joe einen Stapel Papiere aus der Zeit hervor, als er 52 Blues Spuren folgte. Computer-Landkarten, die fast ein Jahrzehnt seiner Wanderungen dokumentierten, jede Saison in einer anderen Farbe, Gelb, Orange, Lila, die Routen des Wals in der groben Computergrafik der 1990er Jahre. Joe zeigte mir Tabellen mit 52s Liedern und erklärte mir die Linien und Metren, damit ich seine Signatur mit den typischeren Walgesängen vergleichen konnte: mit den tiefen Frequenzen gewöhnlicher Blauwale und den viel höheren Frequenzen der Buckelwale. Die Gesänge der Blauwale enthalten verschiedene Laute – lange Summ- und Stöhnlaute, konstant oder moduliert –, und 52 Blues lautliche Äußerungen zeigten die gleichen charakteristischen Muster, nur eben auf einer völlig anderen Frequenz, knapp über dem tiefsten Ton einer Tuba. Der kurze Audioclip von 52, den Joe mir für das menschliche Gehör beschleunigt vorspielte, hörte sich unheimlich an: ein schriller, pulsierender, bohrender Klang, das akustische Pendant eines trüben Lichtstrahls im dichten Nebel einer Vollmondnacht.

Joe machte es sichtlich Spaß, mir die Karten und Tabellen zu erklären. Anscheinend entsprachen sie seiner Liebe zu Ordnung und Struktur. Als er mir stolz die Früchte seiner verschiedenen und durchaus überraschenden Hobbys zeigte – eine eindrucksvolle Sammlung fleischfressender Pflanzen samt der Bienen, die er als Futter zog, oder die tadellose Muskete, die er für seine Reenactments des Trapperlebens im 19. Jahrhundert aus einem Bausatz angefertigt hatte –, wurde sein Hang zu Akribie und Gewissenhaftigkeit offenbar. Bei allem, was er tat, hatte er ein tiefes Bedürfnis nach Genauigkeit und Gründlichkeit. Er zeigte mir die Kobralilien, seine Lieblingspflanzen, und erläuterte mir – sichtlich beeindruckt von der Effizienz und Tücke des Mechanismus –, wie ihre durchsichtigen Hauben die gefangenen Fliegen täuschten, die bis zur Verausgabung versuchten dem Licht entgegenzufliegen. Dann deckte er die grünen Rücken ihrer gerundeten Hauben behutsam mit einer Frostmatte wieder zu, um sie vor Kälte zu schützen.

Ich spürte, dass Joe sich über die Gelegenheit freute, die alten Walkarten hervorzuholen. Sie erinnerten ihn an die Zeit, als 52s Geschichte ihren Anfang nahm und er mittendrin steckte. Joe erzählte, er sei nach Whidbey gekommen, nachdem er mehrere Jahre auf einem Stützpunkt in Island »Schwerstarbeit« geleistet hatte, so die Dienstbeschreibung, auch wenn er den Dienst in Island nicht als besonders schwer empfunden habe; seine Kinder hatten an der Blauen Lagune

Schneemänner gebaut. Damals war er bereits ausgebildeter Tontechniker gewesen und gut vorbereitet auf die Arbeit, die ihn in dem kleinen flachen Bunker hinter dem Stacheldrahtzaun erwartete.

Das Hydrophon-Überwachungssystem, auch bekannt als Sound Surveillance System oder SOSUS, war mehr oder weniger ein Stiefkind, erzählte Joe. Der Kalte Krieg war vorbei, und da keine sowjetischen U-Boote mehr zu belauschen waren, musste die Navy irgendwie davon überzeugt werden, dass sich das teure Hydrophon-Netzwerk noch rentierte. Die Arbeitsfelder, die sich eröffneten, überraschten selbst die, die beteiligt waren. Darel Martin, der als Toningenieur in Whidbey mit Joe zusammengearbeitet hatte, drückte es so aus: »Erst waren wir Experten für Haie aus Stahl, dann belauschten wir lebende, atmende Tiere.« Er sagte: »Es ist einfach uferlos, was man im Ozean alles hören kann.« Heute wird das Geheimnis jenes Wals von einem Mann gehütet, der abgewetzte Ordner auf seinem Küchentisch ausbreitet, um mir die unspektakulär aussehenden Aufzeichnungen seines spektakulären Gesangs zu zeigen.

Juli 2007, Harlem, New York. Leonora wusste, dass sie sterben würde. Nicht irgendwann, sondern bald. Sie litt seit Jahren an Uterusmyomen und Blutungen, manchmal so heftig, dass sie Angst hatte, die Wohnung zu verlassen. Blut wurde zur Zwangsvorstellung: Sie dachte an Blut, sie träumte von Blut, sie schrieb Gedichte über Blut. Sie kündigte ihre Stelle als Fallmanagerin bei der Stadtverwaltung, wo sie über zehn Jahre gearbeitet hatte. Leonora war 48 Jahre alt. Sie hatte immer selbst für sich gesorgt; sie arbeitete, seit sie vierzehn war. Sie hatte nie geheiratet, obwohl es Angebote gab. Sich selbst versorgen zu können, war ihr immer wichtig gewesen. Aber dies war ein neuer Grad der Isolation. Eine Verwandte sagte zu ihr: »Du bist an einem sehr dunklen Ort« – und dass sie sie nicht mehr sehen wolle.

Bis zum Sommer hatte sich ihr Zustand verschlechtert. Leonora fühlte sich ernsthaft krank: Sie litt unter ständiger Übelkeit, akuter Verstopfung, Schmerzen im ganzen Körper. Ihre Handgelenke waren geschwollen, der Bauch gebläht, das Sehvermögen durch gezackte Farbspiralen eingeschränkt. Weil sie im Liegen kaum Luft bekam, schlief sie wenig. Wenn doch, hatte sie seltsame Träume. Eines Nachts sah sie einen von einem Pferd gezogenen Leichenwagen, der im Harlem eines vergangenen Jahrhunderts über das Kopfsteinpflaster ratterte. Sie griff nach den Zügeln, sah dem Pferd in die Augen und wusste, dass es gekommen war, um sie holen. Sie war so überzeugt von ihrem bevorstehenden Tod, dass sie die Wohnungstür nicht mehr abschloss, damit ihre Nachbarn später keine Probleme hätten, ihre Leiche abholen zu lassen. Sie rief ihre Ärztin an, um Bescheid zu geben – *Ich bin mir ziemlich sicher, dass ich sterbe* –, doch die Ärztin wurde wütend und sagte ihr, dass sie den Notdienst rufen solle, dass sie weiterleben werde.

Als die Sanitäter Leonora schließlich auf der Trage durch den Hausflur rollten, wollte sie doch noch einmal zurückgebracht werden, um ihre Wohnung abzuschließen. Daran merkte sie, dass sie den Glauben an ihr Leben zurückgewonnen hatte. Wenn sie nicht starb, wollte sie auch nicht die Tür auflassen.

Die Bitte, von den Sanitätern zurückgeschoben zu werden, war das letzte, woran Leonora sich erinnerte, bevor zwei Monate der Dunkelheit über sie hereinbrachen. An jenem Abend im Juli begann eine medizinische Odyssee – fünf Tage Operationen, sieben Wochen im Koma, sechs Monate im

Krankenhaus –, die Leonora in ihrem eigenen Tempo und auf ihrem eigenen Weg zur Geschichte von 52 Blue führte.

In der Zeit, als Joe George und Darel Martin 52 Blue belauschten, arbeiteten sie unter der Leitung von Bill Watkins, einem Akustikexperten des Woods Hole Oceanographic Institute in Massachusetts, der alle paar Monate von der anderen Küste nach Whidbey Island kam, um sich anzuhören, was sie gefunden hatten. Jeder, der mir von Watkins erzählte, sprach in fast mythischen Begriffen von ihm. Je nach Bericht variierte die Zahl der Fremdsprachen, die er sprach: sechs, zwölf, dreizehn. Zwanzig, behauptete einer seiner früheren Forschungsassistenten. Watkins war als Sohn christlicher Missionare in Guinea zur Welt gekommen, damals Französisch-Westafrika. Als Kind habe er mit seinem Vater Elefanten gejagt, erzählte Darel. »Er konnte zwanzig Hertz hören, was für das menschliche Ohr extrem tief ist. Sie oder ich hören da gar nichts … Aber Bill hörte die Elefanten, wenn sie noch weit weg waren. Und dann sagte er seinem Vater, wo es lang ging.«

Im Laufe seines Lebens entwickelte Watkins viele der technischen und methodologischen Hilfsmittel, die es möglich machten, Walgesänge aufzunehmen und zu analysieren: Peilsender, Unterwasser-Playback-Experimente, Ortungsmethoden. Er baute das erste Tonbandgerät, das Walstimmen aufnehmen konnte.

Für Joe und Darel war 52 Blues ungewöhnliche Frequenz vor allem deswegen interessant, weil er damit leicht zu überwachen war. Er hob sich mit seinem Gesang von den anderen ab, wodurch sie seine Wanderungen gut verfolgen konnten. Weil sich die anderen Wale nur schwer unterscheiden ließen, waren ihre Bewegungsmuster kaum auseinanderzuhalten.

Und durch die Möglichkeit, ihn zu identifizieren – als einen bestimmten Wal unter all den Walen –, entstand eine Beziehung zu 52 als Individuum, während die anderen Wale in der anonymen Masse des Kollektivs untergingen.

52s Individualität – und seine scheinbare Isolation – verliehen ihm auch den Glanz einer gewissen Persönlichkeit. »Wir haben immer gelacht, wenn wir auf seiner Fährte waren«, erzählte Darel. »Wir sagten: ›Vielleicht will er nach Baja, weil er Liebeskummer hat.‹« Darel sprach mit der gleichen Vertrautheit und dem liebevollen Spott über den Wal, mit dem Mannschaftskameraden über einen trotteligen Kumpel herziehen, der kein Glück bei den Frauen hat: *Wie er sich auch abmühte, 52 kam einfach nicht zum Zug. Mit dem Song konnte 52 nicht landen*. Der Wal war mehr als ein Job. In der Zeit, als sie 52 auf der Spur waren, schenkte Darel seiner Frau eine Kette mit einem Wal-Anhänger, den sie heute noch trägt.

Joe beschäftigten andere Aspekte. »Einmal war er über einen Monat verschwunden«, erzählte er, und seine Stimme verriet, dass das Geheimnis ihn immer noch nicht losließ. Als 52 am Ende des Monats endlich wieder auf dem Sonar auftauchte, war er weiter draußen auf dem Pazifik als je zuvor. Wie kam es zu der Auszeit?, fragte Joe sich. Was hatte sich in der Zwischenzeit abgespielt?

Bill Watkins war die treibende Kraft hinter der Walbeobachtung, aber auch er konnte sie nicht ewig laufen lassen. Nach 9/11 wurde der Geldhahn endgültig abgedreht, sagte Joe.

Doch wie sich zeigte, fing die Legende um 52 Blue gerade erst an. Als das Forschungsteam in Woods Hole 2004 die Erkenntnisse über 52 Blue erstmals veröffentlichte – drei Jahre nach Ende der Finanzierung –, wurden sie mit Kommentaren überschwemmt. Bill Watkins war einen Monat nach Abgabe des Artikels verstorben, sodass die Flut der Briefe seine frühere Forschungsassistentin Mary Ann Daher erreichte. Es handelte sich nicht um die übliche wissenschaftliche Korrespondenz. Wie der Journalist Andrew Revkin damals in der *New York Times* schrieb, kam die Post »von gerührten Wal-Fans, denen die Vorstellung eines einsamen Herzens in der Cetacea-Welt naheging«, oder von Menschen, die sich aus anderen Gründen mit dem Wal identifizierten: weil er so rastlos oder unabhängig war, weil er sein eigenes Lied sang.

Nach Revkins Artikel »Lied des Ozeans, a cappella und nicht erhört«, der in jenem Dezember erschien, trafen immer mehr Briefe in Woods Hole ein. (Vielleicht hatte die Meeresbiologin Kate Stafford, die in dem Bericht zitiert wird, ungewollt Öl ins Feuer gegossen: »Er ruft: ›Hallo, ich bin hier!‹ Aber es ist niemand da, der nach Hause telefoniert.«) Die Briefe kamen von Verlassenen und Gehörlosen; von unglücklich Verliebten und Singles; von gebrannten Kindern und zweimal gebrannten Kindern – von Menschen, die sich mit dem Wal identifizierten oder mit ihm litten oder ihren jeweiligen Kummer auf ihn projizierten. Die Legende war geboren: der einsamste Wal der Welt.

Seither hat 52 Blue, oder 52 Hertz, wie viele seiner Fans ihn nennen, zahlreiche Herzschmerz-Schlagzeilen inspiriert: Von »Der einsamste Wal der Welt« über »Der Wal, dessen seltsames Lied ihn daran hindert, die Liebe zu finden« zu »Das unerhörte Liebeslied eines einsamen Wals« und »Da ist ein Wal, den kein anderer Wal hören kann, und er ist einsam: Die allertraurigste Geschichte, oder Kann die Wissenschaft helfen?«. Es gab fantasievolle Geschichten über einen einsamen Junggesellen, der erfolglos an die mexikanische Riviera reist, um den größten Säugetier-Damen der Welt den Hof zu machen, »während seine musikalischen Lockrufe stundenlang durch die Dunkelheit der Tiefsee hallen … wenn er sein breites Repertoire gefühlvoller Melodien versendet«.

Ein Sänger aus New Mexico, der mit seinem Brotjob als Techniker unglücklich war, widmete 52 ein ganzes Album; ein Musiker aus Michigan schrieb ein Kinderlied über das Los des Wals; im Staat New York schuf eine Künstlerin aus alten Plastikflaschen eine Skulptur, die sie *52 Hertz* nannte. Ein Musikproduzent aus Los Angeles begann, auf Flohmärkten alte Kassetten aufzukaufen und sie mit 52s Lied zu überspielen, dem Lied, das mit seinen vielfältigen Suggestionen bald zum sentimentalen Seismografen geworden war: Entschlossenheit und Entfremdung; Sehnsucht und Autonomie; das Versagen der Kommunikation, aber auch eine zähe Beharrlichkeit im Angesicht dieses Versagens. Menschen richteten Twitter-Konten ein, die für ihn sprachen, etwa @52_Hz_Whale, das ziemlich auf den Punkt kommt:

Hallooooooo?! Huuhuuuuu! Ist da draußen jemand? #SadLife

Ich bin so einsam. :'(#lonely #ForeverAlone

Im September wachte Leonora nach sieben Wochen im Koma im St.-Luke's-Roosevelt-Hospital auf, immer noch am Anfang der medizinischen Odyssee, die sie zu 52 Blue führen würde. Die Ärzte hatten ihr im Lauf von fünf Tagen auf dem OP-Tisch fast einen Meter Darm herausgeschnitten, um das nekrotische Gewebe zu entfernen, das durch einen akuten Darmverschluss entstanden war. Um ihre Genesung zu unterstützen, hatte man sie danach in ein künstliches Koma versetzt. Aber es lag noch ein weiter Weg vor ihr. Leonora konnte nicht mehr laufen. Sie hatte Wortfindungsschwierigkeiten, konnte ohnehin kaum sprechen – von all den Schläuchen, über die sie während des Komas versorgt wurde, war ihre Luftröhre stark vernarbt. Sie konnte nicht weiter als bis zehn zählen. Sie konnte kaum bis zehn zählen. Aber sie ließ sich nichts anmerken. Sie behielt es für sich. Sie wollte nicht, dass andere sahen, wie sie kämpfte.

Leonora war unter Kämpfern aufgewachsen, in der Obhut ihrer resoluten, findigen Großmutter, die einen Meter fünfzig klein und an Diabetes erblindet war. Sie war aus Chennai über Trinidad in die USA eingewandert und erzählte Leonora stets, dass die Leute in Indien gedacht hätten, in Amerika wären die Bürgersteige mit Gold gepflastert. Doch in Leonoras Erinnerung herrschte Krieg rund um die Bradhurst Avenue in Harlem, wo sie in den 1970ern aufgewachsen war, die Mordrate war schwindelerregend und es gab eine eigene Police-Taskforce. Als Leonora sich eines Sommers für Fotografie zu interessieren begann, tauften die Leute sie die Todes-Fotografin, weil so viele der von ihr Porträtierten Opfer der Gewalt wurden.

Leonora war fest entschlossen wegzugehen, und als sie als Barkeeperin genug Geld verdient hatte, reiste sie nach Paris, wo sie ein wildes Jahr lang mit einem Korkenzieher in der Hand den Boulevard Saint-Michel auf und ab spazierte; sie machte einen Abstecher nach Capri, lernte mit einer Freundin zwei heißblütige Bademeister kennen, mit denen sie in eine verlassene Villa einbrachen und an einem staubigen Küchentisch Marmeladenbrote aßen. Zurück in New York lernte Leonora den Mann kennen, den sie fast geheiratet hätte, doch auf dem Weg zum Standesamt hatte sie plötzlich so starke Bauchkrämpfe, dass sie aufs Klo stürzte, wo ihr klarwurde, dass ihr Körper ihr etwas zu sagen versuchte: *Tu es nicht*. Sie hörte auf ihren Bauch. Sie blieb auf der Toilette, bis die Behörde zumachte; dann musste ein Polizist kommen und sie aus der Kabine holen.

Später fand sie einen Job als Case Manager bei der Stadtverwaltung und arbeitete mit Sozialhilfe- und Essensmarkenempfängern, doch privat zog sie sich immer mehr zurück. Als sie im Juli 2007 ins Krankenhaus kam, lebte sie bereits so isoliert, dass der Krankenhausaufenthalt weniger eine abrupte Unterbrechung als die Fortsetzung einer Entwicklung darstellte.

Der schwerste Teil ihrer Genesung war für Leonora die Tatsache, dass sie sich nicht mehr selbst versorgen konnte, nicht mehr unabhängig war. Als sie ihre Stimme wiederfand, gewöhnte sie sich langsam daran, um Hilfe zu bitten. Sie erzählte mir, wie sie eines Tages im Krankenhaus die Ursache eines üblen Geruchs in ihrem Zimmer ausgemacht hätte – ihr eigenes Haar, das mit Blut verklebt war –, worauf sie einen der Ärzte bat, es ihr abzuschneiden, und am Ende habe es ziemlich gut ausgesehen. Sie hatten gescherzt, dass der Arzt eine zweite Laufbahn als Friseur einschlagen sollte.

Während der sechs Monate im Krankenhaus und in verschiedenen Reha-Einrichtungen fühlte Leonora sich alleingelassen. Sie bekam nicht viel Besuch. Es schien, als hätten die Menschen, mit denen sie vor ihrer Krankheit zu tun gehabt hatte, Reißaus genommen, als verstießen sie Leonora, weil sie ihrem Leiden nicht zu nahe kommen wollten. Leonora nahm an, sie scheuten sich vor ihrer Krankheit, weil diese sie an ihre eigene Sterblichkeit erinnerte. Bei denen, die kamen, spürte Leonora eine dunkle Energie, von der ihr übel wurde. Als ihr Vater sie besuchte, sagte er ihr immer wieder, dass sie wie ihre Mutter aussehe – von der er seit vielen Jahren nicht gesprochen hatte. Es war, als holte Leonoras

Zustand lange verdrängte Gefühle von Wut und Verlust in ihm an die Oberfläche.

Sie war sowohl von ihren Mitmenschen als auch von der Welt abgeschnitten. Sie konnte nicht einmal fernsehen, weil sie Kopfschmerzen davon bekam. Eines späten Abends, als sie allein im Internet surfte, stieß sie auf 52 Blue. Inzwischen kursierte die Geschichte des Wals seit einigen Jahren im Internet. Doch sie berührte Leonora mit besonderer Kraft: »Er sprach eine Sprache, die niemand sonst sprach«, sagte sie. »Und ich saß hier und war sprachlos. Ich hatte keine Sprache, um zu beschreiben, was mir passiert war … Ich war wie er. Ich hatte nichts. Niemand kommunizierte mit mir. Niemand hörte mich. Niemand hörte ihn. Und ich dachte: *Ich höre dich. Ich wünschte, du könntest mich hören.*«

Wie die Stimme des Wals verhallte auch ihre Stimme im Nichts. Sie kämpfte darum, ein Gefühl für das eigene Selbst wiederzufinden, ganz zu schweigen von den Worten, die beschrieben, was sie dachte und fühlte. Die Welt schien sich vor ihr zurückzuziehen, und der Wal war wie ein Echo dieses Phänomens. Sie erinnerte sich an den Gedanken: *Ich wünschte, ich würde Walisch sprechen*. Doch die Möglichkeit, dass 52 Blue wusste, dass er nicht allein war, gab ihr irgendwie Hoffnung. »Ich dachte: Er ist da. Er spricht. Er sagt etwas. Er singt. Und auch wenn ihn niemand wirklich versteht, hören ihm die Leute zu. Ich wette, er weiß, dass ihm jemand zuhört. Er muss es spüren.«

Um die Jagd nach einem scheuen Wal geht es auch in der berühmtesten Geschichte der amerikanischen Literatur. »Hast du den Weißen Wal gesehen?« Aber *Moby-Dick* erzählt weniger von der Jagd auf ein Tier oder von Rache als von der Suche nach einer Metapher – von dem Versuch zu verstehen, was nicht zu verstehen ist. Ishmael nennt das Weiß des Wals »eine öde Leere, voller Bedeutung«. Sogar voller verschiedener Bedeutungen: Göttlichkeit und ihre Abwesenheit, ursprüngliche Macht und ihre Verweigerung, die Möglichkeit von Rache und die Möglichkeit von Vernichtung. »Und für all dies war der Albinowal das Symbol«, erklärt Ishmael. »Wundert euch nun noch die feurige Jagd?«

Als ich mich mit der Geschichte von 52 Blue zu beschäftigen begann, schrieb ich in der Hoffnung an Mary Ann Daher in Woods Hole, sie würde mir zu verstehen helfen, weshalb die Geschichte dieses Wals aus dem wissenschaftlichen Rahmen gefallen und zum Massenphänomen geworden war. Dahers Rolle in der Geschichte war kurios. Nur weil ihr Name in einem Artikel auftauchte, der sich auf ein Projekt bezog, bei dem sie vor Jahren wissenschaftliche Assistentin gewesen war, wurde sie nun zur unfreiwilligen Beichtmutter einer wachsenden Herde von Anhängern. »Ich bekomme alle möglichen E-Mails«, hatte sie damals einem Journalisten gesagt, »manche sind sehr berührend – wirklich; es bricht einem das Herz, wenn man sie liest – wenn die Leute fragen, warum wir nicht einfach rausfahren und dem Tier helfen.« Doch mit der Zeit setzte ihr das Medieninteresse zu. »Es war ziemlich unangenehm«, sagte sie 2013 in einem anderen Interview. »Nennen Sie mir ein beliebiges Land, ich habe garantiert Anrufer von dort gehabt, die Informationen wollten. Dabei hatte ich seit 2006 nichts mehr damit zu tun … und … ach Gott, [Watkins] würde sich im Grab umdrehen.«

Ich wollte trotzdem mit Mary Ann Daher sprechen. Ich stellte mir vor, wie wir in Woods Hole am Meer stünden, an der salzigen Luft, unsere Kaffeebecher festhielten und uns in die Augen sahen. Was lösten die Briefe bei ihr aus?, würde ich sie fragen. Und sie würde mir von dem Stich erzählen, den sie jedes Mal spürte, wenn sich ihr Posteingang in einen Beichtstuhl verwandelte. Vielleicht würde sie einen der Briefe, die sie am meisten gerührt hatten, aus dem Gedächtnis zitieren: *52 Blue ist Hoffnung und Verlust zugleich.* Ihre Stimme wäre rau, und ich würde mir die Worte notieren. Ich würde auch das Raue ihrer Stimme notieren. Ich würde aufschreiben, wie ihre wissenschaftliche Nüchternheit Risse bekam, gesprengt vom hilflosen Staunen einsamer Fremder.

So hätte es sein können. Vielleicht existiert eine Parallelwelt, in der es so war. Doch in dieser Welt ließ sie meine E-Mails unbeantwortet. Die Presseabteilung des Woods Hole Oceanographic Institute machte sehr deutlich: Mary Ann Daher hatte genug über den Wal gesagt; sie hatte sich oft genug geweigert, Mutmaßungen über den Wal anzustellen, sie hatte die Mutmaßungen anderer oft genug korrigiert. Sie hatte alles gesagt, was sie zu dem Thema zu sagen hatte.

Der letzte, mit dem Daher gesprochen hatte, war der Schriftsteller Kieran Mulvaney. An der Niederschrift ihres Gesprächs lässt sich ablesen, wie misstrauisch und verärgert sie inzwischen war. »Wir wissen einfach nicht, was los ist«, antwortete sie auf die Frage nach dem Grund für 52s merkwürdigen Gesang. »Ist er allein? Keine Ahnung. Die Leute stellen sich immer vor, wie das Tier so einsam da draußen herumschwimmt und vor sich hin singt, ohne dass jemand ihm zuhört. Aber wir wissen es nicht … Hat er sich erfolgreich fortgepflanzt? Ich habe nicht die leiseste Ahnung. Keiner kann diese Fragen beantworten. Ist er einsam? Ich hasse es, wenn man Tieren menschliche Gefühle zuschreibt. Kennen Wale Einsamkeit? Ich weiß es nicht. Das Thema will ich gar nicht anfassen.«

Mary Ann Daher wollte nicht mit mir sprechen. Sie wollte mir auch die Briefe nicht überlassen, die sie von all den

Menschen, die der Wal berührt hatte, bekommen hatte. Also machte ich mich selbst auf die Suche.

Zuerst waren es nur Stimmen im digitalen Äther: ein polnischer Pressefotograf, die Angestellte einer irischen Bauernkooperative, eine amerikanische Muslima, die 52 Blue mit dem Propheten Yunus assoziierte. Sie versammelten sich auf einer Facebook-Seite, die dem Wal gewidmet war, wo sich die meisten Kommentare um zwei Motive rankten: Mitleid mit 52 Blue und die Suche nach 52 Blue. Eine Denise postete immer wieder dieselbe Nachricht – »findet 52 hertz«: um 8 Uhr 09, 8 Uhr 11, 8 Uhr 14, 8 Uhr 14 (noch einmal) und 8 Uhr 16. Eine Frau namens Jen schrieb: »Ich will ihn einfach mal fest umarmen.«

Die 22-jährige Shorna aus dem englischen Kent erzählte mir, 52s Geschichte helfe ihr, das Gefühl der Isolation zu verstehen, dass sie seit der Ermordung ihres Bruders, als sie dreizehn war, empfand – die feste Überzeugung, dass niemand auf der Welt ihre Trauer verstehen konnte. In ihrer Familie wurde nicht darüber gesprochen. Die Therapeuten wollten ihr vorschreiben, was sie zu fühlen habe. Aber der Wal sagte nicht, was sie fühlen sollte. Er gab nur einem bestimmten Gefühl eine Form, nämlich dass sie »auf einer anderen Wellenlänge war als der Rest der Welt«. Juliana, 19, Englisch-Studentin an der University of Toronto, verstand den Wal als »Inbegriff für jeden, der sich zu seltsam für die Liebe fühlt«. Er repräsentiere alle, sagte sie, die »allein auf der Wanderung sind« oder – sie selbst eingeschlossen – auf der Suche »nach jemandem, der uns für unsere Schwächen und Fehler liebt«.

Zbigniew, 26, Fotoredakteur bei der größten polnischen Boulevardzeitung, ließ sich nach dem Ende einer sechsjährigen Beziehung den Umriss von 52 Blue auf den Rücken tätowieren:

> ich hab sie sehr geliebt. aber dann zeigte sich, dass sie mich in unserer Beziehung wie ein Mensch zweiter Klasse behandelt hat … ich war verzweifelt, weil ich ihr alles gegeben hab, und ich dachte, sie macht dasselbe für mich. {Wegen} ihr habe ich die Verbindung zu wichtigen Freunden verloren. So viel verschwendete Zeit hat mich traurig gemacht … aber die Geschichte vom 52 hz-Wal hat mich froh gemacht. Für mich ist er das Symbol dafür, dass Alleinsein positiv sein kann … er ist ein Statement, dass das Leben auch weitergeht, wenn man allein ist.

Für Zee, wie er sich nennt, wurde 52 zum Symbol für die einsamen Tage nach der Trennung, in denen er mit seinen zwei Katzen Puma und Fuga allein zu Hause traurige Filme ansah. »Lange hab ich auch auf einer anderen Frequenz als alle anderen ›gesungen‹«, schrieb er mir. Aber der Wal stand für ihn auch für Resilienz: »Seit zwei Jahren sieht mein Leben so aus. Ich schwimme langsam durch meinen Teil des Ozeans, versuche Menschen wie mich zu finden, mit Geduld, gehe durchs Leben, und ich weiß, dass ich kein Krüppel bin, sondern nur anders, auf positive Art.«

Mit der Tätowierung zollte Zee dem, was ihm der Wal bedeutet hatte, Respekt und trug diese Bedeutung weiter – auf einer Frequenz singen, die vielleicht eines Tages verstanden wird. Die Tätowierung bedeckte seinen oberen Rücken, die »einzige Stelle an meinem Körper, die groß genug ist, damit er richtig geil aussieht«. Hinter einer detaillierten Darstellung von Moby-Dick, auch ein Idol von Zee, ist ein zweiter

Wal zu sehen, ein Geisterwal: Zees nackte Haut als negative Fläche, von schwarzer Tinte umrissen. Statt 52 Blue abzubilden, bildet Zees Tätowierung die Tatsache ab, dass er nie gesehen wurde.

Sakina aus Michigan, 28, die als Patientendarstellerin in medizinischen Ausbildungseinrichtungen jobbte, assoziierte 52 mit einer anderen Art von Verlust – einem mehr spirituellen Kampf. Zum ersten Mal sah ich Sakina mit Hidschab in einem Youtube-Video, wo sie darüber sprach, dass 52 sie an die Geschichte des Propheten Yunus erinnerte, der von einem Wal verschluckt wurde. »Es leuchtet mir ein, dass sich der einsamste Wal einsam fühlt«, sagte sie. »Denn er hatte einmal einen Propheten bei sich, in seinem Inneren, und jetzt hat er ihn nicht mehr.« Ich traf Sakina in einem Café in der Innenstadt von Ann Arbor, wo sie mir erzählte, dass sie 52 Blues Geschichte an bestimmte einsame Phasen ihrer Kindheit erinnerte. (Sie war als Muslima in New Mexico aufgewachsen.) Sakina glaubte nicht, dass der Wal sich nach Liebe sehnte, sondern viel mehr nach einem Sinn – nach einem Propheten, den er verschlucken, einer Prophezeiung, die er erfüllen könnte. Sie fragte: »Sehnt er sich nach der Göttlichkeit zurück?«

David aus Irland, Vater von zwei Kindern, fand sich in 52 Blues Geschichte wieder, als er nach über zwanzig Jahren seinen Job bei Waterford Crystal verlor. In einem Song schrieb er, er »folge dem Kummer wie Wal 52 Hertz«, und dann zog er mit seiner Frau nach Galway, um ein neues Leben anzufangen. »Jeder sagt mir, Galway wäre das Richtige für mich«, erzählte er mir damals. Mit siebenundvierzig schloss er sich einer A-cappella-Band an und begann eine neue Ausbildung. »Die Entdeckung des Wals war für mich das Signal aus der Tiefe, dass auch ich kurz vor der Entdeckung stand ... Zu wissen, dass der 52-Hertz-Wal da draußen ist und singt, gibt mir das Gefühl, weniger allein zu sein.«

Sechs Monate später schrieb David mir, dass seine Frau ihn nach fünfundzwanzig Ehejahren verlassen habe. Sie hatten kaum noch miteinander gesprochen. Das Leben in Galway war nicht, was er sich vorgestellt hatte. Die Kapelle hatte keinen Erfolg. Aber der Wal tröstete ihn immer noch. »Ich weiß, dass sie noch da draußen ist«, sagte er, denn er stellte sich das Tier weiblich vor, vielleicht als Seelenverwandte. »Ich sehe andere auf der Suche. Vielleicht bleibe ich nicht mehr lange allein.«

Die natürliche Welt hat sich immer als Fläche für menschliche Projektionen angeboten. Die Romantiker nannten es den pathetischen Irrtum. Ralph Waldo Emerson sprach von der »Vereinigung mit Himmel und Erde«. Wir projizieren unsere Ängste und Sehnsüchte auf alles, was wir nicht sind – auf jedes Tier, auf jeden Berg –, und machen sie uns dadurch zu Verwandten. Es ist ein Akt der Demut, der Sehnsucht, der Besitznahme zugleich. Oft merken wir nicht einmal, dass wir es tun. Jahrzehnte, nachdem der Hobbyastronom Percival Lowell behauptet hatte, er hätte auf dem Mars Kanäle und auf der Venus »speichenartige Schatten« gesehen, die er für Zeichen von Leben hielt, deckte ein Optiker auf, dass die Einstellungen an Lowells Teleskop – die Vergrößerungsrate, die kleine Öffnung – dafür gesorgt hatten, dass er auf den Planeten, die er beobachtete, die Projektion seines Augeninneren sah. Die Speichen der Venus waren die Schatten seiner wegen Bluthochdrucks geweiteten Blutgefäße. Er sah kein außerirdisches Leben; er sah den Abdruck seines eigenen Blicks.

Wenn Emerson sagt: »Jede Erscheinung in der Natur entspricht einem Zustand des Geistes«, sieht er diese Entsprechung als eine Art Vervollständigung. »Alle Tatsachen in der Naturgeschichte sind, für sich betrachtet, wertlos und unfruchtbar, geradeso wie das einzelne Geschlecht«, erklärt er und legt damit nahe, dass erst die menschliche Projektion das Ei befruchte. Und sie bringe nicht nur Bedeutung in den »unfruchtbaren« Körper der Naturgeschichte, so Emerson weiter, sondern nähre auch den Menschen selbst, indem sie »Teil seines täglichen Brots« werde.

Obwohl Emerson diesen Prozess feiert, hinterfragt er seine Implikationen. »So helfen uns natürliche Dinge im Ausdruck der einzelnen Bedeutungen. Welche gewaltige Sprache, und wie bedeutungslos oft die Mitteilungen!«, schreibt er. »Wir sind wie der Reisende, der die heiße Schlacke eines Vulkans benutzt, um darauf Eier zu braten.« Er grübelt, ob wir die natürliche Welt, indem wir sie als Metapher verwenden, ihrer Integrität berauben: »Haben Berge, Wogen und Wellen und der Himmel nur die Bedeutung, die wir ihnen bewusst geben, wenn wir sie als Embleme unserer Gedanken einsetzen?« Sich auf der Schlacke eines Vulkans ein Ei zu braten, ist vielleicht eine passende Beschreibung dafür, was es heißt, einen Wal zur Verkörperung von studentischem Heimweh oder Liebeskummer zu benutzen. *Ist er einsam? Ich hasse es, wenn man Tieren menschliche Gefühle zuschreibt.*

Früher gab es sogar einen Ausdruck für Menschen, die haarsträubende Tiergeschichten erzählten: Naturfälscher. Teddy Roosevelt prangerte in einem vernichtenden Urteil an, was er die »Klatschpresse der Wälder« nannte. In diesen sentimentalen Naturberichten werde menschliche Logik auf tierisches Verhalten projiziert, etwa wenn von wilden Vögeln die Rede sei, die ihr gebrochenes Bein mit einem Gips aus Lehm schienten, oder von Krähen, die ihre Jungen in die Vogelschule schickten. »Ich weiß, dass ich mich als Präsident aus solchen Debatten heraushalten sollte«, schrieb er, tat aber das Gegenteil. »Der ist kein Student der Natur, der nicht mit scharfem, sondern fälschendem Blick sieht, der interessant, aber unwahr schreibt, und dessen Fantasie die Fakten nicht interpretiert, sondern erfindet.« Besonders entrüstete sich Roosevelt über »Fakten-Blindheit«: die Gefahr, dass uns falsche Geschichten über die Natur blind für die wahren machten. Das ist das Risiko, wenn wir den Wal einsam oder prophetenhungrig machen oder wenn wir von der Ente wollen, dass sie sich das gebrochene Bein eingipst – dass zu viel Hochachtung vor der Natur, die wir erfunden haben, unsere Wertschätzung für die Natur verringert, in der wir leben.

Roosevelts Einwand findet ein seltsam modernes Echo in einem Twitter-Konto namens @52Hurts, dessen Biografie den Wal gegen seinen eigenen symbolischen Status protestieren lässt: »Ich bin weder Metapher noch Symbol. Ich bin nicht die Metaphysik, die sich in dir regt, noch das Double deiner Obsessionen. Ich bin ein Wal.« Viele seiner Tweets sind Nonsens – »Ivdhggv ahijhd ajhlkjhds« –, doch sie wirken gewissermaßen ehrlich. Es sind Tweets eines Wals, der nicht weiß, warum er auf Twitter ist, dessen verworrene Sprache dagegen protestiert, dass Sprache auf ihn projiziert wird. Sein Kauderwelsch will zeigen, was *nicht* lesbar ist, statt das Unbekannte in falsche Lesbarkeit zu zwingen. Er würdigt die Lücke, nicht die Projektionen, die wir darüberlegen.

Als ich den Kontakt zu Leonora suchte, antwortete sie mir sofort und hieß mich im »großen Schwingungsbecken« der 52-Anhänger willkommen. Wir trafen uns zwischen Winter und Frühling, an einem Nachmittag im März, im Riverbank State Park in Harlem. Der Wind blies kalt vom Hudson herauf. Leonora bewegte sich bedächtig und wählte ihre Worte mit der gleichen Sorgfalt. Anscheinend war Riverbank ein besonderer Ort für sie. Sie erzählte mir begeistert, dass der Park auf dem Dach einer alten Abwasseraufbereitungsanlage gebaut worden war. Offenbar erfüllte es sie mit Stolz, dass man aus einer hässlichen Notwendigkeit eine Möglichkeit gemacht hatte. Der Riverbank Park spielte auch eine große Rolle in ihrem Genesungsprozess. Hier hatte sie nach dem Koma das Gehen geübt. Sie hatte nicht gewollt, dass ihre Pflegerin zu Hause sah, wie sie bei jedem Schritt strauchelte, und war deswegen in den Park gegangen. Der Park verurteilte sie nicht. Er ließ sie einfach üben.

Als wir an ein paar welken Kleingärten vorbeikamen, erzählte mir Leonora, dass sie wegen der Vitamine, die sie nahm, den ganzen Winter keine Erkältung bekommen hatte. Sie futterte sie »fuderweise«, seit sie gestorben war. So bezeichnete sie ihre Krankheit und das Koma: als Prozess des Sterbens und der Rückkehr ins Leben. »Aber an mein Ticket sind Bedingungen geknüpft«, erklärte sie. Sie musste erst wieder lernen, sich selbst zu versorgen – daher die Vitamine, der Malunterricht, der Wunsch, im Frühling ihr eigenes Gemüse zu ziehen. Sie hoffte, dass sie einen der Kleingärten im Park bekam, die jährlich vor dem Sommer versteigert wurden. Die Gartenstücke waren unten beim Sportplatz, stoppelig mit Winterresten: vertrocknete Stängel, verdorrte Blätter, verbogene Stangen, an denen einst Tomaten wuchsen und es wieder tun würden. Leonora sagte, sie wolle Paprika und Petersilie ziehen, eine kleine Ernte oben auf der Abwasseranlage. Es sei eine Art zu sagen: *Wir machen das Beste aus dem, was wir haben.* Sie war als Scherbenhaufen aus dem Koma erwacht. Jetzt war sie immer noch dabei, die Scherben zu einem Leben zusammenzusetzen.

Als eine rotbäuchige Wanderdrossel vor uns durch die Gärten hüpfte, traute Leonora ihren Augen kaum. Der Vogel war eigentlich viel zu früh dran. Wir sollten uns unbedingt etwas wünschen, sagte sie. Das gehörte zu ihrer Drei-Tage-Regel: Wenn sie dem Universum eine Frage stellte, bekam sie stets innerhalb von drei Tagen eine Antwort, sei es im Traum oder als Erscheinung – durch ein Tier oder etwas so Unscheinbares wie Lavendelduft. Leonora war offen für Botschaften von überall, jederzeit, selbst in Sprachen, die nicht als Sprache erkennbar waren.

Wir setzten uns in die Snackbar an der Eisbahn, wo eine Grundschulmannschaft Hockey trainierte. Die Squirts. Leonora sagte, dies sei der letzte Ort in New York, wo man noch einen Kaffee für einen Dollar bekam. Sie hatte Heimvorteil. Die Leute hinter der Theke kannten ihre Bestellung schon. Der Mann im Elektrorollstuhl sagte Hallo. Der Mann an der Kasse wollte, dass sie eine Petition für einen Kandidaten der Parkverwaltung unterschrieb.

Nachdem wir uns gesetzt hatten, legte Leonora ein großes Notizbuch auf den Tisch, um mir ein paar ihrer Bleistift- und Kugelschreiberskizzen von 52 Blue zu zeigen. »Ich bin richtig besessen von ihm«, sagte sie. »Ich habe versucht, mir vorzustellen, wie er aussieht.« Ihre frühen Zeichnungen habe sie »vermasselt«, erzählte sie. Deshalb habe sie sich Fotos von anderen Walen angesehen. »Nur *ihn* habe ich nicht gefunden. Er ist so scheu.« Trotzdem zeichnete sie weiter. Sie arbeitete an einem Gemälde von 52 für die Abschlussausstellung des Malkurses im Park.

Als sie den Gesang von 52 zum ersten Mal gehört habe, erzählte Leonora, habe sie ihn mindestens fünfzig Mal abgespielt. Einmal hatte sie geträumt, sie würde mit 52 schwimmen: Er war mit einer Herde unterwegs, nicht mehr allein, und Leonora schwamm mit ihnen, mit gefühlten 180 Stundenkilometern – mit riesigem Kopf und einem geschmeidigen, haarlosen Körper. Während ihrer Genesung nach dem Koma träumte sie häufig von Wasser, von Flüssen und Meeren, nicht von Seen oder Teichen. Das Wasser musste in Bewegung sein, es durfte nicht stillstehen. Nach dem Traum von 52 wachte sie verwundert auf. »Ich war tief bewegt«, sagte sie. »Ich konnte nur daliegen und denken: *Was war das? Was war das?*«

Leonoras Verbundenheit mit 52 hatte immer zwei Ebenen gehabt: die der Kommunikation und die der Autonomie. Er stand für ihre Schwierigkeiten bei der Genesung – ihre stockenden Sprechversuche –, aber auch für den Verlust ihrer Unabhängigkeit. Während andere den Wal für unglücklich hielten, weil er keinen Gefährten fand, war er für Leonora ein Wesen, das niemanden brauchte. Der Wal repräsentierte ihre Fähigkeit, allein zu leben. Diese Fähigkeit war ihr immer wichtig gewesen, und ausgerechnet sie war ihr durch die Krankheit abhandengekommen.

Leonora nervte es, dass viele Menschen das Alleinsein von 52 mit Einsamkeit gleichsetzten. Es nervte sie auch, dass viele Menschen *Leonoras* Alleinsein mit Einsamkeit gleichsetzten. »Apropos«, fuhr sie fort, »ich hatte seit dem letzten Jahrtausend keine Beziehung mehr. Und kein einziges Date.« Ihre Leute – Freunde, Verwandte – machten sich deswegen ständig Sorgen um sie und versuchten, sie zu verkuppeln. »Es ist, als wäre eine Frau ohne Mann kein ganzer Mensch.« Aber sie hatte kein Problem damit. »Ich fühle mich nie einsam. Ich habe diesen Einsamkeitsfaktor nicht. Ich bin allein. Aber ich bin nicht einsam, okay? Ich kann Freunde besuchen, ich kann Weinkisten bestellen, ich lade Leute ein, ich koche.«

Es war schwer, aus ihren Beteuerungen nicht die Selbstüberredung herauszuhören. Aber ich hörte auch ein Argument dafür, wie wichtig Demut ist: Bilde dir nicht ein, du kannst einem anderen Menschen ins Herz schauen. Bilde dir nicht ein, du kennst seine Wünsche. Bilde dir nicht ein, Alleinsein muss einsam sein. Leonora sagte, sie hoffe, dass 52 nie gefunden wird. »Ich bete, dass sie ihn nicht finden. Aber ich würde mich freuen, wenn ich ihm wieder in meinen Träumen begegne.«

»Ich weiß einfach nicht, was die Leute an dem Wal so fasziniert«, sagte Joe George, als wir an seinem Esstisch saßen. »Für mich ist es reine Naturwissenschaft.« Was die Kekse auf dem Teller zwischen uns noch charmanter machte – in der Form von Walen mit Zuckerguss auf der Schwanzflosse, in Hellgrün und Rosa und Hellblau, und der Zahl »52« in passender Zuckerschrift. Joes Tochter hatte sie für uns gebacken. Er bot sie mir gerne an, auch wenn sie ihm ein bisschen peinlich waren: Die Kekse waren ein Beleg des Phänomens, mit dem er so wenig anfangen konnte.

Er sagte, es sei seltsam gewesen, dass die Finanzierung der Walbeobachtung so plötzlich und unwiderruflich abgestellt worden war – als hätte es nie jemanden interessiert, was sie taten –, und dann, Jahre später, tauchte der Wal plötzlich wieder auf, in dieser seltsamen, gebrochenen Form. Auf einmal interessierten sich *alle* für ihn, allerdings aus Gründen, die sich Joe entzogen, der lieber gute Arbeit leistete, als sich auf die Suche nach Metaphern zu begeben.

Nebenbei erwähnte Joe, dass 52 Hertz irgendwann aufgehört hatte, auf 52 Hertz zu singen. Auf der letzten Aufnahme lag seine Frequenz eher bei 49,6 Hertz. Vielleicht eine verspätete Pubertät, oder es hatte mit seiner Größe zu tun, vielleicht hatte sein Wachstum seine Stimme in einen tieferen Bereich verschoben.

Noch eine Lektion in Demut – die Möglichkeit, dass ein scheues Lebewesen aufhört, mit seiner bekannten Visitenkarte zu winken, dass das physische Tier all unsere mythischen Projektionen irrelevant macht. Es ist, als hätten wir unser Herz auf einen Sender eingestellt, den es nicht mehr gibt. Was bedeutet, wir können gar nicht finden, wonach wir suchen, sondern wir können nur – vielleicht – herausfinden, was aus dem Tier geworden ist.

Nachdem ich Leonora im Frühling kennengelernt hatte, ging ich zur Abschlussausstellung ihres Malkurses im Riverbank State Park. Es war ein feierlicher Frühsommertag. Unter den riesigen hellbraunen Industrieventilatoren spielte der Keyboard-Anfängerkurs »Oh When the Saints Go Marching In«. Eine Gruppe älterer Damen führte eine Choreografie zu Bubblegum-Pop auf, bei der sie saphirblaue und korallenrote T-Shirts über weißen Caprihosen trugen und mit farblich abgestimmten Fächern schwenkten. Eine Parkmitarbeiterin flüsterte mir ins Ohr: »Das sind unsere Oldies. Sie hotten gern ab.«

Leonora, in lavendelblauer Hose und rosa Zopfband, fotografierte und schob ihre Kunst in einem Einkaufswagen herum. Ihr Bild von 52 Blue hing im Flur: ein mit flächigen Acrylfarben gemalter Wal, der über einen Regenbogen fliegt, darunter der Ozean. Auf dem Wal reitet eine in Decoupage-Technik aufgeklebte Frau – oder fliegt mit ihm, es ist nicht ganz eindeutig –, ein Foto von Leonora, wie sie sagte, vor Jahren aufgenommen, aber sie habe das Gesicht unkenntlich gemacht, damit es jeder sein könnte. Die Frau hält den Kopf dicht an den Wal, als lausche sie ihm. »Ich wurde gefragt:

›Küsst dich der Wal?‹«, sagte Leonora. »Und ich habe gesagt: ›Vielleicht.‹«

Als eine junge Frau im grünen T-Shirt der Parkmitarbeiter vorbeikam, verkündete Leonora: »Das ist 52 Hertz. Genauso habe ich ihn mir vorgestellt.« Als würde jeder den Wal kennen, oder müsste ihn kennen – als müsste das Projekt, uns seine abwesende Gestalt vorzustellen, uns allen geläufig sein.

Während unserer Gespräche in den vergangenen Monaten war mir klargeworden, dass Leonoras Bindung zu dem Wal sich ein Leben lang aufgebaut hatte. Für sie war die gesundheitliche Krise eine Kulmination – der Darmverschluss als Stau der Traumata ihres ganzen Lebens, Erfahrungen, die sie ertragen, aber nie beweint oder besprochen hatte, bis sie ihr Inneres verstopften und sie krank machten –, und der Wal bot ihr eine andere Art der Aufbewahrung: als Gefäß, in dem sie ihre lebenslangen Sehnsüchte sammeln konnte. Sie hatte das tiefe Bedürfnis, ihr Leben als etwas zu verstehen, das in Mustern geordnet und mit Zeichen, Signalen und Stimmen verwoben war. Sie sehnte sich nach einer Logik, die die isolierten Punkte ihrer Erfahrung zu einer lesbaren Konstellation arrangierte. Während eines Gesprächs bemerkte sie, dass sie, wenn sie eine Wanderdrossel sah, immer an mich dachte, weil wir zusammen eine gesehen hatten. Ich erzählte ihr, dass ich nur zwei Wochen nach unserer Begegnung mit der Wanderdrossel den Mann kennengelernt hatte, den ich heiraten wollte. Es waren zwar keine drei Tage, aber immerhin. Es war etwas.

Bei einem unserer Snackbar-Besuche hatte Leonora gesagt, sie glaube, der Wal sei vielleicht der letzte seiner Art – so wie sie die letzte ihrer Art sei, weil sie keine Kinder habe. Aber sie konnte es nicht leiden, wenn die Leute Kinderlosigkeit als Mangel ansahen. Für sie war die Kunst das, was Nachwuchs am nächsten kam, und damit war sie zufrieden. Es war wohl kein Zufall, dass sie Begriffe wie »Auferstehung«, »Wiedergeburt« und »Zweite Geburt« für ihr Koma und die Zeit danach verwendete und dass wir mehrmals auf das Thema Kinder zurückkamen, Kinder haben oder nicht. Es schien auch nicht zufällig, dass Geburt eine große Rolle bei ihrer Interpretation der Ereignisse spielte. Leonora hatte jahrelang geblutet. Und als sie nach all dem Blut vom Tod ins Leben zurückkehrte, war es, als hätte sie sich selbst geboren.

Als ich den Riverbank State Park an jenem letzten Tag verließ, schenkte Leonora mir ein kleines Bild: eine Wanderdrossel mit leuchtend roter Brust, zierlichen Krallen und einem glänzenden Auge. Sie sagte, das Rot der Brust stehe für Aktivierung. Ich dachte an den Mann, den ich nach der Drossel kennengelernt hatte. Ich spürte, wie ansteckend magisches Denken war. Das Leben wurde eine Reihe von Omen. Ich wünschte, sie bedeuteten, dass es so etwas wie einen ordnenden Geist gab, oder dass sie wenigstens eine Geschichte erzeugten.

»*Vaya con Dios*«, sagte Leonora zu mir. »Du sollst einmal ein Kind bekommen.«

Als Emerson beklagte, die Materie verliere »vor dem Geistigen ihren Rang«, bezog er sich auf die Art, wie wir »die Natur in den Geist versetzt und die Materie wie einen Leichnam abgeworfen« hätten. Der tatsächliche Körper von 52 Blue ist zum abgeworfenen Leichnam geworden, zu überschüssiger Materie, nachdem wir unsere Machenschaften mit ihm getrieben haben. Doch diese Alchemie enthält Gewalt und Schönheit. Emerson verstand beide Teile. »Jeder Geist baut sich selbst ein Haus, und jenseits dieses Hauses eine Welt, und jenseits dieser Welt einen Himmel«, schreibt er. »Was wir sind, nur das können wir sehen.«

Als sie über den Wal nachdachte, fragte Leonora mich einmal: »Wie willst du wissen, dass er nicht geschickt wurde, um uns zu heilen, dass sein Lied ein Heilgesang ist?«

Vielleicht ist jedes Lied ein Heilgesang, wenn wir es in der richtigen Stimmung hören – nach den richtigen sieben Wochen, oder den schlimmsten, den sieben Wochen, die uns verlorengegangen sind. Vielleicht sind Wunsch und Bedürfnis dasselbe Lied, gespielt auf verschiedenen Frequenzen. Einmal sagte Leonora schlicht: »Der Wal ist alles.«

52 Blue steht nicht nur für einen einzelnen Wal als Metapher der Einsamkeit, sondern für die Metapher als Balsam der Einsamkeit an sich. Denn die Metapher verbindet stets zwei entlegene Punkte; sie bedeutet, dass es kein Pathos in Isolation gibt, keine Not ohne die Not von anderen. Die Einsamkeit greift nicht nur nach Metaphern, um sich zu definieren, sondern auch, um in der Resonanz Gesellschaft zu finden, weil der Vergleich Verwandtschaft verspricht. Heute hat sich eine ganze Gemeinde um diese besondere Verwandtschaft geschart, lauter Leute, die dem Puls ein und desselben, wie ein Minivan großen Herzens nachlauschen. Man könnte sagen, es sei ein Kollektiv, das sich um ein leeres Zentrum gebildet hat. Wenn wir 52 Blue mit Mitgefühl überschütten, fühlen wir nicht wirklich mit einem Wal. Wir fühlen mit dem, was wir in seiner Ähnlichkeit errichten. Aber das Gefühl existiert trotzdem. Es bedeutet etwas. Zum Beispiel hat es genug bedeutet, um eine Frau nach sieben Wochen an der Schwelle des Todes zurück ins Leben zu holen.

Als ich auf Whidbey Island mit Joe sprach, erwähnte ich Leonora am Rande. Erst war ich mir nicht sicher, ob er mich verstanden hatte, aber am Ende meines Besuchs sah er mich an und sagte: »Die Frau, die Sie erwähnt haben, die im Koma gelegen hat.« Er hielt inne. Ich nickte. »Das ist wirklich mal was.«

Joe hatte recht, als er sagte, der Wal sei nur ein Wal. Und genauso recht hatte Leonora, als sie sagte, der Wal sei alles. Wie wäre es, wenn wir dem Wal seine Walheit lassen, ihm eine Auszeit vom metaphorischen Dienst gewähren, aber uns die Konturen seiner zweiten Identität zugestehen – die wir ihm gegeben haben –, und zugeben, was er für uns getan hat? Wenn wir es zulassen, dass sich der Wal in zwei Teile spaltet, in seine tatsächliche Form und in die Erscheinung dessen, was wir von ihm wollen, und dann lassen wir die Zwillinge auseinanderschwimmen. Wir befreien eines vom Schatten des anderen. Wir sehen zu, wie sie zwei Wege durchs Meer pflügen.

WIR ERZÄHLEN UNS GESCHICHTEN, UM WIEDER ZU LEBEN

Im April 2000 begann der kleine James Leininger aus Louisiana regelmäßig von Flugzeugabstürzen zu träumen. Jedes Mal, wenn seine Mutter in sein Zimmer ging, um ihn zu trösten, krümmte er sich und strampelte mit Armen und Beinen, als versuchte er, sich zu befreien. Dabei sagte er immer die gleichen Worte: »Flugzeugabsturz! Maschine brennt! Kleiner Mann kann nicht raus!«

Im Lauf der nächsten Jahre verdichteten sich seine Träume zu einer immer konkreteren Geschichte. Irgendwann teilte James seinen Eltern mit, er träume Erinnerungen an ein früheres Leben. Er sei Pilot gewesen und von den Japanern abgeschossen worden. Er begann korrekte Begriffe zu verwenden, deren Herkunft seine Eltern sich nicht erklären konnten. Er sei eine Corsair geflogen. Er sei von einem Schiff namens *Natoma* gestartet. Seine Eltern hatten nie mit ihm über den Zweiten Weltkrieg gesprochen und wussten nicht, was der Grund für diese Visionen sein könnte. James erzählte ihnen von seinen Freunden auf dem Schiff: einem Kameraden namens Jack Larsen und Männern namens Walter, Billy und Leon, die alle im Himmel auf ihn gewartet hätten. James benannte seine GI-Joe-Puppen nach ihnen. Seine Mutter Andrea war bald überzeugt, dass James sich an ein früheres Leben erinnerte. Sein Vater Bruce war skeptischer.

Doch als Bruce ein paar Recherchen anstellte, stieß er auf Informationen, die ihm zu denken gaben. Ein Flugzeugträger namens *Natoma Bay* war 1945 vor Iwojima stationiert gewesen. Zur Mannschaft gehörten unter anderem die Piloten Jack Larson und James Huston, der am 3. März 1945 in der Nähe von Chichi-Jima abgeschossen wurde. Weitere Crewmitglieder hießen Walter Devlin, Billie Peeler und Leon Conner und waren kurz vor Huston ums Leben gekommen. Wie konnte ein kleiner Junge von diesen Männern wissen, geschweige denn den Namen ihres Schiffes kennen und die Reihenfolge, in der sie gestorben waren?

2002 besuchte Bruce ein Ehemaligentreffen der *Natoma Bay* und begann, Fragen zu stellen. Die vermeintlichen Erinnerungen seines Sohns behielt er für sich und erzählte stattdessen, er schreibe ein Buch über die Geschichte des Schiffs. Andrea machte sich weniger Gedanken über Militärgeschichte. Sie wollte nur, dass James' Albträume aufhörten. Sie sagte ihm, dass sie ihm glaube, aber sein früheres Leben sei nun vorbei. Jetzt müsse er dieses Leben leben.

Die Idee, mit der Vergangenheit abzuschließen, war der Auslöser für eine Reise nach Japan, die die Familie unternahm, als James acht Jahre alt war. Sie wollten eine Gedenkzeremonie für James Huston abhalten. Von Tokio aus nahmen sie eine fünfzehnstündige Fähre nach Chichi-Jima, dann fuhren sie mit einem kleineren Boot an die Stelle im Pazifik, wo Hustons Maschine ungefähr abgestürzt war. James warf einen Strauß lila Blumen ins Meer. Er sagte: »Ich salutiere dir und ich werde dich nie vergessen.« Dann weinte er sich im Schoß seiner Mutter zwanzig Minuten lang aus.

»Lass alles hier, Buddy«, sagte sein Vater zu ihm. »Lass einfach alles hier.«

Als James wieder aufsah, wischte er sich die Tränen weg und wollte wissen, in welche Richtung seine Blumen getrieben waren. Jemand deutete auf einen fernen Farbtupfer auf dem Wasser: dort, weit weg, aber immer noch sichtbar, immer noch an der Oberfläche, trieben sie übers Meer davon.

***

An einem sonnigen Januartag 2014 besuchte ich die Räume eines kleinen Forschungsinstituts namens Division of Perceptual Studies (DOPS) in Virginia. Ich war dort, um den Kinderpsychiater Jim Tucker zu interviewen, der seit vierzehn Jahren eine Datenbank von Kindern mit Erinnerungen an frühere Leben aufbaute. Zum Zeitpunkt unseres Treffens enthielt Tuckers Datenbank mehr als zweitausend Familien, doch er bezeichnete James Leininger als seinen interessantesten Fall.

Ich war im Auftrag eines New Yorker Hochglanzmagazins dort, und ich wusste, dass die Redaktion einen kritischen Ansatz von mir erwartete. Wenn ich Leuten erzählte, dass ich einen Artikel über ein Forschungsinstitut schrieb, das sich mit Erinnerungen an frühere Leben, Nahtoderfahrungen und übersinnliche Wahrnehmung beschäftigte, sagten viele: »Moment mal, WAS?« Es war leicht, Witze darüber zu machen, doch ich hatte von Anfang an eher das Gefühl, den Glauben an Reinkarnation verteidigen zu müssen. Nicht unbedingt, weil ich selbst daran glaube. Es ist eher so, dass ich eine tiefe Skepsis gegen die Skepsis entwickelt habe. Es scheint mir so viel einfacher, Dinge abzuschmettern – Menschen, Programme, Glaubenssysteme –, als sie aufzubauen, daran zu glauben oder sie wenigstens ernst zu nehmen. Unsere normierte Abwehrhaltung verhindert zu viele Wunder und Mysterien.

Die Überzeugungen selbst sind gar nicht ungewöhnlich. Was nach dem Tod kommt, hat sich jeder von uns schon mal gefragt. Laut einer Umfrage des Pew Research Institute von 2018 glauben 33 Prozent der US-Amerikaner an Reinkarnation, und 2013 kam Harris Poll zu der Schätzung, dass 64 Prozent an ein abstrakteres »Fortbestehen der Seele nach dem Tod« glauben. Zu Hause in New York sah ich überall in der U-Bahn die Fotos eines dreizehnjährigen autistischen Jungen, der seit Oktober vermisst wurde. Der Junge stammte aus Queens; in jedem Zug nach Queens hing sein Gesicht. Aus irgendeinem irrationalen Grund war ich fest davon überzeugt, dass man ihn finden würde, oder dass es ihm gut ging, wo immer er war – und falls diese Überzeugung töricht war, war ich gerne töricht.

Als Tucker mich in den Räumen der DOPS willkommen hieß, die in einem imposanten Backsteingebäude in der Innenstadt von Charlottesville untergebracht war, wirkte er nicht wie ein Exzentriker oder Mystiker. Er war ein sympathischer, offenkundig intelligenter Mann mit klarem Verstand – nicht mehr ganz jung und so gut wie kahl, aber schlank und durchtrainiert, wie der Marathon laufende Vater einer Freundin. Er war zurückhaltend und auf eine kultivierte Art höflich. Er wählte seine Worte mit Bedacht, rechtfertigte sich aber nicht, als er mir erklärte, wie Medien die Geister von Toten kanalisierten und dass Muttermale von Verletzungen zeugen konnten, die in früheren Leben entstanden waren. Er klang ein bisschen wie ein Geologe auf LSD, der ganz sachlich über die Zusammensetzung des Bodens sprach.

Die Division of Perceptual Studies, 1967 gegründet, gehört offiziell zur University of Virginia, auch wenn sie hauptsächlich durch Spenden finanziert wird, angefangen bei der Gründungsmillion von Chester Carlson, dem Erfinder der Xerox-Technologie, dessen Ehefrau überzeugt war, über ESP – außersinnliche Wahrnehmung – zu verfügen. Als das

Alumni-Magazin der University of Virginia 2013 eine Titelgeschichte über die Forschung des Instituts brachte, hagelte es Online-Kommentare von empörten Lesern, die seine Existenz lächerlich oder die Anbindung an die Universität »schockierend« fanden.

Während Tucker mich durch die Räume führte, legte ich in meinem Notizbuch eine Liste mit schrägen Details an, die leichte Beute institutioneller Marotten. Das gerahmte Foto eines früheren Institutsdirektors bei der Überreichung seines *Handbook of Near-Death Experiences* an den Dalai-Lama, der sich wahrscheinlich besser als die meisten mit Reinkarnation auskannte. Die Schwarzen Bretter mit den inspirierenden Motti (»Unsere Vorstellungen von Geist und Materie werden noch viele Phasen durchlaufen, die im Moment unsere Fantasie übersteigen«) und Flyer zu laufenden Forschungsprojekten (»Sondierung von Medien, die behaupten, Informationen aus dem Jenseits zu haben«, »Mystische Erfahrungen bei Epilepsie«). Wir passierten den »Abschirmraum« für Experimente zur außersinnlichen Wahrnehmung: eine finstere Höhle mit einer Art Fernsehsessel, in dem Probanden auf Nachrichten von »Absendern« in anderen Gebäudeteilen warteten. Nebenbei erwähnte Tucker die technischen Besonderheiten – die mit Metall verkleideten Wände, die das Schummeln durch Mobilfunk unterbinden sollten –, als wüsste ich längst, wie ESP-Kammern funktionierten.

Bei der Führung durch das Institut kam ich mir immer wieder vor wie ein Teenager, der versuchte, im Sexualkundeunterricht nicht loszuprusten. Doch mein Impuls zu lachen fühlte sich nicht ganz authentisch an. Es war eher so, als breche sich ein internalisiertes kollektives Urteil Bahn, eine anonyme »vernünftige« Perspektive, die mir einflüsterte, dass es lächerlich sei, dieses Zeug ernst zu nehmen; oder es war das nervöse Lachen, das uns herausplatzt, wenn wir mit etwas konfrontiert werden, das unser Begriffsvermögen übersteigt.

In der Bibliothek stand eine beeindruckende Vitrine mit Waffen aus der ganzen Welt – einem nigerianischen Buschmesser, einem thailändischen Dolch, einem Schwert aus Sri Lanka –, die zu den Wunden passten, die angeblich von einem Leben ins andere übertragen worden waren. Neben einem Gongschlegel aus Myanmar lag ein Informationsblatt mit der Geschichte eines Mönchs, den ein derangierter Tempelbesucher erschlagen hatte und der angeblich wenige Jahre später als Junge mit ungewöhnlich flachem Schädel zurückkam. Im Gang lagen stapelweise Broschüren aus, die verschiedene DOPS-Studien dokumentierten, darunter eine mit dem Titel »Sieben weitere paranormale Erfahrungen im Zusammenhang mit dem Untergang der Titanic«. Wir kamen an zwei Löffeln vorbei, die an der Wand hingen, einer verdreht, als wäre er geschmolzen. Als ich Tucker danach fragte, antwortete er entwaffnend: »Die? Löffelbiegeexperimente.«

Dann war da das Vorhängeschloss. Als Ian Stevenson, der Gründungsdirektor der DOPS, 2007 starb, hinterließ er ein Zahlenschloss, dessen Kombination nur er kannte. Falls seine Seele den Tod überlebte, so die Idee, würde er einen Weg finden, die Kombination zurückzuschicken. Tucker und seine Kollegen hatten schon einige Anrufe von Fremden mit Vorschlägen erhalten, doch bisher hatten sie das Schloss nicht öffnen können. Als er von dem Schloss erzählte, erlaubte sich Tucker dann doch endlich einen spöttischen, spielerischen Ton. Ansonsten hielt er sich während meines Besuchs mit Reinkarnationswitzen vornehm zurück. Nur beim Abendessen, als er erwähnte, dass er einmal versucht habe, einen

Roman zu schreiben, und ich fragte, ob er weiterschreiben wolle, lächelte er. »Im nächsten Leben vielleicht.«

Tucker sagte, seine Arbeit als zugelassener Kinderpsychiater neben der DOPS gebe ihm manchmal das Gefühl, er führe ein Doppelleben. »Die Kinderpsychiatrie ist meine bürgerliche Identität«, sagte er. »Aber dann ist da noch meine Geheimidentität, die zu einer völlig anderen Welt gehört.« Er erläuterte mir die Systematik seiner Datenbank: Die meisten Kinder waren zwischen zwei und sieben Jahre alt, und ihre Erinnerungen, die häufig in Form von lebhaften Träumen auftraten, waren von einer breiten Gefühlspalette durchdrungen – Ängsten, Liebe, Trauer. Die meisten Kinder lebten im Ausland, und viele hatte Tucker persönlich nie kennengelernt, auch wenn er regelmäßig neue Familien besuchte, die Kontakt mit ihm aufnahmen. Für »gelöst« erklärte Tucker einen Fall, wenn sich ein plausibles früheres Leben identifizieren ließ, meistens in der eigenen Familie; auch wenn es hin und wieder vorkam, dass es sich, wie in James' Fall, um einen Wildfremden handelte.

Tucker wirkte wie ein vernünftiger, nüchterner Mensch auf mich, wie einer, der für die Horatios dieser Welt in die Rolle des Hamlet geschlüpft ist: *Es gibt mehr Dinge im Himmel und auf Erden / Als Eure Schulweisheit sich träumt.* Er kam aus einer Baptistengemeinde in North Carolina und hatte vor seiner zweiten Ehe keinen Gedanken an Reinkarnation verschwendet. Seine zweite Frau Chris, auch Akademikerin, glaubte an übersinnliche Fähigkeiten und Wiedergeburt, und an ihrer Seite habe er sich Möglichkeiten geöffnet, die er früher nie zugelassen hätte. Mit der Zeit war die kinderpsychiatrische Praxis für Tucker zwar noch »bereichernd, aber nicht mehr erfüllend«. Es sei zwar schön zu sehen, wenn Kinder von der Therapie profitierten, aber am Ende sei es doch bloß

»eine ewige Abfolge von Terminen ohne übergeordnetes Ziel«. Seine Arbeit mit den Erinnerungen an frühere Leben komme ihm weitreichender vor. Als folge er dem verschwommenen Muster eines Bildes, das sich bis weit außerhalb seines Gesichtsfelds erstreckte.

Als ich mir die Aufnahmen des Interviews ein paar Wochen später anhörte, war es mir peinlich, wie ich Tucker gegenüber ständig erklärte, wie »offen für das Unerklärliche« ich sei. Ich hatte es ernst gemeint, aber jetzt hörte ich die schrillen, übereifrigen Töne der Selbstüberzeugung in meiner Stimme und auch das Kalkül. Ich wollte Tucker klarmachen, dass ich nicht bloß eine weitere Skeptikerin war. Es gibt ein bekanntes Zitat von Janet Malcolm, die den Journalisten als »eine Art Trickbetrüger« beschreibt, der »die Eitelkeit, Ignoranz oder Einsamkeit der Menschen benutzt, um sich ihr Vertrauen zu erschleichen und sie schamlos zu verraten«. In meinen Gesprächen mit Tucker hörte ich, wie ich ihn von Anfang an vor mir warnte: »Man kann nie genau die Geschichte über einen Menschen erzählen, die er selbst über sich erzählt hätte.«

Als ich Jim Tucker in seinem Institut besuchte, hatte ich vor über drei Jahren mit dem Zwölf-Schritte-Programm der Anonymen Alkoholiker begonnen. Ich hatte gelernt, wie wichtig es war, verschiedene Formen der Skepsis auszuschalten oder wenigstens auszusetzen, damit es gelang: Skepsis gegenüber Dogmen, Klischees, standardisierten Programmen der Achtsamkeit oder Selbsterkenntnis, gegenüber den scheinbar formelhaften Narrativen, in die andere Leute ihre Lebensgeschichte verpackten. Während der Genesung waren wir angehalten, nicht vorschnell zu urteilen, und der Artikel über Reinkarnation, den ich schreiben sollte – der Besuch im

DOPS-Institut mit seinen verbogenen Löffeln –, schien mir wie eine weitere Probe meiner Bereitschaft, für alles offen zu sein.

Als angehende Schriftstellerin war ich ein großer Fan von Joan Didions Essay »Das weiße Album« mit dem berühmten ersten Satz: »Wir erzählen uns Geschichten, um zu leben«, und dem weniger berühmten Ende an der ziemlich gleichen Stelle, wo Didion wieder auf ihre Vorbehalte gegen »Geschichten« und ihre falsche Kohärenz zurückkommt, als hätte sie das Argument nicht schon hinreichend vorgebracht. Doch irgendwann kamen mir Zweifel an ihren Zweifeln. Mir gefiel ihre Selbstgerechtigkeit nicht – wie sie sich als wissende Skeptikerin in einer Welt der Selbsttäuschung positioniert. Ich kam zu der Überzeugung, dass sich im Skeptizismus selbst ein moralisches Versagen verbirgt, der gleiche Snobismus, der hinter dem Impuls steht, die Klischees von AA-Meetings und die allzu sinnfälligen Narrative zu verachten, die andere Leute über ihr Leben erzählen.

Bei der Arbeit merkte ich, dass ich immer süchtiger danach wurde, mich mit dem Leben und dem Glauben von Menschen zu beschäftigen, über die andere die Nase rümpften: Leute mit selbst diagnostizierten Hautkrankheiten, an die die meisten Ärzte nicht glaubten, selbsternannte Außenseiter, die eine spirituelle Verwandtschaft mit einem scheuen Wal spürten. Doch wenn ich ehrlich bin, haftete auch dieser Affinität ein leichter Geruch von Selbstgefälligkeit an. Vielleicht gefiel ich mir, wenn ich mir einredete, dass ich die Underdogs verteidigte. Vielleicht war es Feigheit. Vielleicht traute ich mich nicht, Geschichten zu hinterfragen, die Menschen sich selbst erzählten, um zu überleben.

Es ging nicht darum, ob mich Tuckers vermeintlich »physikalisch fundierte« Erklärung, wie Reinkarnation funktionierte, überzeugte: eine Theorie auf Basis historischer physikalischer Experimente, die ein Physiker, mit dem ich sprach, für »aus dem Zusammenhang gerissen« und selektiv fehlinterpretiert hielt. Aber Tucker war Psychiater, kein Physiker. Mir ging es vielmehr darum, dass ich emotional, spirituell und intellektuell allergisch auf einen bestimmten herablassenden Ton reagierte, einen Ton, der so tat, als wüsste er es besser, als wüsste er besser, was möglich war und was nicht. Es kam mir arrogant vor, mir anzumaßen, ich würde mich mit dem Bewusstsein auskennen – was es ist, woher es kommt und wohin es geht, nachdem wir damit durch sind.

In Virginia begleitete ich Tucker zu Interviews mit zwei Familien. Beide hatten große Kinder, die sich früher an ein anderes Leben erinnert hatten. In einem weitläufigen Haus mit Blick auf einen kahlen Winterwald erzählte mir ein zwanzigjähriger Collegestudent namens Aaron, als kleiner Junge habe er sich an ein Leben als Tabakfarmer erinnert. Er hatte die Farm, die bösartige Schwester, den Kamin noch genau vor Augen. Alles, was er damals in die Finger bekam, habe er sich wie eine Zigarette in den Mund gesteckt: Zweige, Strohhalme, Lutscherstiele. Er sei verrückt nach Tätowierungen und Motorrädern gewesen und habe nichts anderes als Cowboystiefel getragen. Sogar, wenn er im Schwimmbad nur eine Badehose trug.

Seine Mutter Wendy erzählte, als sie von Aarons »alter Seele« erfuhr, habe sie endlich verstanden, warum er sich so schwertat, Freundschaften mit Kindern in seinem Alter zu schließen. Wenn sie seinen Geburtstag feiern wollte, habe sie nie gewusst, wen sie einladen sollte. »Nimm's mir nicht übel, Sohn«, sagte sie zu ihm, »aber du hast einfach nirgends hingepasst.« Aaron schreibt seiner alten Seele auch seine jüngsten Dating-Probleme zu. Während die Mädchen in seinem Umfeld hauptsächlich an Partys interessiert waren, würde er sich lieber häuslich niederlassen und eine Familie gründen. Als wir uns unterhielten, sah ich draußen am Waldrand einen Mann, der für drei ausgelassene Hunde Stöcke warf. Als er sich umdrehte und aufs Haus zukam, bat Wendy mich, nicht mehr von der Reinkarnation zu sprechen. Ihr Freund sei Flugzeugmechaniker, erklärte sie. Er fand das alles absurd.

In einem kleineren Haus in einer Arbeitersiedlung mit einem Vorgarten voller schlaffer Aufblasrentiere erzählte mir eine Frau namens Julie, dass ihre Tochter Carol erst spät gesprochen und auch dann nicht viel gesagt habe. Als sie Carol eines Tages fragte, warum sie so still sei – sie war vier oder fünf Jahre alt –, erwähnte Carol ihre eigentliche Familie zum ersten Mal: langhaarige Eltern, die Kräuter zogen und ein mintgrünes Telefon mit Drehscheibe hatten. Carol hatte es verwirrend gefunden, dass sie nicht bei ihnen war. Sie hatte Heimweh. Julie erinnerte sich: »Ich dachte, ich müsste ihr eigentlich sagen: ›Ich bin wirklich deine Mutter.‹« Julie machte sich Sorgen, dass Carol auch in der Schule von ihrem früheren Leben redete und ihre Klassenkameraden sich über sie lustig machten.

Über ein Jahrzehnt später erzählte die inzwischen fast zwanzigjährige Carol Tucker und mir von der Kochschule, die sie seit kurzem besuche und wo sie lerne, Torten für Allergiker zu dekorieren. Julie spekulierte, dass die kreativen Neigungen ihrer Tochter ebenfalls aus ihrem früheren Leben stammten. Sie erklärte uns, dass Carol in einer ihrer intensivsten Erinnerungen am Küchentisch saß und zeichnete. Die Assoziation war aufgeladen mit der ersehnten Gültigkeit eines Horoskops: fast alles passt in das Puzzle des Lebens, wenn man nur will.

Kurz darauf berichtigte Carol behutsam die Version ihrer Mutter. In ihrer Erinnerung habe sie nicht am Küchentisch gezeichnet, sondern an einer Staffelei in einem verglasten Hochhaus gemalt. Eine Pause entstand, und wir dachten über den diffusen Bereich zwischen Carols Erinnerungen und den Geschichten nach, die Julie daraus gemacht hatte – in denen eine Küche ein Hochhaus ersetzte und eine Zeichnung eine Staffelei, als hätte das Kaleidoskop der Erinnerung die bunten Scherben neu sortiert.

Wegen eines Schneesturms, was in Virginia so gut wie nie vorkommt, fiel mein Heimflug aus, und ich saß zwei Nächte in einem Business-Hotel in der Nähe des Flughafens fest, wo ich mir die Zeit an der Lobby-Bar totschlug und ein Mineralwasser nach dem anderen trank. Der Kellner und ich tauschten gequälte Blicke, als im Fernsehen von endlosen Untergangsszenarien berichtet wurde: Korruption, Missbrauch, tote Delfine, die in unberührten japanischen Buchten das Salzwasser rot färbten. In einer tiefen, unterschwelligen Region meiner Psyche hatte ich mir eingeredet, dass Agnostik und Akzeptanz an sich moralische Tugenden wären, aber in Wahrheit war ich mir nicht mehr so sicher. Vielleicht tat ich niemandem einen Gefallen, wenn ich darauf beharrte, mein Glaubenssystem wäre tolerant genug, um alles nebeneinander gelten zu lassen. Vielleicht gab es Erfahrungen, mit denen ich nichts anfangen konnte, und Dinge, die ich niemals glauben würde.

Warum wollte ich diese Märchen von früheren Leben überhaupt verteidigen? Ich hatte nicht vor zu beweisen, dass Reinkarnation existierte, vielmehr interessierte mich, was den Glauben daran so attraktiv machte. Wenn wir uns Geschichten erzählen, um zu leben, was geben uns diese Geschichten, was uns das Weiterleben ermöglicht? Es ist mehr als ein Puffer gegen die furchterregende Endgültigkeit des Todes. Es ist die Erkenntnis, dass wir von Mächten geformt werden, die wir weder sehen noch verstehen können.

Im Fernseher der Flughafenhotel-Bar – mitten im Schneesturm, kurz bevor ich ins Bett ging – sah ich plötzlich das Gesicht von Avonte Oquendo, dem vermissten Jungen aus Queens. Sein Leichnam war im East River gefunden worden. Als man noch daran glaubte, dass er wohlbehalten wieder auftauchen würde, hatte die Polizei ein Video seiner Mutter veröffentlicht, das dem Jungen helfen sollte, der Polizei zu vertrauen: »Avonte. Ich bin es, deine Mutter. Du bist in Sicherheit. Komm zum Licht.«

Ein paar Wochen später fuhr ich in Louisiana über kleine Landstraßen nach Lafayette, wo die Leiningers wohnten, durch Wälder, die von glitzernden Wasserläufen durchzogen wurden, und an sogenannten Shotgun-Hütten vorbei, die unter ihrem eigenen Gewicht zusammenzubrechen schienen. Im Radio des Mietwagens lief eine Sendung über Dämonen. »Ich glaube an den spirituellen Feind«, sagte ein Mann. »Er arbeitet mit Substitution.«

Vor der Reise hatte ich mit dem Kinderpsychiater Alan Ravitz über die Möglichkeit von Erinnerungen an frühere Leben gesprochen, und er hatte weniger abschätzig reagiert, als ich erwartet hatte. »Wer weiß? Alles ist möglich.« Er gab zu, dass Tucker »bestimmte Arten von Phänomenen« gefunden habe, »die schwer zu erklären sind«, und bekräftigte, dass viele der dokumentierten Wiedergeburtserinnerungen nicht »zum typischen Fantasiematerial« gehören, »das Kinder sich ausdenken«. Andererseits gab Ravitz zu bedenken, dass »frühere Leben« auch durch einen subtilen Rückkoppelungsprozess entstehen können. Wenn ein Kind eine Geschichte erzählt, oder von einer merkwürdigen Erinnerung oder einem seltsamen Traum, der sich echt anfühlt, und dafür besondere Aufmerksamkeit bekommt, ist seine natürliche Reaktion, die Geschichte weiter auszudehnen.

Die Dynamik der Selbstverstärkung – die vielleicht bei Eltern und Kindern gleichermaßen am Werk war – war Teil dessen, was mich so an den Fällen faszinierte. Wir erzählen Geschichten darüber, warum wir einsam sind oder was uns quält, und diese Geschichten der Abwesenheit können uns genauso definieren wie unsere gegenwärtige Realität. Kinder bauen Identitäten um Geister. Eine Mutter glaubt, ihr Sohn hat Probleme, Freunde zu finden, weil die Seele eines alten Mannes in ihm lebt. Geschichten von früheren Leben helfen, das jetzige Leben zu erklären. Sie verheißen eine außergewöhnliche Wurzelstruktur unter dem gewöhnlichen Boden unserer Gegenwart. Sie bescheinigen uns, dass die Realität, die uns am nächsten ist – der Rhythmus unseres Lebens, die Menschen, die wir am meisten lieben –, von Kräften geformt ist, die außerhalb unserer Wahrnehmung walten. Es ist beglückend und furchterregend. Es ist Ausdehnung und Unterwerfung zugleich.

In Louisiana hatte ich draußen in Arnaudville eine Hütte gemietet, nach dem Daiquiri-Drive-Thru und dem Biker-Barn-Saloon auf der I-49, der Kirchenmarkise, auf der JESUS DRÜCKT DICH stand, und dem handgemalten Schild, das GEBRAUCHTE ZUCKERKESSEL anpries, vorbei an kleinen Straßen mit leuchtend lila beschrifteten Schildern: 7 ½ MEILEN PRO STUNDE. Die Unterkunft war ein Holzschuppen unter Pekannuss- und Magnolienbäumen mit einer alten Werbetafel für DR. KILMER'S SWAMP ROOT über dem Klo und einer Messinglampe am Bett, in dem ich mir vorstellte, wie ich mit all den Männern schlief, mit denen ich nicht mehr schlief. Ihre Geister drängten sich in der Hütte wie Gefäße mit all den Ichs, die ich gewesen war.

Die Leiningers bewohnten ein bescheidenes Haus im Schatten von Flussbirken, von deren Ästen Spanisches Moos hing. Als Bruce mich hereinließ, bot er mir eine Tasse Kaffee und ein Stück Bananenbrot an und wollte mir gleich darauf seine Waffensammlung zeigen. Ich spürte seinen argwöhnischen Blick, als ich mir Notizen machte. »Ich bin kein Waffennarr«, sagte er, in jeder Hand eine Pistole. Während ich auf der Toilette war, hatte er eine Sammlung von Patronen auf dem Bett ausgebreitet. Ich wollte sie nicht anfassen, aber ich registrierte sie als »aufschlussreiches Detail«. Die Tätowierung auf meinem Arm warf Fragen auf über diesen Mann, diesen Moment und diese Kugeln. *Homo sum: humani nil a me alienum puto,* stand da. »Ich bin ein Mensch: Nichts Menschliches ist mir fremd.« War es dumm von mir, mich dagegen zu sträuben, dass mir manche Leute doch fremd waren? Musste ich mich mit allen Waffennarren der Welt identifizieren? War es naiv oder sogar moralisch verwerflich zu glauben, ich müsste mit jedem einen gemeinsamen Nenner finden, oder auch nur von der Möglichkeit auszugehen?

In Vorbereitung auf meinen Besuch hatte Bruce sein Material über die *Natoma Bay* und ihre Piloten ausgebreitet, die Früchte von mehr als zehn Jahren Recherche. Der Esstisch war mit Papieren und Heftern bedeckt, »nur ein Bruchteil« dessen, was er im Schrank hatte, wie er sagte. Er hatte für jedes gefallene Besatzungsmitglied ein eigenes Notizbuch angelegt, gefüllt mit allen biografischen Schnipseln und Einsatzberichten, die er auftreiben konnte. Er hatte eine Sektkiste voller Mikrofilme, die ihm der Schiffshistoriker geschickt hatte. Bruce sagte es offen: »Ich war wie besessen.« Alles war beschriftet: EIGENTUM VON BRUCE LEININGER / RECHERCHEMATERIAL FÜR »ONE LUCKY SHIP« ©. *One Lucky Ship* hieß das Buch, das Bruce über die *Natoma Bay* schrieb und das die Behauptung, mit der er sich vor Jahren das Vertrauen der Veteranen erschlichen hatte, endlich wahrmachen würde. Heute schickte er den Familien gefallener Piloten Informationen über ihre Einsätze und die Umstände ihres Todes, Auskünfte, die sie von der Armee fast nie erhalten hatten. Bruce sagte, er glaube, James Huston sei nicht ohne Grund im Körper seines Sohnes zurückgekehrt – James Huston wollte, dass Bruce und Andrea einen Teil der amerikanischen Geschichte retteten, der sonst für immer in Vergessenheit geraten wäre.

Bruce zeigte mir den Wandschrank, wo James früher Cockpit gespielt hatte und mit einem Stoffbeutel als Fallschirm herausgesprungen war. Dann holte er ein paar Artefakte hervor, die er zusammengetragen hatte, darunter ein Fläschchen mit Erde aus Iwojima und ein Stück des geschmolzenen Motors eines Kamikaze-Flugzeugs, das 1945 in die Natoma Bay gerast war – ein Metallbrocken in geschmolzenem Teer und Redwoodsplittern aus den Deckplanken. Bruce bewahrte ihn auf wie eine heilige Reliquie.

Nach Jahren der Suche war es Bruce gelungen, Anne Huston Barron, James Hustons Schwester, aufzuspüren, mit der er sich zunächst unter dem üblichen Vorwand anfreundete. Etwa sechs Monate nach dem ersten Kontakt beschlossen die Leiningers, ihr den wahren Grund für das Interesse an ihrem Bruder zu offenbaren. Sie waren nervös. Am Anfang des Telefongesprächs rieten sie ihr, sich vielleicht lieber ein Glas Wein einzuschenken. Sie hatten sich sogar die Nummer des örtlichen Notrufs herausgeschrieben für den Fall, dass der Schock für Anne zu groß sein könnte. Als sie mir von diesen Details erzählten – dem Weinglas, der Notrufnummer –, musste ich an *Soul Survivor* denken, ihr 2009 erschienenes Buch über James' Erinnerungen an sein früheres Leben. Die unterhaltsamen Randbemerkungen waren Elemente einer oft erzählten Geschichte geworden. Sogar die selbstkritischen Töne klangen wie ein Text, der häufig und effektiv vorgetragen worden war.

Und Anne? Zuerst wusste sie nicht, wie sie mit der Enthüllung umgehen sollte, die tatsächlich ein Schock für sie war, aber mit der Zeit freundete sie sich mit der Vorstellung an, dass der Sohn der Leiningers ihr wiedergeborener Bruder war. Die Möglichkeit, dass James nicht ganz verschwunden war, hatte bestimmt etwas Tröstliches. Bruce zeigte mir einen ihrer Briefe. »Es ist alles noch überwältigend«, hatte sie geschrieben. »Man liest darüber, aber man rechnet nicht damit, dass es einem selbst passiert.« Und dann, in ihrer ordentlichen, sauberen Druckschrift, die eindeutige Bestätigung: »Aber ich glaube daran.«

Als ich James kennenlernte, wirkte er auf mich wie ein ganz normaler Teenager. Er war höflich, wenn auch leicht gelangweilt, und hatte offenbar keinerlei Interesse an einer Unterhaltung mit mir. Ich war für ihn bloß eine von vielen Fremden, die neugierig auf sein früheres Leben waren, an das er seit Jahren schon nicht mehr dachte, seit jener Zeremonie auf See nicht mehr. Es war leichter, sich über andere Themen mit ihm zu unterhalten: seine Begeisterung für Ju-Jutsu, seinen Rat, wie man prüfte, ob ein Alligatorsteak ordentlich zubereitet war. Er stellte sich nicht stur, sondern schien eher die Nase voll zu haben von der ganzen Vergangenheitsinszenierung, und vielleicht war ihm der Medienrummel, den seine Erinnerungen ausgelöst hatten, auch unangenehm – das

Buch, die Interviews. Sein Verhalten hatte etwas von der solidarischen Toleranz, die man für die Streiche peinlicher Geschwister aufbringt. Heute wollte er kein Navy-Fighter-Pilot wie James Huston mehr werden; er wollte zu den Marines. Trotzdem verbrachte er nachmittags viel Zeit mit einem Videospiel, bei dem er aus einem simulierten Cockpit schoss, und von der Decke seines Zimmers hingen immer noch die vielen Modellflugzeuge, die Bruce für ihn gebaut hatte.

Das Schwierigste an meinem Besuch bei den Leiningers war, dass ich sie sympathisch fand. Als wir in einem kreolischen Restaurant um die Ecke zu Abend aßen, im Schatten eines vier Meter langen ausgestopften Alligators, wurde mir klar, dass ich nicht die Geschichte über die Familie schreiben würde, die sie gerne gehört hätten. Wieder hatte Janet Malcolm meine Schuldgefühle formuliert, noch bevor ich sie spürte: »Wie die gutgläubige Witwe eines Morgens aufwacht und feststellt, dass der charmante junge Mann mit ihren Ersparnissen verschwunden ist, lernt das willige Subjekt einer Reportage seine Lektion, wenn der Artikel oder das Buch erscheint.« Doch es war zu simpel, die Leiningers als Profiteure eines belanglosen Rätsels hinzustellen, Eltern, die aus dem vermeintlichen Vorleben ihres Sohnes ein privates Business gemacht hatten: ein lukratives Memoir und ein zweites Buch in der Pipeline, zahlreiche Fernseh- und Bühnenauftritte. Zu keinem Zeitpunkt hatte ich das Gefühl, dass ihre Motive kommerzieller Natur sein könnten. Es schien eher so, als hätten sie an ihrem Sohn eine rätselhafte Seite erlebt – eine Kraft, die sie sich nicht erklären konnten –, und die Erklärung, die sie sich zurechtlegten, war zum narrativen Motor geworden, zu einer Geschichte, die ihnen eine Mission gab: Sie sollten ein vergessenes Kapitel der Vergangenheit ans Licht holen und – auf einer anderen Ebene – der Welt Zeugnis davon ablegen, dass die Seele von einem Körper zum anderen wandern kann.

Natürlich machte sie die Geschichte ihres Sohnes auch zu etwas Besonderem: Ihr Buch verkaufte sich, sie kamen ins Fernsehen. Mir fiel eine gewisse Ironie auf, die Geschichten über Seelenwanderung zu eigen ist. Obwohl sie den Glauben an die Einzigartigkeit des Ichs mit seiner Austauschbarkeit ersetzen – der Idee, dass deine Seele anderen gehört hat, bevor sie dir gehört –, geben sie gleichzeitig eine ungewöhnliche Erklärung für ganz gewöhnliche Dinge: die Schüchternheit einer Tochter, die Einsamkeit eines Sohns, die Albträume eines Kleinkinds. Geschichten über Wiedergeburt verwandeln alltägliche Erfahrungen in Symptome eines exotisch-existenziellen Phänomens.

Gegen Ende meines Besuchs fragten die Leiningers, ob ich mir ein paar der Fernsehsendungen anschauen wolle, die über sie gemacht worden waren. Gemeinsam sahen wir *The Ghost Inside My Child* und *Science of the Soul*. Wir sahen eine japanische Sendung mit Voiceover, die nie übersetzt worden war; die Leiningers wussten bis heute nicht, was der Sprecher sagte. Das japanische Fernsehen hatte damals ihre Reise nach Chichi-Jima mit der kathartischen Abschiedszeremonie finanziert. Wir sahen Extra-Filmmaterial der Leiningers, wie sie stundenlang im Boot sitzen und auf die Zeremonie warten. Ich würde James' Tränen sehen, versprachen die Eltern, als forderten sie mich heraus: *Wenn du seine Tränen gesehen hast, kannst du nicht mehr anders als zu glauben.*

Bevor es so weit war, verließ Andrea das Haus, weil sie Druckerpatronen kaufen musste, aber auch, weil es sie zu sehr aufwühlte, James weinen zu sehen, wie sie gestand. Bruce wollte seine »alberne Rede« überspringen, aber ich bat ihn, sie sehen zu dürfen. Tatsächlich war sie eine aufrichtige Verbeugung vor James Hustons Tapferkeit und eine Hommage an die Schönheit seiner letzten Ruhestätte – das blaue Wasser vor der abgelegenen japanischen Insel, wo, wie Bruce vor laufender Kamera sagte, »die Reise meines Sohnes begann«.

Die TV-Crew fragte James immer wieder, wie es ihm gehe. »Ganz gut«, sagte er. »Okay.«

Ich fragte mich unweigerlich, ob James' anfängliche Ungerührtheit seine Eltern oder die Filmemacher enttäuschte – ob es frustrierend war, eine aufwendige Gedenkzeremonie am anderen Ende der Welt zu organisieren, ohne dafür ein paar Tränen zu bekommen.

Vor der Kamera ließ Bruce sich jedenfalls keine Enttäuschung anmerken. »Ich bin froh, dass du nichts spürst«, sagte er zu seinem Sohn. »Du hast lange genug gelitten.«

Erst nach der Gedenkrede und den Blumen, als Andrea sagte, es sei Zeit, sich von James Huston zu verabschieden, fing ihr Sohn an zu weinen. Er weinte und weinte. Er konnte nicht mehr aufhören.

Jenseits der Kamera – Jahre später auf der Wohnzimmercouch – wurde Bruce still. Er sagte, es mache ihn immer noch traurig, wenn er darüber nachdenke, was seinem Sohn damals durch den Kopf gegangen sei. Irgendwann kam der Kameramann ins Bild, um James zu umarmen. Und dann hatte er auch Bruce umarmt.

»Sie waren völlig am Ende«, sagte Bruce über die Filmleute. Inzwischen waren auch die Tränen der japanischen TV-Crew zum untrennbaren Teil der Geschichte geworden, Beleg ihrer Anteilnahme und Überzeugung. Aber ich fragte mich, wie es für sie gewesen sein musste, neben der vermeintlichen Reinkarnation eines Soldaten zu sitzen, der gegen ihr Land gekämpft hatte.

Später gesellte sich Andrea wieder zu uns, um ein paar von den anderen Dokumentationen mit anzusehen. Sie sagte, ihr gefiele besonders die, in der sie nicht so uralt aussah. Die freundlichste der vier Familienkatzen setzte sich zu uns aufs Sofa, doch sie drehte sich vom Bildschirm weg. Ich spürte, dass auch sie die Sendungen schon kannte.

Bruce murmelte vor der Kamera lautlos den Text vor sich hin, bevor er ihn tatsächlich sagte. »Quatsch«, flüsterte er, und einen Moment später bellte er das Wort im Fernsehen. Auf dem Bildschirm spielte er für den Interviewer seine eigene Skepsis nach, eine frühere Version seiner selbst, bevor er an James' Erinnerungen zu glauben begann. Seinen früheren Unglauben nachzuspielen, machte Bruce Spaß, denn er widersprach damit seinem jetzigen Glauben nicht, sondern machte ihn dadurch zu einem wichtigen Teil desselben narrativen Bogens, weil er anderen Skeptikern signalisierte, dass ihre Zweifel nachvollziehbar waren, auch wenn sie sich am Ende als falsch erwiesen.

Andrea schien sich weniger dafür zu interessieren, was andere über James' Erinnerungen dachten, sondern mehr dafür, wie es James selbst damit erging. Sie zeigte mir einen Stapel seiner frühen Zeichnungen: krakelige Kreise als Bewegung der Propeller, Pfefferpunkte als Flugabwehrgeschütze, alles in Trümmern und Scherben und bespritzt mit rotem Filzstift-Blut. Sie zeigte mir seine Strichmännchen-Fallschirmspringer, die vom Himmel fielen. Manche Fallschirme blähten sich über den Männchen zu vollen Bögen; weniger glückliche hatten Schirme, die zu dünnen Strichen zusammengefallen waren.

Von der anderen Zimmerecke aus, wo er immer noch fernsah, bemerkte Bruce, dass laut einem Einsatzbericht, den er gefunden hatte, James Huston einmal einen japanischen

Fallschirmjäger abgeschossen habe. Andrea war schockiert; das hatte sie nicht gewusst. »Ich kriege Gänsehaut«, sagte sie. »Wahrscheinlich hat James sie deswegen gezeichnet – weil er einen abgeschossen hat.«

Auf dem Bildschirm saß Bruce in einem kleinen Boot und legte seinem Sohn eine Hand auf den Rücken. »Du bist eine sehr tapfere Seele und ein sehr tapferer Geist«, sagte er.

In diesem Moment zeigte sich neben der reißerischen Reinkarnationsgeschichte noch eine andere Geschichte: der Vater, der seinem Sohn Mut zuspricht. Diese Eltern wollten glauben, dass ihre Liebe die Lücke zu füllen vermochte zwischen dem, was sie nicht erklären konnten, und den Erklärungen, die sie trotzdem fanden. Aber die Liebe ist nicht immun gegen den menschlichen Hunger nach Geschichten. Den Hunger, der mich ständig antreibt. Den Hunger, mit dem ich mein Geld verdiene. Bei den Leiningers hatte dieser Hunger eine komplexe, sich selbst tragende Geschichte erschaffen, verankert durch den Wunsch, einem kleinen Jungen im Dunkeln beizustehen.

Bevor ich ging, überreichte Andrea mir einen Aufsatz, den James in der siebten Klasse geschrieben hatte und der den Titel »Albträume« trug:

> Fünf Jahre lang erlebte ich jede Nacht die brennende Folter von Feuer und Rauch … Diese Albträume waren keine Träume, sondern etwas, was wirklich passiert ist: der Tod von James M. Huston. Seine Seele kam in menschlicher Form zurück. Er kam in meinem Körper wieder auf die Welt, und er hatte einen Grund für seine Rückkehr; den Menschen zu verkünden, dass das Leben wirklich ewig ist.

Dieses Crescendo forderte das Gespenst des Zweifels geradezu heraus, und James war sich dessen bewusst:

> Haltet mich für einen Narren, weil ich all das weiß, weil ich an all das glaube. Aber als meine Eltern das Buch über mich und meine Geschichte schrieben, bekam ich E-Mails von Leuten, die im Sterben lagen oder unheilbare Krankheiten hatten, in denen stand: »Deine Geschichte hat mir geholfen und mir die Angst vor dem Tod genommen.«

Unter den Aufsatz hatte James' Lehrer nur ein Wort geschrieben, drei Mal in Rot: *Wow. Wow. Wow.*

***

Ein paar Monate nach meiner Rückkehr aus Louisiana bekam ich einen Brief von meiner Tante. Sie hatte den Nachmittag mit meinem Großvater verbracht, einem ehemaligen Chemiker, der bald hundert wurde. Die beiden hatten über die Möglichkeit einer Wiedergeburt gesprochen. Für meinen Großvater, der ein Leben lang ein zutiefst rationaler Mensch gewesen war und der erste in der Familie, der studiert hatte, war die Frage, was nach dem Tod kam, keine abstrakte Frage mehr. Bei Lachs und Kartoffeln, einer handfesten Mahlzeit also, die einen daran erinnerte, dass man noch einen Körper hatte, schilderte mein Großvater meiner Tante seine Einstellung zum Leben und Sterben: »Bei der Geburt nehmen wir ein Stück Bewusstsein mit, und wenn wir sterben, geht es dahin zurück, woher es kam.«

In derselben Woche füllte der Faktencheck der Zeitschrift meinen Posteingang tagtäglich mit Skepsis. Ich wurde darüber informiert, dass es im Zweiten Weltkrieg mehr als einen Flugzeugträger mit Besatzungsmitgliedern namens Walter, Leon und Billy gegeben habe, die Namen seien wahrscheinlich bloß Zufall, und von der *Natoma Bay* sei nie eine Corsair gestartet. Ich war versucht, Einspruch zu erheben, zu antworten, dass zwar vielleicht nie eine Corsair von der Natoma geflogen, James Huston aber einer von nur zwanzig Piloten eines experimentellen Teams gewesen sei, die zu einem früheren Zeitpunkt im Krieg Corsairs geflogen hatten. »Es gibt fotografische Beweise!«, wollte ich wie eine gute Bruce-Leininger-Schülerin ausrufen, aber meine Verteidigungshaltung hatte von Anfang an nicht den Fakten gegolten. Es ging immer um die Vision.

Für mich war die spannende Frage nicht: »Existiert Reinkarnation wirklich?« Die spannende Frage war: »Welche Vision über das Selbst setzt den Glauben an Reinkarnation voraus?« Mir gefiel die Vision der Selbstheit, die dahinterstand: Sie war durchlässig und epigonal. Diese Haltung war eng verwandt mit den Aspekten des Zwölf-Schritte-Programms, die mich tief beeindruckt haben – der Forderung, mich selbst als austauschbar zu begreifen, meine Dilemmata als allgemein und meine Identität als etwas, das auf eigenartige und unvermeidliche Weise mit wildfremden Menschen verbunden war. Die Genesung war auch eine Geschichte der Reinkarnation: die Wiedergeburt des nüchternen Ich aus einer betrunkenen Vergangenheit. Es war, als würde die Reinkarnation die philosophische Prämisse anschaulich machen, die hinter der Genesung stand. Wenn die Genesung sagt: »Deine Seele ist nicht einzigartig«, sagt die Reinkarnation: »Deine Seele gehört nicht einmal dir.« Wenn die Genesung sagt: »Du könntest genauso gut dieser andere sein«, sagt die Reinkarnation: »Du warst dieser andere.«

Und wenn Reinkarnation eine Geschichte ist, die manchen Menschen guttut, dann stimmt es auch, dass die Seele eine Geschichte ist: die Vorstellung eines wesentlichen, einzigartigen Selbst, das in jedem von uns steckt. Diesen Glauben stützt und widerlegt die Reinkarnation: Was wir unsere Seele nennen, ist unsterblich, aber dafür hat sie nie uns gehört. Am Ende ist es das, was mich an der Geschichte über Reinkarnation so gereizt hat: dass sie von mir verlangt hat, an ein Selbst ohne feste Grenzen zu glauben, ein Selbst, das vor mir gelebt hat und das nach mir leben würde. Damit war sie eine Metapher für einen Aspekt des Lebens, den zu akzeptieren mir schon immer schwergefallen ist: dass nichts in unserem Leben einzigartig ist, dass wir immer – in gewisser Weise – wiederleben.

Reinkarnation ist die Behauptung von Möglichkeiten: *Ich hätte jeder sein können. Vielleicht war ich Krankenschwester oder Auftragskiller oder Halunke oder Held. Vielleicht war ich Kolonialherr oder kolonisiert, Königin oder Matrose.* Sie ist Demut und das Gegenteil von Demut, so wie man in meiner Tätowierung Empathie und Arroganz lesen kann: »Nichts Menschliches ist mir fremd.« Bei all meinem Ringen mit der Reinkarnation hatte ich nach einem Weg gesucht, vor dem Bewusstsein Demut zu üben – der Lehrer zu sein, der »wow, wow, wow« schrieb, statt zu benoten.

Ich verstand Reinkarnation als Ausdruck des Glaubens an ein Ich, das sich gleichzeitig wandelt und fortbesteht – in der Nüchternheit, in der Liebe, im Körper eines Fremden. Der Glaube, der darauf vertraut, dass ein Dreizehnjähriger aus Queens nicht für immer verloren ist. Der Glaube, der sagt: »Komm zurück.« Komm zurück nach Lafayette, nach Virginia, nach Myanmar. Komm zurück mit Narben, die eine Geschichte erzählen, die keiner versteht, komm zurück in einen

Garten voller schlaffer Aufblasrentiere oder in ein Haus mit einer Aussicht auf nackte Winterbäume, zu einem Flugzeugmechaniker, der für Hunde Stöcke wirft, einem Mann, der sich zu glauben weigert, dass du ein vermisster Junge aus Long Island City warst. Komm zurück in den Vorort an der Interstate, ein Apartment, ein Reihenhaus. Komm zurück mit deinen Erinnerungen, damit du erzählen kannst, wo du gewesen bist. Wir wollen es wissen. Wir sehen den kleinen Jungen mit den Cowboystiefeln im Schwimmbad. Wir sehen den kleinen Mann, der nicht rauskommt. Wir sehen, dass die Vergangenheit wie Rauch die Gegenwart füllt: die Erinnerung an Schwestern und Fallschirme und Flammen. Wir sagen *wow*. Wir sagen es noch einmal. Wir bleiben demütig. Wir können nichts wissen, bis die Leiche im Fluss auftaucht – und vielleicht ist selbst das nicht das Ende. Wir gehen zum Licht. Wir sind in Sicherheit, oder wir sind es nicht. Wir leben, bis wir nicht mehr leben. Wir kommen zurück, falls es geht.

ZWISCHENSTOPP

Dies ist die Geschichte eines Zwischenstopps. Wer erzählt diese Geschichte? Ich erzähle sie dir jetzt. Eines Abends im Januar hatte mein Flug von Louisiana Verspätung, wo ich ein paar Leute zu ihrer Vergangenheit interviewt hatte, und ich verpasste meinen Anschlussflug in Houston. Ich war für eine Nacht gestrandet. Als Reiseerfahrung ist der Umkreis des Houstoner Flughafens so inspirierend wie die Worte auf einem Hefepäckchen, wenn man ein Gedicht schreiben will. Bloß nicht auf Schönheit anlegen. Einfach gehen lassen. Die Freeways kullern in die Nacht wie sich abspulende Garnrollen. Kneif die Augen zu, wenn dich die Neonschilder der großen Handelsketten blenden. Suche Deckung, wo du kannst.

Ich suche Deckung in dem lachsrosa Hotel, in das sie uns schicken. Auf der Fahrt im Flughafenshuttle höre ich aus der ersten Reihe die Stimme einer schwierigen Frau. Sie kann nicht fassen, dass der Shuttle am nächsten Morgen nur im Stundentakt fährt. Sie braucht jemanden, der ihr das Gepäck in die Lobby trägt. Sie braucht auch morgen früh jemanden, der es holt. Später, im Restaurant des Hotels, höre ich ihre Stimme am Tisch hinter mir: Sie will, dass ihre Tasche da steht, wo sie sie sehen kann. Sie will ihr Wasser ohne Eiswürfel. Sie will nicht nerven, aber sie muss wissen, ob ihr Veggie-Wrap absolut 100 Prozent vegetarisch ist. Außerdem will sie alles über die anderen gestrandeten Passagiere wissen, vor allem über Martin, den Deutschen, und die Mathestudentin von der Penn State. Die Mathestudentin liebt Pi-Tag. Die Frau mit der Stimme will wissen, ob die Mathestudentin einen Pie für den Pi-Tag backt. Nein, die Mathestudentin isst nur Pie am Pi-Tag. Welche Art Pie mag sie am liebsten? Alle. Welche Art Mathematik mag sie liebsten? Alle. Na gut. Besonders mag sie Muster und Folgen. Die Frau mit der Stimme will wissen, was sie von i hoch i hält. Die Studentin weiß nicht, was i hoch i heißt. »Ach, Schätzchen«, sagt die Frau mit der Stimme, »informier dich über i hoch i.«

Als ich an der Reihe bin, sehe ich, dass die Frau mit der Stimme eine Frau mit schwarzen Locken ist. Sie fragt mich, was ich beruflich mache. Sie findet es toll, dass ich Schriftstellerin bin. Sie erzählt, dass sie in Cabo im Urlaub war. Sie erzählt, dass sie auch nach Newark fliegt. Sie schlägt vor, dass wir zusammen gegen den Stundentakt des Shuttles protestieren. Der Bus um 4:00 Uhr ist zu früh für unseren Flug, der Bus um 5:00 Uhr ist zu spät. Wir sollten uns für einen Bus um 4:40 oder 4:45 starkmachen. Sie ist eine schwierige New Yorkerin und will mich überzeugen, dass wir zusammen schwierige New Yorkerinnen sein sollen. Aber ich bin keine schwierige New Yorkerin. Ich bin überhaupt keine New Yorkerin. Ich lebe nur zufällig dort. Ich will einfach nur den Bus um vier nehmen und nicht mehr darüber reden. Es ist mir peinlich, mit ihren Forderungen assoziiert zu werden, mit ihrem Anspruchsdenken, mit ihren Argumenten – *ich leide mehr, ich brauche mehr* –, vielleicht, weil ich mich selbst darin wiedererkenne.

Erst als die Frau und ich zum Empfang gehen, um nach dem Shuttle zu fragen, bemerke ich, wie sie geht. Die Frau mit der Stimme ist auch eine Frau mit einem Körper. Sie hinkt. Kaum habe ich ihr Hinken bemerkt, habe ich ein schlechtes

Gewissen, weil ich sie mit der Frage nach dem Shuttle alleinlasse – als würde ich mich, wenn ich ihr in der Stunde der Not meinen Beistand verwehre, der unterlassenen Hilfeleistung schuldig machen. Sie erklärt der Person am Empfang, dass sie Hilfe mit dem Gepäck braucht, und am Morgen braucht sie wieder Hilfe. Sie sagt, dass sie am Flughafen einen Rollstuhl hatte. Ich wette, sie hat eins dieser nebulösen Schmerzsyndrome, bei denen der Schmerz dauernd an eine andere Stelle wandert. Ich wette, sie hat sich schon als Opfer gefühlt, bevor sie überhaupt Schmerzen hatte. Diese Gedanken gehen mir wirklich durch den Kopf, obwohl ich ein Mensch bin, der sich regelmäßig schriftlich über die Tendenz der Welt empört, den Schmerz von Frauen auf genau diese Weise kleinzureden, aus genau diesen Gründen.

Wir bekommen unseren 4:40-Shuttle nicht. Sie wird mit dem Manager sprechen, sagt sie. Sie ruft mich an, wenn sie das Problem gelöst hat. Sie schreibt sich meine Nummer auf. Wir tauschen Namen.

Im Hotelzimmer googele ich den Namen, den sie mir gegeben hat. Er ist eher ungewöhnlich, und es kommt ein Körperteil darin vor. Die ersten zehn Treffer sind alle derselbe Pornostar; der nächste ist ein Artikel über ein Messerattentat in New York. Ein obdachloser Mann hatte mehrere Passanten mit einer halben Schere angegriffen. Eins der fünf Gesichter ist das der Frau mit der Stimme. Ich vergrößere sie auf dem Bildschirm. Ich versuche, mich an ihr Hinken zu erinnern, auf welcher Seite sie Schmerzen hatte.

Wenn ich sie am Morgen wiedersehe, werde ich nicht erwähnen, was ich weiß. Die Etikette unserer Zeit verlangt, dass wir weiter so tun, als wären wir Unbekannte, auch wenn sie weiß, dass ich sie wahrscheinlich gegoogelt habe, und ich weiß, dass sie mich wahrscheinlich gegoogelt hat. Gleichzeitig merke ich, wie ich all meine Eindrücke von ihr umdeute – jede Beschwerde, jede Forderung, jeden taktlosen Smalltalk-Versuch –, als könnte das Opfer eines Attentats nicht gleichzeitig Solipsistin sein. Auf einmal will ich alles großzügiger auslegen, um sie für die Demütigung zu entschädigen, dass sie zu einer Figur in meiner Geschichte wurde, *die Frau mit der Stimme*, obwohl sie längst eine ganz andere Figur in einer ganz anderen Geschichte war.

Am nächsten Morgen helfe ich der Frau mit der Stimme, so gut ich kann. Ich trage ihre Taschen durch den Houstoner Flughafen. Ich bleibe bei ihr, als sie auf den Rollstuhl wartet. Ich zucke kaum mit der Wimper über den rüden Ton, in dem sie mit dem Flughafenpersonal redet. Immerhin war sie das Opfer eines *Messerattentats*. Sie bittet mich, sie beim Preboarding zu begleiten und ihre Tasche im Handgepäckfach zu verstauen. Sie bittet mich, ihr auch nach der Ankunft zu helfen, um von Newark in die Stadt zu kommen – an der Airtrain-Station, dem New-Jersey-Transitbahnhof und der Penn Station in Manhattan – all die Treppen und Rolltreppen und Bahnsteige und Türen und Menschenmengen und überfüllten Gepäckfächer. Ich sage *ja, ja, ja*. Zu allem ja! Sie hat eine Geschichte, und jetzt bin ich Teil davon. Ich fühle mich unglaublich edel. Ich fühle mich so edel, dass ich entrüstet bin, als mein Sitznachbar im Flugzeug ein Gespräch mit mir anfangen will. Versteht er denn nicht? Mein Edelmut hat schon ein Objekt; da ist nichts übrig für Smalltalk mit einem Fremden. Die Frau mit der Stimme sitzt ganz vorne, und wahrscheinlich wünschten ihre Sitznachbarn, sie säßen hinten.

Der Mann neben mir erzählt, er habe seine Schwester mit dem Auto nach Texas gefahren, weil sie beruflich dorthin ziehen müsse. Sie sei Krankenschwester, und unterwegs seien sie in Atlanta in einen Eissturm geraten, und es interessierte mich nicht die Bohne. Er ist kaum älter als ein Teenager und beschwert sich, dass es am Flughafen von Houston nicht genug Snackautomaten gibt. Ich komme mir vor wie seine Mutter, als müsste ich ihm etwas zu essen anbieten. Auf den winzigen Bildschirmen über uns läuft eine Tierdoku: ein Baby-Bison wird von einem Rudel Wölfe umzingelt. Was wird wohl passieren? Nur eins, wir alle wissen es. In Brooklyn wartet niemand auf mich. Ich bin seit Kurzem Single, nicht mehr ganz Anfang dreißig und krümele die Sofaritzen voll, wenn ich Cracker zu Abend esse, nicht gerade ein erwachsenes Abendessen.

Dann redet der Typ von seinem Einsatz im Irak. Er sagt, er habe sich an den Wüstenhimmel gewöhnt. *Oh.* Sein Leben ist ein bisschen anders, als ich dachte. Ich weiß nicht, wie ich ihn nach dem Krieg fragen soll. Aber ich frage trotzdem. Ich frage ihn nach den Leuten, mit denen er dort war – das kommt mir einigermaßen sicher vor. Er schüttelt den Kopf: die besten Kameraden der Welt. »Und jetzt bin ich hier«, sagt er und klopft auf seinen Seesack. »Fliege nach Hause mit einem Sack voll Krebsschalen.« Ich frage ihn, wie viele da drin sind. Um die fünfzig, sagt er. Er hat eine Tochter, und sie hat vier Einsiedlerkrebse. Ich frage, ob sie Namen haben. »Sie haben so viele Namen, dass ich den Überblick verliere«, sagt er. »Die Namen ändern sich ständig.« Im Moment heißt einer Clippers und die anderen heißen Peaches. Alle drei? Ja. Peaches, Peaches und Peaches. Er sagt, sie brauchen ein unerschöpfliches Muschelbuffet. Sie werden immer größer und brauchen ständig ein neues Haus.

Die Krebsschalen in seiner Tasche sind also nicht die Schalen von Einsiedlerkrebsen, sondern die Schalen von

Muscheln, in die die Einsiedlerkrebse einziehen? Ja, sagt er. Das sei korrekt.

Vielleicht steckt eine tiefere Wahrheit darin. Wir haben Anspruch auf etwas, nicht weil wir es gemacht haben, sondern weil wir es benutzen. Was wir besiedeln, wird Teil von uns. Und jetzt redet er weiter, von dem neuen Aquarium, das er für Clippers und die Peaches baut. Er benutzt alte Duschkabinentüren von dem Bauunternehmen, für das er arbeitet. Er hat über zwanzig große Scheiben, sagt er, und über fünfzig kleinere. Ich versuche, meine sinnstiftende Logik auch auf diese Informationen anzuwenden: *Wir haben die großen und die kleinen; wir haben mehr, als wir brauchen.* Aber es kommt nichts dabei raus; genau wie bei Houston. Wie groß soll dieses Krebsaquarium werden? So groß wie ein Häuserblock? Der Typ kann sich nicht entscheiden, ob er interessant ist oder nicht – wie jemand, der meistens zu spät kommt, aber manchmal unerwartet pünktlich ist. Wie komme ich überhaupt darauf, dass er mir schuldet, interessant zu sein? Andere Leben sind Muscheln, die ich nur plündern will, wenn ich in der richtigen Stimmung bin, nur, wenn die Muscheln gut genug sind.

Erst mal will ich wissen, was diese Krebse fressen. Er sagt, sie fressen Kraftfutter, aber noch lieber fressen sie frisches Obst. Was für Obst? Ananas, sagt er. Sie lieben Ananas. Er erzählt mir, dass sie viele Vorlieben haben. Zum Beispiel brauchen sie Salzwasser und Süßwasser.

Was ist, wenn sie im Meer leben?, frage ich. Wie kommen sie dort an Süßwasser?

Er weiß es nicht. Er sagt: »Das frage ich mich auch die ganze Zeit.«

Der Mann macht mich fertig. Erst komme ich mir vor wie seine Mutter, dann sagt er mir, dass er Vater ist. Ich denke an all die Ängste, die er kennen muss – die Schuldgefühle, die Verlustgefühle und die Langeweile –, und ich kenne nichts davon. Er verabreicht mir seine Unendlichkeit in kleinen Dosen: der große Wüstenhimmel, ein Mädchen, das mit Krebsen spielt. Manchmal habe ich das Gefühl, ich schulde Fremden nichts, und dann habe ich das Gefühl, ich schulde ihm die ganze Welt; weil er gekämpft hat und ich nicht, weil ich ihn missachtet oder missverstanden habe, weil ich kurz vergessen hatte, dass sein Leben – wie jedes Leben – mehr birgt, als ich je sehen könnte.

Mir fällt David Foster Wallace' Abschlussrede »Das hier ist Wasser« ein, die alle inspirierend finden außer denen, die sie für unglaublich banal halten und es erbärmlich finden, dass alle so inspiriert davon sind. Ich gehöre zu denen, die inspiriert davon sind. Wallace spricht über die Qual, an der Supermarktkasse zu stehen, wenn man genervt ist von den anderen Leuten, die so »dämlich, strohdoof, bräsig und nicht menschlich« wirken. Aber es ist deine Entscheidung, sie anders zu sehen, sagt er. Du kannst die Frau ansehen, die gerade ihr Kind angeschrien hat, und zugeben, dass sie möglicherweise drei schlaflose Nächte am Bett ihres Mannes hinter sich hat, der an Knochenkrebs stirbt. Vielleicht arbeitet sie bei der Zulassungsstelle und hat deinem Partner gerade einen Gefallen getan. Vielleicht ist die nervende Frau im Bus eines Morgens beim Joggen von einem verwirrten Fremden niedergestochen worden. Wenn man lernt, aufmerksam zu sein, sagt er, »dann steht es in Ihrer Macht, eine proppenvolle, heiße und träge Konsumhölle als nicht nur sinnvoll, sondern heilig anzusehen, weil sie mit Energie geladen ist, die Sterne erschaffen konnte«.

***

Der Bahnhof in Newark im Schneesturm macht nicht den Eindruck, als wäre er mit der Energie geladen, die die Sterne zum Leuchten bringt. Ich helfe der Frau mit der Stimme und der Verletzung, den Zug nach Manhattan zu erwischen. Wir holen uns heiße Schokolade in dem winzigen Bahnhofscafé und warten draußen in der Kälte von New Jersey, während der Schnee fällt. Allmählich ist mein Wohlwollen erschöpft, und ich will nur noch nach Hause. Sie sagt gerade, es sei dumm gewesen, wie sie sich verletzt habe. Sie sei selbst schuld.

Ich bin ein bisschen verwirrt. Ist das ein Eingeständnis privilegierter Schuld? Der Komplizenschaft mit dem System, das den Obdachlosen, der auf sie eingestochen hat, unterdrückt hat? Sagt sie mir, dass auch er eine Geschichte hatte? Denn die hatte er: ein unbehandeltes psychisches Leiden, ein Leben ohne festen Wohnsitz. Er wurde zu über zwanzig Jahren Gefängnis verurteilt, wo seine psychische Krankheit wahrscheinlich unbehandelt bleibt. Eines seiner Opfer war ein Kleinkind. Es war eine Geschichte mit klaren Opfern und einem klaren Bösewicht; aber vielleicht ist es gar nicht so klar – vielleicht sind wir alle Bösewichte, vielleicht ist es das, was die Frau mit der Stimme mir sagen will. Außerdem sagt sie, sie habe keine Kraft mehr zum Stehen, aber einen Stuhl kann ich ihr nicht herzaubern.

Jedenfalls war sie in Cabo und tanzte, sagt sie, und ihr Knie tat weh, aber sie tanzte einfach weiter. Es lief »Mamma Mia«. Wie hätte sie aufhören können? So hat sie sich verletzt. Sie sieht mich an, und ich nicke. So ein Pech.

Doch innerlich fühle ich mich beraubt, als hätte sie mir etwas gestohlen: die Geschichte, in der ich einer Frau den Koffer trage, die immer noch mit den Folgen eines Messerattentats kämpft. Jetzt bin ich in einer Geschichte mit einer

Frau, die an der mexikanischen Riviera zu viel getanzt hat. Das ist die Geschichte, in der ich Gepäck in Gepäckfächern verstaue und in der bitteren Jersey-Kälte warte und zum hässlichsten Bahnhof der Welt fahre und drei Koffer durch ein unterirdisches Labyrinth schleppe und im grimmen Treiben des Fegefeuers zwischen Midtown und Koreatown lande.

Trotzdem fühle ich mich auf unerklärliche Weise verbunden mit dieser Frau und hege einen seltsamen Beschützerinstinkt. Als hätten wir eine gemeinsame Odyssee hinter uns, die weniger mit der Nacht in Houston und dem Schneesturm in New Jersey zu tun hat als mit der unaufhörlichen Gestaltwandlerei der Frau mit der Stimme in meiner Erzählung. Erst war sie Tyrannin, dann Heilige und am Ende nur eine Touristin, die zu viel getanzt hat.

Wir trennen uns am Taxistand. Die Frau mit der Stimme dankt mir für meine Güte. Sie fährt mit dem Taxi nach Hause. Ich nehme die U-Bahn zu meiner leeren Wohnung, wo ich noch einen Artikel über das Messerattentat lese, gespickt mit Zitaten von Augenzeugen. Ein Foto zeigt die Frau mit der Stimme, die von einem Polizisten weggetragen wird. Sie hat einen Arm um seinen Nacken gelegt und drückt sich die andere Hand an den Hals. Ich werde nie hören, wie ihre Stimme geklungen hat, als sie am helllichten Tag um Hilfe schrie; als sie nur eine schwierige New Yorkerin war, die ihre Stadt bat, sie zu retten.

Das ist der Weg, wie wir die Sterne zum Leuchten bringen, immer wieder: indem wir da sind, mit unseren gewöhnlichen, schwierigen Körpern, wenn andere gewöhnliche, schwierige Körper vielleicht unsere Hilfe brauchen. Doch der springende Punkt ist das Immer-Wieder. Es reicht nicht, wenn wir nur einmal weise handeln, wenn wir nur einmal einem fremden Menschen Beistand leisten. Wir müssen ständig in der Bereitschaft leben, mit Milde auf das Leben anderer zu sehen, selbst wenn sich unser eigenes Leben beschissen anfühlt und wir uns am liebsten in ein anderes verkriechen würden; wenn wir am liebsten die erste Peaches aus ihrer Muschel pulen würden, und die zweite und die dritte, nur um in ihrem Schutz vielleicht eine Ruhepause einzulegen. Um 3:30 Uhr in Houston geweckt zu werden, ist keine Atempause. Zugfahren in New Jersey am Tag nach der Superbowl ist keine Atempause. Ein Schneesturm ist für niemanden eine Atempause; in der Kälte tut ein verletztes Knie noch mehr weh.

Heißt Milde, dass wir helfen wollen – oder dass wir nicht wollen, aber es trotzdem tun? Die Definition von Milde ist, dass sie nicht verdient ist. Wir müssen nicht ausgeschlafen haben, um Milde zu zeigen, wir brauchen keine weiße Weste, um mit Milde behandelt zu werden. Milde braucht keine besondere Geschichte.

Du hast gedacht, die Geschichte ändert sich ständig, aber das Wichtigste hat sich nicht verändert. Sie war die ganze Zeit eine Frau mit Schmerzen, die vor dir saß. Manchmal tut eben schon das Aufstehen weh. Manchmal braucht ein Mensch Hilfe, weil er sie braucht, nicht weil seine Geschichte überzeugend oder edel oder originell genug ist, um sie zu verdienen, und manchmal tust du nur, was du kannst. Es macht dich nicht zu einem besseren oder schlechteren Menschen. Es verändert dich gar nicht, bis auf die Millisekunde, in der du dir vorstellst, dass du eines Tages der Mensch bist, der Hilfe braucht.

SIM LIFE

Gidge Uriza lebt in einem eleganten Holzhaus mit Blick auf ein glitzerndes Flüsschen mit saftigen, von Trauerweiden gesäumten Ufern. In den Wiesen dahinter tanzen Glühwürmchen. Gidge kauft ständig neue Swimmingpools, weil sie sich dauernd in neue Modelle verliebt. Im Moment ist der Pool ein blaugrüner Rhombus mit einem Wasserfall, der von einem steinernen Torbogen plätschert. Gidge verbringt ihre Tage im Bikini am Pool, oder sie liegt in Unterwäsche und Morgenmantel unter der Häkeldecke im Bett, neben sich ein Bücherstapel, auf dem ein Schoko-Donut thront. »Guten Morgen, Mädels«, schreibt sie in ihrem Blog. »Heute Morgen komme ich nur langsam aus den Federn, aber wenn ich mich in meine schönen rosa Kissen schmiege, ist es wirklich schwer, den Absprung zu schaffen.«

In ihrem anderen Leben – dem Leben, das die meisten Menschen das »echte« nennen würden – heißt Gidge Uriza Bridgette McNeal und lebt als berufstätige Mutter in Atlanta, wo sie acht Stunden am Tag in einem Call-Center arbeitet und nebenbei ihren vierzehnjährigen Sohn, ihre siebenjährige Tochter und ihre dreizehnjährigen schwer autistischen Zwillinge großzieht. Mit den besonderen Bedürfnissen der Zwillinge hat sie im Alltag alle Hände voll zu tun: sie baden, wenn sie in die Hose gemacht haben (sie tragen Windeln, wahrscheinlich ihr Leben lang), mit einem von ihnen nach einem Wutanfall Apfelmusbrot backen, um ihn zu beruhigen, während sie den anderen bittet, den *Barney-der-Dinosaurier-*

Song nicht langsamer abzuspielen, weil er sonst klingt wie »hunderttausend Höllenhunde«. Als sie einmal mit allen vier Kindern einen Naturpark besucht, wird der idyllische Nachmittag von der Realität unterbrochen, einem Jugendlichen in einer muffigen Klokabine die Windel wechseln zu müssen.

Aber bevor Bridgette an ihr Tagewerk geht – bevor sie vier Kinder für die Schule fertig macht und acht Stunden im Call-Center verbringt, bevor sie Abendessen kocht und am Tisch für Frieden sorgten, bevor sie die Zwillinge badet und schließlich selbst erschöpft ins Bett fällt –, verbringt sie an jedem Morgen eineinhalb Stunden auf der Online-Plattform Second Life, wo sie es sich in einem mondänen, nach ihren eigenen Wünschen gestalteten Paradies gutgehen lässt. *Guten Morgen, Mädels. Ich komme heute Morgen nur langsam aus den Federn.* Sie stellt sich den Wecker auf halb sechs, um in ein Leben zu schlüpfen, in dem sie den Luxus hat, nicht aufstehen zu müssen.

Was ist Second Life? Die kurze Antwort ist, eine virtuelle Welt, die 2003 geschaffen und von vielen als die Zukunft des Internets bejubelt wurde. Die längere Antwort ist: eine umstrittene Landschaft – potenziell revolutionär, potenziell irrelevant – voller Gotham Citys und Strandhütten im Shabby-Chic-Stil, Vampirschlössern und tropischer Inseln, Regenwaldtempeln und Dinosaurier-Tummelplätzen, discokugelglitzernden Nachtclubs und psychodelischen Riesenschachbrettern. 2013, zum zehnten Geburtstag von Second Life, gab Linden Lab, das Software-Unternehmen, das SL erschaffen hatte, eine Infografik heraus, um seinen Erfolg zu kartografieren: 38 Millionen Konten waren eingerichtet worden, deren Nutzer zusammengerechnet 217 266 Jahre online verbracht hatten und ein wachsendes Territorium von fast

200 000 Hektar bevölkerten, in Grundstücke unterteilt, die sich »Sims« nennen. Oft wird Second Life als Spiel bezeichnet, aber zwei Jahre nach dem Start schickte Linden Lab ein Memo an alle Mitarbeiter mit dem Hinweis, ein anderes Wort zu verwenden. Second Life war eine *Plattform*. Der neue Begriff sollte für etwas Ganzheitlicheres, Umfassenderes und Tiefgreifenderes stehen.

Second Life hat keine spezifischen Ziele. Seine riesige Landschaft besteht ausschließlich aus nutzergeneriertem Inhalt, was heißt, dass alles, was man sieht, von unterschiedlichen Leuten gestaltet wurde – von Avataren, die von echten Menschen kontrolliert werden. Die Avatare können Häuser bauen oder kaufen, Freundschaften knüpfen, Affären anfangen, heiraten, Geld verdienen. Sie feiern ihren »Rez Day«, das Online-Äquivalent des Geburtstags: den Tag, an dem ihr Nutzer Second Life beigetreten ist. Es gibt Kirchen, in denen sie zwar nicht physisch an der Kommunion teilnehmen können – das Ritual ist zu leibhaftig, um virtuell möglich zu sein –, aber dafür können sie die Geschichten ihres Glaubens zum Leben erwecken. Es blitzt und donnert, wenn die Second-Life-Anglikaner in der Kathedrale von Epiphany Island Karfreitag feiern, und wenn der Pfarrer in der Ostermesse »Er ist auferstanden« verkündet, geht im gleichen Moment über allem die Sonne auf. Wie in einem Second-Life-Handbuch steht: »Aus deiner Position funktioniert SL, als wärst du ein Gott.«

Seit seinem Zenit Mitte der 2000er Jahre ist Second Life allerdings immer mehr zur Zielscheibe von Spott geworden. Wenn ich Freunden erzählte, dass ich eine Geschichte über Second Life schrieb, reagierten fast alle mit der gleichen Choreografie: ausdruckslose Gesichter, ein kurzes Aufleuchten des Wiedererkennens und am Ende ein leicht amüsierter

Blick. *Gibt es das noch*? Inzwischen macht man keine Witze mehr darüber; Second Life ist Schnee von gestern.

Viele Beobachter erwarteten, dass die monatlichen Nutzerzahlen, die 2007 eine Million erreichten, weiter steigen würden, doch die Zahlen hatten ihr Maximum erreicht und haben sich in den folgenden Jahren bei ungefähr 800 000 eingependelt. Schätzungsweise 20 bis 30 Prozent davon sind Erstnutzer, die nicht wiederkommen. Nur ein paar Jahre, nachdem Second Life zur Zukunft des Internets erklärt worden war, entwickelte sich die Tech-Welt weiter. 2011 hieß es in einem Artikel in *Slate*: »Rückblickend hat die Zukunft nicht lange gedauert.«

Wenn Second Life aber eine Zukunft versprochen hat, in der die Menschen mehrere Stunden täglich in ihre Online-Identität schlüpfen, sind wir nicht genau dort gelandet? Nur dass wir heute dafür Facebook, Twitter und Instagram benutzen. Je länger ich mich mit Second Life beschäftigte und je mehr Zeit ich dort verbrachte, desto weniger kam mir SL wie ein überholtes Relikt aus einer anderen Ära vor und desto mehr wie ein Zerrspiegel der Welt, in der viele von uns heute leben. Vielleicht spotten wir deswegen heute nicht mehr über Second Life, nicht weil es irrelevant geworden ist, sondern weil es ein relevantes Bedürfnis in uns anspricht und uns aus der Komfortzone heraus in eine verblüffende Parallelwelt versetzt: ein Uncanny Valley, wo wir nicht nur eine Online-Stimme, sondern auch einen Online-Körper haben können; wo wir am Smartphone nicht nur Twitter checken, sondern Mahlzeiten auslassen, um in Online-Clubs zu tanzen; wo wir nicht nur eine kuratierte Version unseres eigentlichen Lebens, sondern eine komplette zweite Existenz haben können. Second Life kondensiert sowohl den Sirenenruf als auch die Scham des Wunsches nach einem anderen Leben.

Im Hinduismus ist ein Avatar die Inkarnation einer Gottheit auf Erden. In Second Life ist der Avatar dein Körper: ein ständiger Akt des Selbstausdrucks. Der Anthropologe Tom Boellstorff besuchte Second Life von 2004 bis 2007 als »eingebetteter« Ethnologe, nannte seinen Avatar Tom Bukowski und baute sich ein Haus mit einem Büro, das er Ethnographia nannte. Bei seiner immersiven Herangehensweise ging er von der Annahme aus, Second Life sei genauso »real« wie jede andere Welt, und es sei daher legitim, Second Life »von innen« zu betrachten, statt die virtuellen Identitäten hauptsächlich in Bezug auf das Offline-Leben ihrer Nutzer zu untersuchen. In seinem Buch *Coming of Age in Second Life* – der Titel eine Hommage an Margaret Meads anthropologischen Klassiker *Coming of Age in Samoa* – dokumentiert er die Struktur der digitalen Kultur der Plattform. Zum Beispiel stellt er fest, dass »Smalltalk über das Laggen [Verzögerungen beim Streaming in SL] das gleiche ist, wie im RL über das Wetter zu reden«. Oder er interviewt einen Avatar namens Wendy, deren Schöpferin sie immer schlafen legt, bevor sie sich ausloggt. »Du meinst, die echte Welt ist Wendys Traum, bis sie in Second Life wieder aufwacht?«, fragt Boellstorff sie und schreibt weiter: »Ich könnte schwören, ein Lächeln glitt über Wendys Lippen, als sie antwortete: ›Ja. Genauso ist es.‹«

Eine Nutzerin erklärte Boellstorff, ihr Avatar sei die Manifestation ihres eigentlichen Ichs: »Wenn ich den Reißverschluss aufziehe und sie heraushole, bin ich sie.« Weibliche Atavare sind meistens dünn und haben unwahrscheinlich große Brüste; männliche Avatare sind jung und muskulös; fast alle Avatare haben eine comichaft verzerrte Schönheit an sich. Sie kommunizieren über Chat-Fenster oder benutzen Voice-Technologie. Sie bewegen sich fort, indem sie zu Fuß gehen, fliegen, teleportiert werden oder »Poseballs« anklicken, schwebende Scheiben, die ihnen unterschiedliche Aktionen ermöglichen: Tanzen, Karate, so gut wie jeden vorstellbaren sexuellen Akt. Es überrascht nicht, dass viele Nutzer wegen der Möglichkeiten des digitalen Sex in Second Life sind – Sex ohne physische Körper, ohne echte Namen, ohne die Fesseln der Schwerkraft, dafür häufig mit ausführlichen Textkommentaren.

Die Währung in Second Life ist der Linden Dollar, der zurzeit etwas weniger als einem halben US-Cent entspricht. In den ersten zehn Jahren nach dem Launch haben Nutzer bei »In-world«-Transaktionen rund 3,2 Milliarden harte US-Dollar ausgegeben. 2006 zierte der erste Second-Life-Millionär die Titelseite der *Businessweek*, ein digitaler Immobilienmogul, der sich Anshe Chung nennt. 2007 war das Bruttosozialprodukt von Second Life größer als das mancher kleiner Länder. Auf seinem unendlichen digitalen Marktplatz bekommt man auch heute noch ein Hochzeitskleid für 4000 Linden (etwas mehr als US$ 16) oder ein rubinrotes Korsett mit Pelzflügeln für 350 Linden (circa US$ 1,50). Man kann sich sogar einen anderen Körper kaufen: neue Haut, neues Haar, ein Paar Hörner, Genitalien in allen Formen und Größen. Eine Privatinsel kostet fast 150 000 Linden (mit einer Preisbindung bei US$ 600), während die Millennium-II-Superjacht für nur 20 000 Linden zu haben ist (etwas über US$ 80) und pro Koje samt Whirlpool über dreihundert Animationen beinhaltet, die es Avataren erlauben, eine Vielzahl personalisierter Sexfantasien auszuleben.

Die Nutzerzahlen von Second Life stagnierten genau zu der Zeit, als Facebook zu explodieren begann. Doch das Problem beim Aufstieg von Facebook war nicht die konkurrierende Marke, sondern das konkurrierende Modell. Offenbar war die Nachfrage nach der kuratierten Version des eigenen

Lebens größer als die Nachfrage nach einem ganz neuen Leben. Die Summe ihrer schmeichelhaftesten Profilbilder war den meisten Leuten lieber als ein separater Avatar. Oder vielleicht unterscheiden sich Facebook und Second Life gar nicht so sehr. Bei beiden geht es darum, ein selektives Selbst zu erschaffen, sei es aus dem Material der erlebten Erfahrungen – Campingfotos, coole Beobachtungen beim Brunch – oder aus Fantasien, die die erlebte Erfahrung nicht zulässt: der ideale Körper, die ideale Liebesgeschichte, das ideale Heim.

Bridgette McNeal, die Mutter von vier Kindern aus Atlanta, ist seit über zehn Jahren bei Second Life. Ihrem Avatar hat sie den Namen Gidge gegeben, mit dem sie in der Highschool gemobbt wurde. Obwohl Bridgette eigentlich um die vierzig ist, bezeichnet sie ihren Avatar, eine gertenschlanke Mittzwanzigerin, als »mein ideales Ich – wenn ich keinen Zucker essen würde und keine Kinder hätte«. Am Anfang hatte auch ihr Mann einen Avatar, und die beiden verabredeten sich in Second Life zu Rendezvous, eine blonde Amazone und ein kleiner silberner Roboter, während sie zu Hause im Arbeitszimmer an ihren Laptops saßen. Meistens war Second Life der einzige Ort, an dem sie sich verabreden konnten, weil die besonderen Bedürfnisse ihrer Kinder es schwermachten, einen Babysitter zu finden. Bei unserem Gespräch beschrieb Bridgette ihr Haus in Second Life als Refugium. »Wenn ich dort bin, kann ich mir den Luxus leisten, egoistisch zu sein «, sagte sie und zitierte Virginia Woolf: »Es ist wie ›ein Zimmer für mich‹.« Ihr virtuelles Heim ist voll von Nippes, den sie im echten Leben nicht herumstehen lassen könnte, weil die Kinder ihn kaputtmachen oder essen würden – Schmuck auf Porzellantellern, Dekoartikel auf Tischen, Kosmetik auf der Anrichte.

Neben dem Blog über ihre digitale Existenz mit Pools aus Marmor und pfefferminzgrünen Rüschenbikinis führt Bridgette auch einen Blog über den Alltag ihrer »RL«-Existenz als Mutter. Sie schreibt ehrlich, witzig und mit herzergreifender Offenheit. In einem Eintrag über den Tag mit den Kindern im Naturpark schildert sie ihre Gedanken beim Anblick eines Weißkopfseeadlers: »Irgendein Arschloch hat den Weißkopfseeadler mit einem Pfeil abgeschossen. Er hat mehr als den halben Flügel verloren und kann nicht mehr fliegen. Jetzt wird er in dem Naturpark gehegt, wo wir vor ein paar Tagen waren. Manchmal habe ich das Gefühl, der Mann und ich sind ein bisschen wie dieser Adler. Gefangen. Wir sind nicht in Lebensgefahr, wir haben genug zu essen, ein Nest und alles, was nötig ist. Aber wir sind für den Rest unseres Lebens im Gehege des Autismus gefangen. Wir werden niemals frei sein.«

Als ich Bridgette zu den Verlockungen von Second Life befragte, sagte sie, manchmal sei die Versuchung groß, sich dieser Welt ganz hinzugeben, wenn sie eigentlich offline gebraucht wurde. Als ich nachhakte, ob sie je nahe dran sei, der Versuchung nachzugeben, antwortete sie, dass der Sog auf jeden Fall manchmal stark war. »Du bist schlank und schön. Und niemand verlangt, dass du Windeln wechselst«, sagte sie. »Aber auch das Leben dort ist manchmal zu viel. Du willst nicht raus, aber du willst auch nicht mehr da sein.«

Gegründet wurde Second Life von einem Mann namens Philip Rosedale, dem Sohn einer Englischlehrerin und eines US-Navy-Flugzeugträgerpiloten. Schon als Kind war Rosedale extrem ambitioniert. Er erinnert sich, wie er im Garten neben einem Holzstoß stand und dachte: »Warum bin ich hier, und in welcher Weise unterscheide ich mich von anderen?« Mitte der 1980er Jahre, als Teenager, benutzte er das frühe Modell eines PCs, um die grafische Darstellung der Mandelbrot-Menge zu vergrößern, eines unendlich rekurrierenden Fraktals, das sich, je näher man hinsah, immer weiter auffächerte. Irgendwann wurde ihm klar, dass er sich das Detail eines Bildes ansah, das größer war als die Erdoberfläche. »Wir könnten das ganze Leben über die Oberfläche spazieren und nicht einmal ansatzweise alles sehen«, sagte er. In diesem Moment sei ihm die Idee gekommen: »Das Coolste, was man mit einem Computer machen könnte, wäre, eine Welt zu erschaffen.«

Während Rosedale 1999 anfing, über Second Life nachzudenken, besuchte er Burning Man, das Festival für Performancekunst, skulpturale Installationen und halluzinogenen Hedonismus, das jeden Sommer in der Wüste von Nevada stattfindet. Dort geschah etwas »Unerklärliches« mit seiner Persönlichkeit, erzählte er mir. »Du fühlst dich high, obwohl du nichts genommen hast. Du fühlst dich auf eine Art mit den Menschen verbunden, die es sonst nicht gibt.« Er tanzte bei einem Rave in einem silbernen Wohnwagen, sah Trapezkünstlern zu, die sich über die Wüste schwangen, und chillte in einem mit Hunderten von Perserteppichen ausgelegten Hookah-Zelt. Burning Man brachte Rosedale zwar nicht auf die Idee zu Second Life – seit Jahren hatte er schon über eine digitale Welt nachgedacht –, aber hier begriff er, welche Energie er erzeugen wollte: Er wollte einen Ort schaffen, an dem die Menschen sich die Welt nach ihren eigenen Vorstellungen gestalten konnten.

Das war der Traum, aber am Anfang war es schwer, Investoren dafür zu finden. Linden Lab stellte eine Welt vor, die von Amateuren erschaffen und von einem alternativen Ertragsmodell unterhalten wurde – das nicht auf einem Mitgliedsbeitrag basierte, sondern auf dem internen Handel in der fiktiven Welt. Einer der Gestalter von Second Life erinnerte sich an die Skepsis der potenziellen Geldgeber: »Kreativität galt als eine Art elitäre Geheimkunst, die nur Leute wie Spielberg und Lucas beherrschten.« Um Second Life nicht als Spiel, sondern als Welt zu vermarkten, heuerte Linden Lab einen »eingebetteten« Journalisten an. Es handelte sich um Wagner James Au, der die digitalen Karrieren einiger der wichtigsten frühen Schöpfer von SL dokumentierte: der Avatare Spider Mandala (der offline eine Tankstelle im Mittleren Westen betrieb) und Catherine Omega, »einer punkigen Brünetten mit Werkzeuggürtel« in Second Life, die offline eine Wohnung in einem Abbruchhaus in Vancouver besetzte. Das Gebäude hatte kein fließend Wasser und war vorwiegend von Junkies bewohnt, doch Omega schaffte es, das Wi-Fi-Signal des benachbarten Bürokomplexes mit einer Suppendose aufzufangen, damit Second Life auf ihrem Laptop lief.

Rosedale erzählte mir von dem Rausch der frühen Tage, als das Potenzial von Second Life grenzenlos schien. Niemand sonst machte, was er und sein Team machten. »Unsere einzige Konkurrenz ist das echte Leben, haben wir früher immer gesagt.« Im Jahr 2007 seien eine Zeitlang täglich über 500 Artikel über Second Life erschienen. Rosedale selbst erkundete Second Life mit seinem Avatar Philip Linden. »Ich war wie ein Gott«, sagte er. In der Zukunft, die ihm vorschwebte, war die echte Welt »so was wie ein Museum oder Theater« für seine Enkel, während sich die Arbeit und das soziale Leben hauptsächlich in virtuellen Welten wie Second Life abspielten. »Ich bin überzeugt, dass wir die physische Welt bald abgehängt haben«, hatte Rosedale 2007 zu Au gesagt.

Alice Krueger war zwanzig, als die ersten Symptome ihrer Krankheit auftraten. Bei einer Biologie-Exkursion war sie in die Hocke gegangen, um Käfer beim Fressen von Blättern zu beobachten, als ihr plötzlich wahnsinnig heiß wurde. Im Supermarkt hatte sie auf einmal das Gefühl, ihr linkes Bein wäre verschwunden – es war nicht taub, es war, als wäre es nicht vorhanden. Sie ging zum Arzt, doch man sagte ihr, es sei alles nur in ihrem Kopf. »Es war wirklich alles in meinem Kopf«, erzählte sie mir siebenundvierzig Jahre später. »Nur anders, als sie meinten.«

Mit fünfzig wurde bei Alice Multiple Sklerose diagnostiziert. Zu diesem Zeitpunkt konnte sie kaum noch laufen. Weil der Anwohnerausschuss ihrer Wohnsiedlung in Colorado ihr keine Genehmigung für eine Rampe vor dem Haus erteilte, kam sie nur unter großen Mühen vor die Tür. Ihre Kinder waren elf, dreizehn und fünfzehn. Alice war weder bei der Highschool-Abschlussfeier ihres jüngsten Sohns, noch konnte sie ihn im College besuchen. Irgendwann waren die Kreuzschmerzen so stark, dass sie die verwachsenen Lendenwirbel operieren lassen musste, doch im Krankenhaus infizierte sie sich mit multiresistenten Staphylokokken. Die Schmerzen hielten an, und man entdeckte eine Fehlstellung der Wirbel infolge der Operation, bei der sie wie ein »Brathähnchen am Spieß« über dem OP-Tisch aufgehängt war. Mit siebenundfünfzig war Alice arbeitslos und konnte das Haus nicht mehr verlassen. Sie litt häufig unter qualvollen Schmerzen und war weitgehend auf die Pflege durch ihre Tochter angewiesen. »Ich starrte die Wand an«, erzählte sie mir, »und fragte mich, ob dahinter noch etwas war.«

Dann stieß sie auf Second Life. Sie schuf sich einen Avatar namens Gentle Heron – sanfter Reiher –, mit dem sie am liebsten Wasserrutschbahnen ausprobierte, beglückt von dem Nervenkitzel, Dinge zu tun, zu denen ihr Körper nicht in der Lage war. Während sie Second Life erkundete, forderte sie immer mehr Leute, die sie aus den Chatrooms für Menschen mit Behinderung kannte, auf mitzukommen. Doch das hatte zur Folge, dass sie sich für deren Erfahrungen verantwortlich fühlte, und so gründete sie in Second Life die »Virtuelle Community für Menschen mit Behinderungen«, eine Gruppe, die heute unter dem Namen »Virtual Ability« bekannt ist, ein Archipel virtueller Inseln bewohnt und Menschen mit einem breiten Spektrum von Behinderungen willkommen heißt, vom Downsyndrom über PTSD bis zu manisch-depressiven Störungen. Was die Mitglieder eint, so Alice, sei das Gefühl, in der echten Welt nicht richtig dazuzugehören.

Parallel zu den Anfängen von Virtual Ability wagte Alice auch im echten Leben einen Neuanfang: Weil in Colorado ihr Anspruch auf Erwerbsunfähigkeitsrente auslief (»Ich wusste gar nicht, dass das geht«, sagte ich, und sie antwortete: »Ich auch nicht!«), zog sie nach Tennessee, in die Great Smoky Mountains. Als ich Alice fragte, ob sie sich in Second Life wie eine andere Version ihrer selbst fühlte, verneinte sie vehement. Sie mag die Begriffe *real* und *virtuell* nicht besonders, weil sie in ihren Augen eine Hierarchie implizieren, nämlich dass der eine Bereich ihres Lebens »realer« sei als der andere, obwohl sie sich in beiden Bereichen vollständig fühlt. Sie will nicht, dass Second Life als trivialer Zeitvertreib missverstanden wird. Nach unserem ersten Gespräch schickte sie mir fünfzehn von Fachleuten geprüfte wissenschaftliche Artikel über Embodiment und digitale Avatare.

Alice erzählte mir von einem Mann mit Downsyndrom, der ein wichtiges Mitglied der Virtual-Ability-Community wurde. Im realen Leben ist seine Behinderung allgegenwärtig, doch in Second Life reden die Leute mit ihm, ohne überhaupt mitzubekommen, dass er sie hat. In der Offline-Welt lebt er bei seinen Eltern – die überrascht waren, als sie hörten, dass er seinen eigenen Avatar steuern kann. Jeden Abend nach dem Essen, wenn seine Eltern das Geschirr spülen, setzt er sich an den Computer und freut sich auf seine Rückkehr nach Second Life, wo er auf einer Insel namens Cape Heron eine Doppelhaushälfte gemietet hat. Er hat das obere Stockwerk zu einem riesigen Aquarium umgebaut, wo er zwischen den Fischen umhergehen kann, und das Erdgeschoss zu einem Garten, wo er ein Rentier als Haustier hat, das er mit Cheerios füttert. Alice sagt, er ziehe keine festen Grenzen zwischen Second Life und der »Realität«, und mit diesem Ansatz inspiriere er andere in der Community, die ihn immer zitieren würden, wenn sie davon sprechen, die Grenze in ihren Köpfen einzureißen.

Als ich mit diesem Essay begann, stellte ich mir vor, ich würde der Versuchung von Second Life erliegen: als faszinierte Beobachterin, die sich von der Kultur, die sie analysieren sollte, verführen ließ. Doch ich fühlte mich »in world« von Anfang an unbehaglich. Ursprünglich hatte ich gedacht, ich würde Second Life gegen den Vorwurf verteidigen, ein Trostpreis für Menschen zu sein, die vom »first life« enttäuscht waren. Stattdessen schrieb ich: *Nach Second Life will ich immer erst mal duschen.*

Gleichzeitig wuchs mein Respekt auf intellektueller Ebene von Tag zu Tag. Ich lernte eine Frau kennen, die auf dem Papier als blind galt und die Aussicht von der Dachterrasse ihres Avatars besser sehen konnte als die Welt jenseits ihres Computers (dank Bildschirmvergrößerung). Ich hörte von einem Veteranen mit PTSD, der in Second Life zweimal pro

Woche in einem Gartenpavillon italienische Kochkurse gab. Ich besuchte eine Online-Version des Yosemite-Nationalparks, erschaffen von einer Frau, die nach mehreren schwer depressiven Episoden und Krankenhauseinweisungen zu Second Life gekommen war. Sie hatte einen Avatar namens Jadyn Firehawk, verbrachte bis zu zwölf Stunden am Tag in Second Life, wo sie hauptsächlich an dem von ihr kuratierten digitalen Wunderland arbeitete – Wasserfälle, Mammutbäume und Pferde, die nach wichtigen Menschen im Leben des Naturphilosophen John Muir benannt waren –, und war dankbar, dass ihre Identität in Second Life nicht von ihrer Krankheit geprägt war, im Gegensatz zu den Internet-Chatrooms für Menschen mit bipolaren Störungen, in denen sich alles nur um die Krankheit drehte. »In SL habe ich ein ausgewogenes Leben«, sagte sie. »Alle meine Seiten kommen zum Zug.«

Doch trotz meiner zunehmenden Achtung konnte ich meine tiefsitzende Abneigung gegen Second Life nicht abstellen – gegen die Leere seiner Grafik, gegen seine Nachtclubs, Villen, Pools und Schlösser, gegen die Abwesenheit von der Patina und den Unvollkommenheiten, die dafür sorgen, dass sich die Welt wie die Welt anfühlt. Wenn ich Second Life zu beschreiben versuchte, fehlten mir die Worte – zumindest interessante Worte –, weil auch Beschreibungen von Fehlern und Brüchen leben. Die Welt von Second Life zu erforschen war, als blätterte ich einen Postkartenkatalog durch. Es war eine Welt der visuellen Klischees. Nichts war schmuddelig oder kaputt oder abgenutzt – und wenn etwas abgenutzt aussah, dann war die Vintage-Ästhetik sorgfältig gestaltet.

Natürlich zeugte meine Abneigung gegen Second Life – und meine Vorliebe für die Flecken und Mängel der physischen Welt – vor allem von meiner Privilegiertheit. In der realen Welt genoss ich den Schutz meiner (relativen) Jugend, meiner (relativen) Gesundheit und meiner (relativen) Freiheit. Was maßte ich mir an, über die zu urteilen, die in den Weiten von Second Life gefunden hatten, was ihnen offline versagt blieb?

Als Alice und ich uns mit unseren Avataren »in world« trafen, nahm sie mich auf einer der Virtual-Ability-Inseln mit zum Strand und lud mich ein, beim Tai-Chi-Training mitzumachen. Ich sollte einfach einen der Poseballs klicken, die über einem grasbewachsenen Kreis schwebten, und er würde meinen Avatar automatisch animieren. Aber ich hatte nicht das Gefühl, dass ich Tai-Chi machte. Ich hatte das Gefühl, an meinem Laptop zu sitzen und zuzusehen, wie ein zweidimensionaler Avatar Tai-Chi machte.

Ich dachte an Gidge in Atlanta, die in aller Frühe aufstand, um sich an einen virtuellen Swimmingpool zu legen. Sie konnte kein Chlor riechen und keine Sonnencreme, spürte die Sonne nicht, die auf ihren Rücken brannte und die Haut so lange brutzelte, bis sie sich pellte. Doch irgendetwas musste Gidge davon haben, wenn sie sich an den virtuellen Pool setzte – einen Genuss, den ihr nicht die physische Erfahrung, sondern die Erwartung, die Dokumentation und die Erinnerung verschaffte. Egal welche Kategorien von »real« oder »unreal« wir den Online- und Offline-Welten zuschreiben, der Genuss, den Gidge in Second Life erlebt, ist unbestreitbar echt. Sonst würde sie nicht morgens um halb sechs dafür aufstehen.

Von Anfang an stellte ich mich hundsmiserabel an beim Navigieren in Second Life. »Körperteil konnte nicht heruntergeladen werden«, meldete das Interface immer wieder. Angeblich konnte man in Second Life einen vollkommenen Körper haben, aber ich schaffte es nicht einmal, einen vollständigen Körper zu bekommen. Mein Avatar war eine punkig aussehende Frau mit abgeschnittenen Shorts, teilweise rasiertem Schädel und einem Frettchen auf der Schulter.

An meinem ersten Tag »in world« irrte ich auf Orientation-Island herum wie eine Betrunkene auf der Suche nach dem Klo. Auf der Insel gab es überall Marmorsäulen und gepflegte Hecken, und im Hintergrund plätscherte Wasser, aber die Landschaft erinnerte weniger an einen delphischen Tempel als an ein firmeneigenes Erholungscenter, das einem delphischen Tempel nachempfunden war. Außerdem war die Grafik teilweise lückenhaft und wenig überzeugend, die Bewegung stotterte und hakte. Ich versuchte, einen Typen namens Del Agnos anzusprechen, aber er ignorierte mich. Auf die Zurückweisung reagierte ich mit überraschender Scham, die mich in die Mittelstufe zurückversetzte, als ich lähmend schüchtern gewesen war.

An diesem ersten Tag »in world« teleportierte ich mich auf eine einsame Insel, wo sich in einer leerstehenden Villa angeblich der geheime Eingang zu einem »abenteuerlichen Zirkus im Himmel« versteckte, aber ich fand nur eine ausrangierte Bademeisterhütte, die auf Stelzen im Wasser stand und wo ich (schon wieder!) von einem Mann ignoriert wurde, diesmal von einem, der ein nietenbesetztes Hundehalsband trug und aussah wie die Kreuzung eines einsilbigen WWF-Wrestlers und eines viktorianischen Butlers. Dann fiel ich vom Holzsteg und dümpelte plötzlich unter dem programmierten Dauergewitter in der grauen, vom Regen pockennarbigen Dünung. Natürlich erlebte ich nicht den Frust der echten Erfahrung mit ihrer Dichte an durchkreuzten Erwartungen, sondern etwas anderes: die mangelhafte Beschwörung ihrer reduzierten Simulation. Es war wie ein Bühnenbild, dessen wackeliges Gerüst zum Vorschein kam.

Jedes Mal, wenn ich mich aus Second Life ausloggte, erfasste mich ein merkwürdiger Eifer, mich kopfüber in die Aufgaben des Alltags zu stürzen. Meine Stieftochter vom Theaterkurs abholen? Gebongt! Die Anfrage der Fachbereichsleiterin wegen der Vertretung für die Dozentin, die unerwartet ausfiel? Ich war dran! Meine Verpflichtungen fühlten sich auf eine Weise echt an, die mir in Second Life fehlte, und sie erlaubten es mir, eine bestimmte Version meiner selbst zu sein, die fähig und nützlich war. Es war, als holte ich nach langer Zeit unter Wasser wieder Luft. Außer Atem, verzweifelt, bereit für Verstrickungen und Kontakt: *Ja! Das ist die richtige Welt! In ihrer ganzen, anstrengenden logistischen Pracht!*

Als ich mein erstes Second-Life-Konzert besuchte, war ich gespannt auf die echte Musik in der virtuellen Welt. Viele SL-Konzerte sind tatsächlich »live«, da echte Musiker echte Musik auf echten Instrumenten spielen oder in Mikrofone singen, die sie an den Computer angeschlossen haben. Aber ich hatte mir für den Nachmittag zu viel vorgenommen: sechzehn überfällige E-Mails, Spülmaschine ausräumen, Spülmaschine einräumen, meiner Stieftochter vor der Generalprobe von *Peter Pan* ein Erdnussbutter-Marmeladen-Sandwich schmieren. Das Konzert fand auf einem Kai mit Aussicht auf das glitzernde Blau einer weiten Bucht statt. Mit Marmelade am Finger klickte ich auf einen Tanz-Poseball und begann eine Polonaise – leider machte keiner mit. Dann blieb ich zwischen der Bühne und einer Topfpflanze stecken und kam mit der Polonaise nicht voran. Mehr als irgendeine Form von Spaß war es die Peinlichkeit, die mir das Gefühl gab, dabei zu sein. Der Gedanke daran, was die anderen dachten, machte mir – endlich – bewusst, dass ich diese Welt mit ihnen teilte.

Als ich mit Philip Rosedale sprach, gab er zu, dass die Nutzung von Second Life immer eine besondere Herausforderung gewesen sei – es falle den Leuten schwer, sich zu bewegen, zu kommunizieren und zu bauen; es gebe »eine nicht zu reduzierende Hürde bei der Benutzung von Mouse und Keyboard«, die sein Team »nie beheben konnte«. Peter Gray, Linden Labs Director of Global Communication, erklärte mir, was er das »Problem des weißen Raums« nannte – so viel Freiheit, dass man nicht wisse, was man damit anfangen solle –, und gab zu, das Betreten von Second Life könne sich anfühlen, als würde man »in einem fremden Land ausgesetzt«.

Als ich mit langjährigen Nutzern sprach, schien aber gerade diese erschwerte Zugänglichkeit wesentlich zu ihrer Assimilation beigetragen zu haben. Mit Nostalgie erinnerten sie sich an frühe Peinlichkeiten. Gidge erzählte mir, dass ihr am Anfang jemand eingeredet habe, sich müsse sich unbedingt eine Vagina kaufen, mit dem Erfolg, dass sie die Vagina versehentlich außen an der Hose trug (»klassisches #SecondLifeProblem«, wie sie es nannte). Die schwedische Musikerin Malin Östh, die auf dem Konzert gespielt hatte, wo mir die Polonaise verunglückt war, erzählte mir von ihrem ersten Konzert in Second Life. Ihr war es ähnlich ergangen wie mir: Beim Versuch, sich durch die Menge zu schieben, war sie versehentlich auf die Bühne geflogen. Sie hatte erwartet, dass sich die ganze Veranstaltung einfach nur künstlich anfühlen würde, und war dann überrascht, wie echt ihre Scham war; daran merkte sie, dass sie wirklich das Gefühl hatte, unter Menschen zu sein. Ich wusste genau, was sie meinte. Wenn du dich wie in der Highschool fühlst, fühlst du dich immerhin wie an einem anderen Ort.

Eine andere Bewohnerin erklärte: »Second Life holt dich nicht ab. Dir wird nichts auf dem Silbertablett serviert und keiner sagt dir, was du als nächstes tun sollst. Second Life hält dir eine Welt hin, aber du bist auf dich gestellt, eine Gebrauchsanweisung gibt es nicht.« Doch wenn du dich erst reingefrickelt hast, kannst du dir tausend Silbertabletts kaufen oder die Traumjacht bauen oder einen virtuellen Yosemite-Nationalpark erschaffen. Rosedale war überzeugt, sobald ein Nutzer das anfängliche Fegefeuer überstanden habe, sei seine Bindung zur Welt von Second Life besiegelt. »Wer mehr als vier Stunden drin ist«, sagte er zu mir, »der bleibt für immer.«

Der 1992 erschienene Cyberpunk-Roman *Snow Crash* von Neal Stephenson wird oft als literarischer Vorläufer von Second Life angeführt. Doch Rosedale versicherte mir, als er *Snow Crash* las, hatte er Second Life schon seit Jahren im Kopf. (»Fragen Sie meine Frau.«) Hiro Protagonist, der Protagonist von *Snow Crash* mit dem sprechenden Namen, lebt in einer WG in einem Lagerraum, doch im Metaversum ist er ein schwertkämpfender Prinz und ein legendärer Hacker. Kein Wunder, dass er so viel Zeit dort verbringt: »Es ist tausendmal besser als ein beschissenes Storage-Unit.«

Eine Studie zur subjektiven Lebenszufriedenheit von Second-Life-Anwendern zeigte bei vielen Nutzerinnen und Nutzern eine Diskrepanz in der Zufriedenheit im virtuellen und im realen Leben, woraus die Macher der Studie folgerten, für manche Menschen sei »die Motivation größer, sich in ein digitales Leben zu flüchten, als in ihrem echten Leben etwas zu ändern«. Doch wenn man in Second Life glücklicher war, war es dann nicht noch schwerer, offline froh zu werden – wenn die reale Welt ständig mit einer Welt konkurrieren musste, in der alle Fantasien möglich waren?

Hiros Doppelleben in *Snow Crash* verkörpert einige der zentralen Fantasien von Second Life: die Möglichkeit, die Gesetze des Erfolgs in der realen Welt umzukehren oder auszuhebeln; die Entstehung eines radikal demokratischen Raums, weil keiner weiß, welche Position irgendjemand in der realen Welt innehat. Für viele Bewohnerinnen und Bewohner ist Second Life eine Utopie, die Menschen auf der ganzen Welt verbindet – ungeachtet von Einkommensstufen, Berufen, Geografie oder Behinderungen –, ein Ort, an dem Kranke gesunde Körper haben und Menschen mit beschränkter Mobilität sich frei bewegen können. Seraphina Brennan, eine Transfrau, die in einem Kohlerevier in Pennsylvania aufwuchs und sich erst mit Mitte zwanzig die medizinischen Maßnahmen zur Geschlechtsumwandlung leisten konnte, erzählte mir, Second Life sei ihre »Chance, so auszusehen, wie ich mich im Inneren immer gefühlt habe« – der erste Ort, an dem sie im Körper einer Frau leben konnte.

In seinem Buch *The Making of Second Life* schreibt Wagner James Au von einem Avatar namens Bel Muse, einer typischen »kalifornischen Blondine«, die von einer afroamerikanischen Frau gespielt wird. Sie leitete ein Team von Designern, die an Nexus Prime arbeiteten, einer der ersten Städte in Second Life, und erzählte Au, dass Second Life der erste Ort gewesen sei, wo sie nicht mit den üblichen Vorurteilen zu tun hatte. »Offline muss ich immer erst einen guten Eindruck machen – muss beweisen, dass ich anständig und eloquent bin«, sagte sie. »In Second Life muss ich das nicht. Zum ersten Mal stehe ich nicht unter Generalverdacht.« Andererseits beweist diese Anekdote – die Tatsache, dass Bel Muse mehr Respekt entgegengebracht wurde, als sie in Second Life als Weiße auftrat –, dass Rassismus sehr wohl eine Rolle spielt, dass SL nicht frei davon ist. Auch wenn viele Bewohnerinnen und Bewohner Second Life als Ort der Gleichberechtigung sehen, an dem gesellschaftliche und rassistische Vorurteile nicht gelten, schreibt die Dominanz des schlanken weißen Körpers, häufig mit Attributen der »Leisure Class« ausgestattet, die verzerrten Ideale fort, die ursprünglich für die ungerechten Spielregeln sorgten. Die Afroamerikanerin Sara Skinner, die ihren Avataren immer eine ihrer eigenen Hautfarbe entsprechende gab, erzählte mir, dass sie in Bay City, einer Second-Life-Stadt am Meer, ein digitales Museum für Schwarze Geschichte bauen wollte. Ein anderer Avatar (der einen Polizisten spielte) errichtete sofort hohe Mauern und setzte am Ende ausgerechnet ein Gerichtsgebäude davor, das die Sicht auf das Museum verdeckte. Der Cop-Avatar behauptete, das sei alles ein Missverständnis gewesen, aber Rassisten outen sich nicht gern – und es war garantiert kein Missverständnis, wenn in Second Life ein weißer Mann, den Sara abblitzen ließ, zu ihr sagte, sie sehe aus wie ein Primat, oder sie wegen ihrer großen Nasenlöcher »Tamponnase« nannte, oder wenn ihr jemand erklärte, ihre Erfahrungen mit Vorurteilen würden nicht gelten, weil sie ein »Mischling« sei. Skinner hat vor, das Museum an anderer Stelle zu errichten.

Au erzählte mir, nach seiner anfänglichen Begeisterung für das Konzept von Second Life und vor allem für die Möglichkeiten nutzergenerierter Inhalte sei er enttäuscht gewesen, als er sah, dass es den meisten Nutzern hauptsächlich darum ging, wie Teenager zu feiern oder mit Geld um sich zu werfen. Rosedale sagte, er habe sich in Second Life hyperfantastische, künstlerische und vollkommen durchgeknallte Landschaften vorgestellt – voller Raumschiffe und bizarrer Topografien, Burning Man auf virtuellen Steroiden –, doch herausgekommen sei etwas, das im Grunde aussah wie Malibu. Die Leute legten sich Villen und Ferraris zu. »Wir bauen zuerst, was wir uns am meisten wünschen.« Er erzählte, eine frühe Linden-Lab-Studie habe ergeben, dass die überwältigende Mehrheit der Second-Life-Nutzer in der realen Welt eher auf dem Land als in der Stadt wohne. In Second Life suchten sie, was ihnen im physischen Leben fehlte: die Konzentration, die Dichte und das verbindende Potenzial des städtischen Raums – das Gefühl, am Ort des Geschehens zu sein und daran teilhaben zu können.

Der schwedische Unternehmer Jonas Tancred meldete sich 2017 bei Second Life an, nachdem sein Headhunter-Unternehmen in der Rezession pleitegegangen war. Jonas hatte graue Haare und einen Bauch, aber sein Avatar Bara Jonson war jung und fit, hatte eine Igelfrisur und einen schmachtenden Blick. Doch das, was er an Second Life so spannend fand, war nicht die Rolle des attraktiveren Alter Egos, sondern die Chance, Musik zu machen, ein Lebenstraum, den er nie verwirklicht hatte. (Später tat er sich mit Malin Östh zu dem Duo Bara Jonson & Free zusammen.) Jonas stand offline vor seinem Küchentisch mit der karierten Wachstuchdecke und spielte auf der Akustikgitarre, die an seinen Computer angeschlossen war. Doch in Second Life rockte Bara vor einem Publikum aus Supermodels und Bikern mit Irokesenschnitt.

Eines Abends kam eine Frau vor der Show zu ihm und fragte: »Bist du gut?« »Ja, klar«, sagte er, und dann spielte er, nur um es ihr zu beweisen, einen seiner besten Gigs. Die Frau hieß Nickel Borrelly; sie sollte seine Frau werden (in Second Life) und ein paar Jahre später die Mutter seines Kindes (im echten Leben).

Offline war Nickel eine junge Frau namens Susie und lebte in Missouri. Nach den surrealen Anfängen ihrer Beziehung – Fesselballon-Flüge, romantische Tanzabende bei

Mondschein und eine Tandemtour auf der Chinesischen Mauer – fand die Second-Life-Hochzeit des Paars auf Twin Hearts Island statt, um »12:00 Uhr SLT«, Standard-Linden-Zeit, laut der elektronischen Einladung. Während sie sich das Ja-Wort gaben, erklärte Bara, dies sei der wichtigste Tag seines Lebens. Welches Leben er damit meinte oder ob die Feststellung auf beide zutraf, sagte er nicht.

Nachdem er Nickel geheiratet hatte, startete seine Musikerkarriere in Second Life richtig durch. Er bekam sogar das Angebot, in New York eine Platte aufzunehmen, einer der ersten Real-Life-Plattenverträge eines Second-Life-Musikers. In New York begegneten sich Jonas und Susie zum ersten Mal offline. In einem Dokumentarfilm, der ein paar Jahre später über sie entstand, erinnerte sich Susie an ihren ersten Eindruck: »Mann, sieht der alt aus.« Aber dann sagte sie, ihn persönlich kennenzulernen war, als würde sie sich »ein zweites Mal verlieben«.

2009 kam Susies und Jonas' Sohn Arvid zur Welt. Jonas war vorher nach Schweden zurückgekehrt, nachdem sein Visum abgelaufen war. Als Susie im Kreißsaal lag, war er in seinem Club in Second Life – zuerst wartete er auf die gute Nachricht und dann rauchte er eine virtuelle Zigarre. Am schlimmsten war für Susie der Tag nach Arvids Geburt, als das Krankenhaus voller frischgebackener Väter war. Was blieb Susie und Jonas anderes übrig, als sich mit ihren Avataren zum virtuellen Frühstück in einer romantischen Enklave am Meer zu treffen, mit dampfendem Kaffee, den sie nicht trinken konnten, und echten Videos ihres echten Babys auf dem virtuellen Fernseher, während sie sich auf der virtuellen Couch zurücklehnten.

Heute sind Susie und Jonas kein Paar mehr, aber Jonas gehört für immer zu Arvids Leben. Jonas skypt regelmäßig mit beiden und kommt zu Besuch, so oft er kann. Er glaubt, dass Susie und er es schaffen, auch nach der Trennung eine starke, dauerhafte Elternbeziehung aufrechtzuerhalten, weil sie sich online schon so gut kannten, bevor sie sich persönlich begegneten. Second Life war für sie keine Illusion, sondern ein Kanal, über den sie sich besser verstanden, als es offline möglich gewesen wäre. Jonas sieht Second Life eher als verfeinerte Version der Realität, nicht als oberflächlichen Ersatz. Als Musiker hat er das Gefühl, dass Second Life seine Musik nicht verändert, sondern »verstärkt«, weil es ihm den direkteren Zugang zum Publikum ermöglicht, außerdem liebt er das Feature, mit dem Fans ihre eigenen Texte zu seinen Liedern eintippen können. Er erinnert sich, dass alle »mitsangen«, als er das Lied »Mmm Mmm Mmm Mmm« von den Crash Test Dummies coverte – so viele schrieben den Text mit, dass ihre *Mmms* den ganzen Bildschirm füllten. Für Jonas haben die Realität und die Schönheit seiner Schöpfungen – seine Songs, das Baby – die Spuren ihrer virtuellen Konstruktion transzendiert und überlagert.

Von den mehr als 36 Millionen Second-Life-Bewohnerinnen und -Bewohnern, die sich bis 2013 ein Konto eingerichtet hatten, nutzen nur schätzungsweise 600 000 die Plattform immer noch regelmäßig. (Weitere 200 000 melden sich jeden Monat neu an, kommen aber nicht zurück.) Die Zahl derer, die sich abgekehrt haben, ist hoch. Was ist passiert? Die in die Höhe schnellenden Nutzerzahlen von Facebook ausgerechnet zu der Zeit, als die Zahlen bei Second Life stagnierten, sind für Au ein Zeichen, dass Linden Lab die Wünsche des Publikums falsch eingeschätzt hat. »Die Prämisse von Second Life war, dass jeder sich ein zweites Leben wünscht«, sagte mir Au, »aber der Markt hat etwas anderes gezeigt.«

Als ich Rosedale fragte, ob er immer noch hinter seiner Prognose aus der Frühzeit von Second Life stand – dass der Mittelpunkt unseres Lebens virtuell stattfände und die physische Welt immer mehr zum Museum würde –, widerrief er nicht. Im Gegenteil: Er war überzeugt, es würde der Punkt kommen, an dem wir die echte Welt als »archaischen, nostalgischen Ort« betrachten würden, der de facto keine Rolle mehr spiele. »Was machen wir dann in unseren Büros, wenn wir sie nicht mehr zum Arbeiten brauchen?«, überlegte er. »Racquetball spielen?«

Ich hakte nach. Glaubte er wirklich, bestimmte Aspekte der physischen Welt – unser Zuhause, wo wir mit unserer Familie leben, Mahlzeiten mit Freunden, mit denen wir an einem Tisch sitzen – würden irgendwann keine Bedeutung mehr haben? Glaubte er wirklich, unsere körperliche Existenz wäre für unser Menschsein nicht fundamental? Er lenkte überraschend schnell ein. Die Sphäre der Familie würde nie an Wert verlieren, sagte er, genauso wenig wie unser Heim, wo wir Zeit mit den Menschen verbringen, die wir lieben. »Das ist von Dauer«, sagte er. »Da sind wir sicherlich einer Meinung.«

Alicia Chenaux lebt auf einer beschaulichen waldigen Insel namens Bluebonnet, gemeinsam mit ihrem Mann Aldwyn »Al«, mit dem sie seit sechs Jahren verheiratet ist, und den beiden Töchtern Abby, acht, und Brianna, drei, die vorher fünf war und davor acht. Als Familie erleben sie ihre gemeinsamen Tage wie eine Parade idyllischer Erinnerungen, die Alicia häufig als digitale Schnappschüsse in ihrem Blog festhält: auf der Suche nach dem richtigen Halloween-Kürbis, auf dem Weg nach SL-Griechenland, um ein paar Tage in den Pixeln des Mittelmeers zu schwimmen. Ihr Leben ist wie ein digitales Rockwell-Gemälde, das Ideal der biederen amerikanischen Mittelschicht – eine extrem unscheinbare Fantasie, bis auf die Tatsache, dass Abby und Brianna Kinder-Avatare sind, die von Erwachsenen gespielt werden.

Als Alicia mit Anfang dreißig erfuhr, dass sie keine leiblichen Kinder bekommen konnte, stürzte sie über längere Zeit in eine tiefe Depression. Doch Second Life bot ihr die Chance, Mutter zu werden. Ihre virtuelle Tochter hatte im echten Leben als Achtjährige ein schweres Trauma erlebt (die Details muss sie nicht wissen, sagt Alicia), weswegen sie sich in Second Life dieses Alter ausgesucht hat, um es noch einmal besser zu erleben. Brianna war im echten Leben von Kindermädchen erzogen worden, ihre Eltern waren kaum präsent, und jetzt wollte sie Teil einer Familie sein, in der Eltern und Kinder ein engeres Verhältnis hatten. Vielleicht war das der Grund, warum sie immer jünger wurde.

Alicia und ihre Familie gehören zu einer großen Familien-Rollenspiel-Community auf Second Life. Es gibt Adoptionsagenturen, bei denen Kinder und potenzielle Eltern Profile posten und »Probezeiten« vereinbaren, um herauszufinden, ob sie zueinander passen. Sara Skinner, die Gründerin des virtuellen Museums für Schwarze Geschichte, erzählte mir, dass sie eine Zeitlang einen vierjährigen Sohn auf Second Life hatte, gespielt von einem im Ausland stationierten Soldaten. Oft loggte er sich trotz schlechter Verbindung ein, nur um ein paar Stunden mit Sara zu verbringen, während das Netzwerk immer wieder zusammenbrach.

Adoptiveltern können auch eine virtuelle Schwangerschaft erleben, indem sie »Geburtskliniken« oder Zubehörpakete wie »Bauchredner« benutzen, zu denen der Entbindungstermin und die passenden Körpermodifikationen gehören, inklusive der Option, dem Fötus beim Wachsen zuzusehen; dazu kommen spielsituationsabhängige Benachrichtigungen (»Dein Baby macht Purzelbäume!«), die Simulation einer »realistischen Entbindung« und eine Neugeborenen-Ergänzung. Üblicherweise findet eine Second-Life-Schwangerschaft statt, nachdem Eltern »in world« adoptiert haben, mit der Absprache, dass das Baby, das sie erwarten, das Adoptivkind ist. Der Prozess soll Eltern und Kind die Bindung einer echten Geburt vermitteln. »Erlebe authentische Morgenübelkeit«, verspricht ein Produkt. »Spüre den Schmerz.« Gemeint ist, man erhält die Benachrichtigung, dass dem Körper-der-nicht-dein-physischer-Körper-ist übel ist. »Du hast die volle Kontrolle; gestalte deine Schwangerschaft GENAUSO, wie du willst«, wirbt das Produkt, womit es die zentrale Tatsache einer RL-Schwangerschaft zu übersehen scheint: dass du einem Prozess unterworfen bist, der zum größten Teil außerhalb deiner Kontrolle ist.

Im echten Leben wohnt Alicia mit ihrem Freund zusammen, und als ich frage, ob er von ihrer Second-Life-Familie wisse, antwortet sie: »Natürlich.« Es geheim zu halten, wäre schwer, weil sie, außer mittwochs, fast jeden Abend in Second Life verbringt. (Mittwoch ist ihr »Real-Life-Abend«, den sie mit ihrer besten Freundin vor dem Fernseher verbringt.) Als ich Alicia frage, ob ihr die beiden Liebesbeziehungen unterschiedliche Dinge geben würden, sagt sie: »Auf jeden Fall.« Ihr Freund sei großartig, aber er arbeite die ganze Zeit; Al dagegen höre ihr zu, wenn sie endlos über das quatsche, was sie am Tag erlebt habe. Sie und Al kannten sich bereits zwei Jahre online, bevor sie sich das Ja-Wort gaben (wie sie sagt, seien es vor allem seine »Geduld und Beharrlichkeit« gewesen, die sie angezogen hätten), und sie gesteht, dass sie bei der Planung der riesigen Second-Life-Hochzeit ein »totaler Kontrollfreak« gewesen sei. Im echten Leben ist der Mann, der Al spielt, etwas älter als Alicia – einundfünfzig gegenüber ihren neununddreißig – und hat Frau und Familie, und sie genießt es, dass er »so viel Lebenserfahrung« hat und eine »konservativere, bodenständigere« Perspektive einnimmt als sie.

Nach der Second-Life-Hochzeit wurden sie ständig gefragt, ob sie Kinder wollten. (Manche Dinge sind offenbar überall gleich.) 2013 adoptierten sie Abby und ein Jahr später Brianna, und mittlerweile gehört auch das gelegentliche Auftauchen aus dem Rollenspiel zur Familiendynamik. Als Brianna in die Familie kam, sagte sie, sie wolle mehr als »bloß eine Geschichte«, und die Mädchen tauschen sich auch über ihr erwachsenes Offline-Leben aus: Männerprobleme oder Stress im Job. Doch Alicia ist es wichtig, dass ihre beiden Töchter »engagierte Kinder« sind, was heißt, dass sie keine alternativen erwachsenen Avatare haben. Und während Alicia und Al einander echte Fotos zeigen, »halten sich die Mädchen mit Fotos von sich zurück«, wie sie sagt, »weil sie in unseren Köpfen Kinder bleiben wollen«.

Vor ein paar Jahren schenkte Al Alicia zu Weihnachten einen »Pose-Stand«, mit dem sie bestimmte Gesten und Körperhaltungen für die Familie einrichten und speichern kann: wie sie und Al sich auf einer Bank umarmen oder wie er sie huckepack trägt. Viele ihrer Blog-Posts zeigen Fotos von der glücklich wirkenden Familie, häufig mit einem Hinweis darunter, zum Beispiel: »Falls du die Pose kaufen willst, die ich für dieses Foto benutzt habe, ich habe sie auf Marketplace gepostet.« In einem anderen Post mit einem romantischen Foto von ihr und Al in ihren schönsten Wintermänteln auf einer Bank zwischen verschneiten Bäumen gibt Alicia zu, sie habe das Foto gemacht, als Al schon im Bett war. Sie hatte seinen Avatar einfach noch einmal eingeloggt und in die richtige

Pose gebracht, um das Foto genau so hinzubekommen, wie sie es sich vorgestellt hatte.

Die Posen sind für mich der Schlüssel sowohl zum Reiz als auch zu den Grenzen des Familien-Rollenspiels auf Second Life. Mit ihnen lassen sich unendlich viele idyllische Momente gestalten – nur eben keiner, der nicht vorsätzlich gestaltet ist. Doch auch wenn Alicias Familiendynamik so nahtlos aussieht – ein Album fotogener Momente –, hat ein wichtiger Teil des Glücks, das sie dabei empfindet, mit kleinen Reibereien zu tun: Wenn sie eingreifen muss, weil die Mädchen über Kostüme streiten oder am Ende der Ferien Tobsuchtsanfälle bekommen. In einem Blog-Post erklärt Alicia, ihre Lieblingszeit seien die »paar Minuten am Abend« allein mit Al, aber die Erwähnung ihrer vermeintlichen Zeitknappheit – sympathisch, weil sie Pflichtgefühl und Opferbereitschaft signalisiert – wirkt wie eine weitere Pose, die dem Familienleben in der echten Welt abgeschaut ist.

Letztes Jahr adoptierten Alicia und Al zwei weitere Kinder, fanden es aber problematisch, dass die neuen Kinder »zu viel zu schnell« wollten. Zum Beispiel wollten sie Alicia und Al von Anfang an »Mom« und »Dad« nennen und sagten dauernd: »Ich hab dich lieb.« Die neuen Kinder hatten das Bedürfnis nach intensiver, unablässiger Elternschaft, ohne das gelegentliche Ausbrechen aus der Rolle, und sie stellten ständig Dinge an, um Aufmerksamkeit zu bekommen – verloren ihre Schuhe, sprangen vom Dach, kletterten auf Bäume, von denen sie nicht allein herunterkamen. Tatsächlich verhielten sie sich mehr wie echte Kinder und weniger wie Erwachsene, die Kinder spielten. Die Adoption hielt nur fünf Monate.

Da ist eine eigensinnige Schönheit in Alicias Second-Life-Familie, vier Menschen, die alle denselben Traum träumen möchten. Und da ist eine unstrittige Relevanz in der Art, wie Alicia und ihre Kinder sich ihre eigene Version der Intimität erschaffen haben, die ihnen die Umstände versagten. Doch die Momente der inszenierten Reibung (Zankereien, Wutanfälle) verweisen auch auf den klaustrophobischen Aspekt ihrer familiären Vollkommenheit. Indem sie die Ideale des Familienlebens so einfach nachspielen können, umgehen Second-Life-Familien viele der Herausforderungen, die den echten Familienalltag ausmachen. Deine virtuelle Familie kann nie deine Fantasie übertreffen, weil sie nur aus deiner Fantasie gemacht ist.

Eines Abends, als ich gerade mit meinen Second-Life-Recherchen begonnen hatte, stand ich (offline) mit meinem Mann in einem Grillrestaurant in Lower Manhattan und fragte ihn: »Warum ist Second Life nicht genauso echt wie das ›echte Leben‹?« Zuerst antwortete er nicht. Dann streckte er die Hand aus und kniff mich in den Arm. (Ziemlich fest sogar.) »Deswegen«, sagte er.

Er meinte nicht nur das Physische – dass unsere Erfahrungen an unseren Körper gebunden sind –, sondern auch den Moment der Überraschung, der Störung. So viele unserer erlebten Erfahrungen setzen sich aus dem zusammen, was jenseits unserer Handlungsmacht und der Vorhersehbarkeit liegt, jenseits unserer Reichweite, jenseits unserer Skripts. So viel hat mit Überraschung zu tun, mit Andersheit, mit Fehltritten und unvorhergesehenen Hindernissen, mit der Struktur der Unvollkommenheit: der Schmutz und die Maserung eines Bürgersteigs mit seinen Zigarettenkippen und dem sommerlich stinkenden Müll, Taxi-Abgasen und vielleicht einer Ratte, die zwischen den Mülltüten umherhuscht, dem Tonfall und Gelächter von vorbeigehenden Fremden. Second Life verspricht eine andere Realität, aber es kann die

Risse und Brüche nicht liefern, die der Realität ihre Struktur geben. In Second Life sehen die Landschaften aus wie die Märchenbilder von Thomas Kinkade, Sex existiert in der Fantasie, Elternteil ist man, solange man eingeloggt ist. Eine Studie von 2011 zeigt, dass Nutzerinnen und Nutzer die Persönlichkeit ihrer Second-Life-Partner eher idealisierten als die ihrer Offline-Partner – »in world« vergaben sie mehr Punkte für Extrovertiertheit, Gewissenhaftigkeit, Verträglichkeit und Offenheit. Die Intimität zwischen zwei Avataren ist nicht »unecht«, aber ihre Realität ist anders als das, was passiert, wenn zwei Menschen in der physischen Welt in einer Beziehung leben – wenn man zu seinem Wort stehen muss und zu den Geheimnissen, die man preisgegeben hat, wenn man sich den täglichen Anforderungen des Haushalts und seiner Bewohner stellen muss.

In den perfektionierten Second-Life-Landschaften musste ich immer wieder daran denken, was ein Freund mir von seiner Erfahrung im Gefängnis erzählt hatte. Für ihn bedeutete der Freiheitsentzug nicht nur, dass er zu all den möglichen Annehmlichkeiten der Welt keinen Zugang mehr hatte, sondern auch, dass ihm alle potenziell möglichen Fehler versagt blieben. Vielleicht ist das der Preis einer perfektionierten Welt, oder einer Welt, in der wir scheinbar alles kontrollieren können: Vieles von dem, was wir »Erfahrung« nennen, hat mit Dingen zu tun, die wir nicht selbst gestalten können, und mit Dingen, die wir nicht loswerden. Alice und Bridgette wissen das längst. Sie erleben es jeden Tag.

In Second Life wie überall im Netz steht die Abkürzung »afk« für »away from keyboard« (nicht an der Tastatur), und Tom Boellstorff hat bei seinen ethnografischen Recherchen Second-Life-Bewohner häufig sagen hören, sie wünschten, sie könnten »auch in der echten Welt die Tastatur mal liegen lassen, um sich vor unangenehmen Situationen zu drücken, aber sie wussten, dass das nicht ging; niemand sagt im echten Leben ›afk‹«. Diese Beobachtung brachte Boellstorff auf die Idee zu seinem »afk-Test«: »Wenn du an einem Ort afk sein kannst, ist es eine virtuelle Welt.« Die Umkehrung des »afk-Tests« ist vielleicht eine ganz gute Definition für das, was die Realität ausmacht: der Ort, an dem du die Tastatur nicht liegen lassen kannst – jedenfalls nicht lange. Philip Rosedale hatte vorausgesagt, dass die physische Welt zu einem Museum einstauben würde, aber wie soll das gehen? Sie ist viel zu wesentlich für das Menschsein, um überflüssig zu werden, viel zu notwendig für diesen unvollkommenen, schmerzenden Körper, mit dem wir in ihr wandeln.

Hat Second Life mich zum Staunen gebracht? Auf jeden Fall. Als ich im Korbstuhl auf einer Dachterrasse am Cape Serenity saß und mit einer von Amts wegen blinden Frau plauderte, die sich ein Haus mit Blick auf die Brandung gebaut hatte, berührte mich die Tatsache, dass sie die Welt von Second Life besser sah als unsere. Als ich zu Pferd durch einen virtuellen Yosemite-Nationalpark ritt, wusste ich, dass die Frau, die mich durch die Kiefernwälder führte, viele Jahre der Berufsunfähigkeit und gesellschaftlichen Isolation hinter sich hatte, bis sie einen Ort fand, an dem sie sich nicht mehr im Abseits fühlte. Das ist letztlich das Befreiende in Second Life – nicht die Abkehr von der physischen Welt, sondern die Verflechtung mit ihr, der lebhafte Austausch mit ihr. Second Life respektiert, dass wir vielfältiger sind, dass wir weniger eindeutig sind, als die Welt uns zugesteht.

Manche Leute nennen Second Life eskapistisch, und seine Bewohner argumentieren oft dagegen. Aber für mich stellt sich die Frage nicht, ob Second Life eskapistisch ist. Viel wichtiger ist anzuerkennen, dass der Impuls, dem eigenen Leben zu entfliehen, universal ist und es deswegen nichts bringt, ihn schlechtzumachen. Egal welches Leben wir führen, der Drang, es zu verlassen, gehört immer dazu – durch Tagträume; durch Geschichten; durch die Ekstasen von Kunst und Musik, harte Drogen, Seitensprünge, Smartphones. Diese Formen der »Flucht« bedeuten nicht das Gegenteil von authentischem Dasein. Sie sind seine Symptome – genau wie zu Liebe Konflikt gehört, zu Intimität Distanz und zum Glauben Zweifel.

II.

SCHAUEN

HOCH NACH JAFFNA

Es war früher Abend, als ich in Colombo ankam. Wir hatten seit dem Start in New York einen Tag übersprungen, und alles fühlte sich halb wie im Traum an. Auf der ersten Flugstrecke bis Dubai hatten alte Männer durch die Bullaugen nach den ersten Strahlen des Sonnenaufgangs Ausschau gehalten und sich dann zum Gebet auf den Kabinenboden gekniet. Zum Nachtisch gab es Aprikosenkuchen mit viel Sahne. Ein Teenager-Mädchen trug ein grellrosa T-Shirt mit der Aufschrift NEVER LOOK BACK. Die *Gulf Times* berichtete über Justizfälle im Nahen und Mittleren Osten – »Frau wegen Beleidigung der Moral-Polizei ausgepeitscht«, »Verhaftung von atheistischen Bloggern gefordert« – und über die haarsträubenden Ereignisse in meinem eigenen Land: »Tränengas und Gummigeschosse sorgen in Missouri nicht für Frieden.«

Ich war im Auftrag eines Reisemagazins in Sri Lanka. Die Idee des Features war, dass die Zeitschrift mich irgendwo hinschickte, mir das Reiseziel aber erst vierundzwanzig Stunden vor der Abreise mitteilte. Das waren die Aufträge, um die man von anderen beneidet wurde, doch es war auch beschämend, koloniale Arroganz destilliert zu einem lustigen journalistischen Streich: *Ich tauche vollkommen unvorbereitet irgendwo auf und berichte über den Ort!* Aber hatte ich wegen dieser Bedenken auf meine bezahlte Reise rund um die Welt verzichtet? Hatte ich nicht.

Am nächsten Morgen wollte ich hoch zur Halbinsel Jaffna fahren, über die Fernstraße A9, die das flache Buschland der

Vanni-Region im Norden durchquerte. Der Vanni war viele Jahre lang von den Liberation Tigers of Tamil Eelam kontrolliert worden – besser bekannt als Tamil Tigers –, bis sri-lankische Regierungstruppen die Rebellen 2009 in der Nähe der Lagune Nanthi Kadal endgültig besiegten. Bei den letzten Kämpfen waren Tausende von Zivilisten ums Leben gekommen. Ein UN-Bericht sprach von vierzigtausend.

Es ist unmöglich zu verstehen, was es bedeutet, in Sri Lanka nach Norden zu reisen, wenn man nichts von den tiefen Gräben weiß, die den Bürgerkrieg geschürt hatten – die buddhistische singhalesische Mehrheit im Süden; die tamilische Minderheit im Norden, wo die Tamil Tigers für einen unabhängigen Staat kämpfen –, oder keine Ahnung hat von den weitreichenden Kriegsfolgen: die kaputte Infrastruktur, die anhaltenden ethnischen Spannungen in einem Land, in dem die militärische Präsenz immer noch deutlich zu spüren ist.

In fieberhafter Vorbereitung hatte ich mich in den Konflikt eingelesen. Immer wenn ich dachte, ich hätte den Ursprung gefunden, fand ich einen weiteren Ursprung, der früher ansetzte. Vielleicht begann der Krieg mit dem Schwarzen Juli 1983, als in Colombo dreitausend Menschen bei antitamilischen Rassenunruhen starben; oder er begann mit dem Hinterhalt, der die Aufstände auslöste, als die Tamil Tigers dreizehn sri-lankische Soldaten töteten; oder er begann in den 1950er Jahren, als in Sri Lanka Singhalesisch zur einzigen Amtssprache erklärt wurde. Jedem Auslöser ging ein weiterer Auslöser voraus, und für viele schien das Ende des Bürgerkriegs gar kein Ende zu sein. Zwei Dinge wurden mir immer klarer: Es hatte unfassbare Gewalttaten gegeben, zu denen sich die Regierung nicht bekannte, und die zerrissenen Bevölkerungsgruppen des Landes hatten sich nicht auf eine Version ihres Auseinanderreißens geeinigt.

An meinem ersten Abend in Colombo aß ich mit einem sri-lankischen Journalisten zu Abend. Er holte mich im Galle Face Hotel ab, einem altmodischen, am Wasser gelegenen Palast mit viel Teakholz und großen Terrassen mit Blick auf das aufgewühlte, schiefergraue Meer. Die Zeitschrift hatte mir dort ein Zimmer für die erste Nacht gebucht, was mir peinlich war, weil das Hotel den Dunst der korrodierten britischen Macht verströmte. Ich erzählte dem Kollegen, dass ich nach Norden wollte, und fragte ihn, was er vom Wiederaufbau hielt, den die Regierung seit dem Krieg betrieb. Am einfachsten formuliere man es so, sagte er: Es sei nichts richtig gemacht worden. Die Versuche der Regierung, das Verschwinden von Zivilisten in Kriegszeiten aufzuklären, seien weitgehend Alibibemühungen gewesen. Die Tamilen trügen bis heute die Hauptlast des Konflikts: militärische Überwachung, eine Generation von Kriegswitwen. Aber er erklärte auch, und das mehr als einmal, es sei gefährlich, die Leute im Norden nur oder vor allem als Opfer zu sehen. Sie hatten überlebt und bauten ihr Leben und ihre Gemeinden aktiv wieder auf.

Er erzählte, immer mehr Sri Lanker aus dem Süden reisten nach Norden, um Teile des Landes kennenzulernen, die sie nie gesehen hatten, und die Armee habe angefangen, Hotelanlangen zu eröffnen, zum Beispiel eine umgebaute Gefängnisfestung und eine Villa am Strand derselben Lagune Nanthi Kadal, wo so viele Zivilisten ums Leben gekommen waren. Später am Abend entdeckte ich die Facebook-Seite des Resorts: »Genießen Sie entspannte Urlaubstage und die kühle Brise der Lagune Nanthi Kadal.«

Der Journalist sagte, es störe ihn, wie die Touristen über den Norden sprechen würden, besonders über die Strände – *unberührt, unverdorben, unentdeckt*. Diese Strände seien nicht unverdorben, sagte er. Es lägen Skelette unter dem Sand.

Ich fragte ihn, wann er das letzte Mal dort gewesen sei, aber er schüttelte nur den Kopf. Lange her, sagte er. Er müsse nicht hinfahren. Er kenne die Gegend. Er würde nicht hinreisen, um zu *schauen*, sagte er. Dabei wäre ihm nicht wohl. Er würde nur in den Norden fahren, wenn er das Gefühl hätte, er könnte etwas Sinnvolles tun.

Etwa ein Jahr bevor ich den Auftrag in Sri Lanka annahm, hatte ich mit Unterrichten genug Geld verdient, um auf eigene Kosten nach Kambodscha zu fliegen, wo eine gute Freundin von mir lebte. Mit das erste, was ich in Phnom Penh unternahm, war die Besichtigung von Tuol Sleng, dem ehemaligen Gefängnis der Roten Khmer: drei Betongebäude, in deren Zellen immer noch die rostigen Bettgestelle, Fußfesseln und Elektroschock-Apparate zu sehen sind. Der Komplex war eine Schule gewesen, bevor er ein Gefängnis wurde, oder wie immer man einen Ort nennt, an den vierzehntausend Menschen geschickt werden und nur sieben Menschen überleben. Da waren dunkle Flecken auf den Böden, aber keine Plaketten mit den Namen derer, die hier geblutet hatten. An den Balkonen der oberen Stockwerke glitzerte Stacheldraht. Nachts kamen die Tuk-Tuk-Fahrer nicht gern her, weil sie glaubten, dass es hier spukte.

In meinem Reiseführer stand: »Ohne den Besuch in Tuol Sleng ist kein Besuch in Phnom Penh komplett.« Ich fragte mich, was sie mit *komplett* meinten. Wollten sie damit sagen, man musste der Vergangenheit – den Wunden des Landes – Tribut zollen, bevor man an den Stränden von Sihanoukville unterm Sonnenschirm Rum aus Holzeimern trinken oder in Angkor Wat sepiafarbene Instagram-Fotos schießen durfte?

Als ich in Tuol Sleng war, machten alle Fotos von den Palmen und dem Stacheldraht. Alle schwitzten. Es herrschte drückende Hitze, und der Getränkestand machte ein gutes Geschäft. Obwohl ich auch Durst hatte, weigerte ich mich, mit einer Diet Coke durch die Hallen des Todes zu schlendern. Aber auch ohne Getränk war der Besuch zwangsläufig ein Affront. Wir sahen uns diese Dinge an, und dann sahen wir weg, und dann lebten wir weiter wie zuvor. Genozid-Tourismus macht öffentliche Geschichte zum privaten Gebrauchsgut. Die Vergangenheit wird in Eintrittskarten und Fotos verpackt, in Souvenirs der Erfahrung, damit man sie mit nach Hause nehmen kann.

Die Roten Khmer hatten ihre Handlungen obsessiv dokumentiert, was die Aufdeckung ihrer Gräueltaten erleichterte. Sie hatten sich quasi selbst in Szene gesetzt: die ganzen Fotos, die Bottiche, in denen sie die Gefangenen unter Wasser tauchten; die Galgen, an denen sie sie aufgehängt hatten. Ich redete mir ein, es sei besser, den Ort gesehen zu haben, als das Land zu bereisen, ohne seine Wunden zu kennen; es sei besser, die schrägen Holzplanken mit den Metallschellen zu sehen und die Gießkanne daneben, mich daran zu erinnern, wie Christiane Amanpour mit einem von George W. Bushs Redenschreibern darüber gestritten hatte, ob Waterboarding Folter sei. Ich redete mir ein, es sei besser, die unzähligen Fotos an der Wand von Block A zu sehen: Gesichter von Menschen, die gerade ankamen, und dann – dünner, abgemagert, hohläugig – kurz vor dem Sterben oder der Abreise, was gewöhnlich hieß, dem Transport zu den Killing Fields, was hieß, dass sie woanders starben. Als die Gräber in der Nähe zu voll waren, wurden die Gefangenen nachts in Busse geladen und an einen Ort namens Choeung Ek vor den Toren der Stadt gefahren: die Killing Fields.

Choeung Ek war kaum mehr als eine Wiese und ein Generator und ein Schuppen voller Werkzeug, mit dem man Menschen töten konnte. Als ich kam, war es eine Wiese voller Knochen. Das ist keine poetische Beschreibung, sondern eine nüchterne Tatsache. Ich sah zu, wie meine Füße sich einen Weg zwischen ihnen suchten und über sie hinwegtraten. Die Toten waren noch nicht fertig mit uns. Die Ehrfurcht, die ich an der Stupa, der Khmer-Gedenkstätte, spürte – einem gläsernen Turm voller Totenschädel, Oberschenkelknochen und Rippen –, als ich die Schuhe auszog und den Kopf senkte, mein Körper auf einer Seite der Scheibe, die Knochen auf der anderen, diese Ehrfurcht war mir vertraut. Es war ein Ritual, dessen Regeln ich kannte. Aber über die Knochen zu gehen, war etwas anderes – die Füße zwischen die Bruchstücke der Rippen eines Toten zu setzen, zwischen alte Kleiderfetzen und Schuhgummi. Es fühlte sich respektlos an, auf die Toten zu treten, aber auch ehrlich. Wir tun es sowieso immer.

Es war ziemlich schwierig, nach Jaffna zu kommen, der größten Stadt im Norden und dem kulturellen Zentrum der tamilischen Minderheit. Zwar waren die Bahnstrecken, die von den Tamil Tigers zerbombt worden waren, zum großen Teil wiederaufgebaut, doch das letzte Teilstück nach Jaffna war noch nicht offen. Ich hätte für viel Geld von Colombo fliegen oder für wenig Geld einen Nachtbus nehmen können, aber ich wollte weder im Flugzeug noch in der Nacht reisen. Weil ich mir nicht nur Jaffna ansehen wollte; ich wollte auch den Vanni sehen und die Veränderung auf dem Weg von Süden nach Norden, die Landschaft des Krieges, und was seit seinem Ende wiederaufgebaut worden war.

Ich fand einen Fahrer, der mich mit dem Auto von der Hauptstadt in acht Stunden dorthin bringen konnte. Er schien meine Motive für die Fahrt nach Norden nicht ganz zu verstehen, auch wenn er mir immer wieder eifrig versicherte, dass es sicher sei. »Früher Gefahr«, sagte er. »Heute einhundert Prozent okay.« Diesen Satz wiederholte er im Lauf des Tages mehrmals: *Einhundert Prozent okay, einhundert Prozent okay*. Er kam aus Ambalangoda, einer Stadt an der Südküste, und hatte bei seiner Mutter gelebt, bis 2004 der Tsunami kam. Er hatte sich an einer Kokospalme festgehalten und überlebt. Seine Mutter war gestorben.

Zunächst führte uns die Fahrt an den lebhaften Handelsstädten Kurunegala und Dambulla vorbei und an Dörfern mit jeweils nur einem Wirtschaftszweig: einem Ananas-Dorf, einem Cashewnuss-Dorf, einem Radkappen-Dorf. Wir passierten Tuk-Tuks mit Che-Guevara-Stickern – HE LOVE YOUR REBEL –, die im Slalom durch den zähen kapitalistischen Verkehr sausten: True Lover Shop, Hotel Cool Bar, Hotel Tit 4 Tat. Weiter nördlich, jenseits der Bezirkshauptstadt Vavuniya, wurden die Geschäfte an der A9 immer weniger, immer schäbiger, notdürftige Hütten, an denen Chipstüten hingen, und das Land öffnete sich – mehr Ebene, weniger Dschungel. Wir passierten ausgebombte Häuser, eins nach dem anderen, Dächer weggesprengt und Mauern in Trümmern. Viele davon waren Wohnhäuser gewesen. Jetzt lagen sie nackt unter dem Himmel. Mein Fahrer erklärte, die Tigers hätten sich dort versteckt; deswegen hatte man sie zerbombt. *Einhundert Prozent okay*. Wir suchen uns Narrative, damit es so ist. Gewalt wird zur Notwendigkeit, oder sie wird zur Hotelanlage umgebaut, einem Trost spendenden Urlaubsort.

In Kilinochchi, der ehemaligen Hochburg der Tigers, hielten wir an einem umgekippten Wasserturm: Ruinen groß wie ein Haus, geborstener, bröckelnder Beton, aus dem Stahlstäbe ragten, an der Seite hing ein kleines Schild mit der Aufschrift »Gefahr« und wirkte wie ein schlechter Scherz. Wir passierten Felder mit verblassten Totenkopfschildern, auf denen kleine Zementhügel nicht explodierte Minen abdeckten. Dann erreichten wir die trostlose Weite des Elefantenpasses, des schmalen Damms, der die Jaffna-Halbinsel mit dem Rest der Insel verbindet, und hielten an einem zum Schrein umgebauten improvisierten Panzer oder gepanzerten Bulldozer, Gamini Kularatnes Gedenkstätte, der starb, als er eine Selbstmordmission der Tigers vereitelte. Wir sahen zu, wie eine Busladung Besucher – wahrscheinlich aus dem Süden – Orchideen kaufte und vor seine Statue legte; die Soldaten, die sie flankierten, standen so still, als wären sie selbst aus Bronze. In Vitrinen in der Nähe lagen Gaminis alte Uniform, sein Geschirr, seine Laken.

An einem Kriegerdenkmal ein paar Kilometer weiter waren wir allein bis auf den Soldaten, der uns die Skulptur erklärte: eine explodierende Bombe, aus der eine Lotosblume blühte, darunter zwei Hände, die Frieden schlossen. Die Bedeutung wurde bruchstückhaft und schief übersetzt, die Worte klangen hohl. Was immer es über das Ende des Krieges zu sagen gab – hatte es Kriegsverbrechen gegeben?, wie viele?, welche?, wer hatte sie begangen? –, es war bestimmt kein friedliches Händeschütteln. Weit davon entfernt.

In Jaffna waren überall Soldaten. Soldaten vor der strahlend weißen Bibliothek mit den modellierten Kuppeln, Soldaten vor dem Eisenwarenladen, Soldaten am Kricketfeld. Soldaten an jeder Kreuzung. Mein Kollege in Colombo hatte mir erzählt, Jaffna habe kürzlich seine erste Ampel bekommen, aber ich sah sie nicht. Ich sah nur Soldaten, die den Verkehr regelten.

Ich verbrachte die Nacht in einem schmalen Bett in einem weißen Zimmer in der Nähe des Nallur-Tempels, auf dessen Gelände barfüßige Gläubige im Kreis gingen. Auch dort waren Soldaten, die barfuß im Sand standen. Ich glaube nicht, dass ich einen einzigen weiteren Touristen sah. Schulmädchen auf Fahrrädern fuhren langsamer, um mich zu grüßen. Jedes Mal, wenn ich das Hotel verließ, traf ich denselben Jungen im Rollstuhl, der mir die Hand schütteln wollte. Jedes Mal, wenn wir uns die Hand schüttelten, lächelte ich so breit, dass meine Haut spannte und wehtat. Ich schuldete ihm mehr als ein Lächeln. Ich schuldete ihm etwas, was ich nicht benennen konnte. Ich musste die ganze Zeit daran denken, was der Journalist gesagt hatte: »Ich würde nur in den Norden fahren, wenn ich das Gefühl hätte, ich könnte etwas Sinnvolles tun.« Ich musste die ganze Zeit an das Gedicht von Elizabeth Bishop denken: »Ist es richtig, dem Schauspiel Fremder zuzusehen / in diesem fremdesten aller Theater?« Ich musste die ganze Zeit an meine Tätowierung denken. Ich hatte sie mir vor einem Jahr mit aufrichtigen Absichten stechen lassen, als Ausdruck meiner Neugier und Verbindlichkeit, aber jetzt diente mir die Schrift auf meinem Arm selbst als Mahnung. Vielleicht sollte ich lieber akzeptieren, dass mir nicht alles Menschliche vertraut sein konnte.

Leute wie ich – Leute, die das Privileg haben, reisen zu können und das Reisen für einen Teil ihrer Identität zu halten – reisen gern an Orte, an denen ihresgleichen noch nicht gewesen sind, und halten solche Reisen gern für »authentischer« und weniger »touristisch«. Aber in Jaffna gab mir das Fehlen anderer Touristen nicht das Gefühl, *weniger* Tourist zu sein. Im Gegenteil. Ich fiel auf, ich wurde beäugt, ich warf Fragen auf, und das zu Recht, denn was machte ich hier? Ich spürte, dass ich nichts Sinnvolles tat.

In meinem Zimmer lag eine Dose Pringles auf dem Minikühlschrank und auf dem Tisch stand ein Korb mit drei Mangos. Nathan, der Concierge, wollte unbedingt meinen Aufenthalt organisieren. Ständig rief er auf dem Zimmertelefon an: *Sie haben zu Abend gegessen? Sie haben zu Mittag gegessen? Sie gehen heute wohin?* Er zeigte mir Fotos seiner Töchter. Er sagte, seine Hindu-Familie rede nicht mit ihm, weil er wegen seiner Frau zum Christentum übergetreten sei.

Als ich durch die Gassen östlich der alten Festung ging, sah ich, wo der Krieg am meisten Schaden angerichtet hatte. Bröckelnde Mauern, leere Räume, in denen Gebüsch und Kletterranken wucherten. Rosa Wände, von denen die Farbe abblätterte, grenzten an Treppen, die in den Himmel führten. Ein kleiner Junge jagte ein Kätzchen in die Trümmer. Am Wasser bildeten die Gassen ein enges Raster aus Fischerhütten mit blauen Netzen, die über Zäunen hingen. Ein Mann hockte auf dem staubigen Boden und stopfte ein Netz mit Zwirn. Vor den pinken Türen eines kleinen Krankenhauses saugten junge Ziegen am Euter ihrer Mutter. Ich versuchte meinen Schritten ein Ziel zu geben, aber ich hatte keines. Irgendwann stand ich in einer Sackgasse vor einem kunterbunten Haus, aus dem das Wummern einer Boombox dröhnte. Ich drehte mich um, versuchte immer noch zielstrebig zu wirken, worin ich immer noch versagte. Eine Ladung Böller erschreckte mich – nicht weil es Böller waren, sondern wegen dem, was sie nicht waren. Männer grüßten mit *Hallo, wie geht's?*, fragten, woher ich käme, ob ich mich verirrt hätte, was ich wollte, was auf meinem Arm stehe, und zeigten auf mein Tattoo.

Ich machte einen Bogen um ein mit Stacheldraht eingezäuntes Armeegelände, lange Baracken mit aufgerissenen Fenstern, die den Blick auf kahle Pritschen und Regale mit perfekt gebügelten Uniformen freigaben. Ein Mann mit Maschinengewehr sah zu, wie ich mir mit einem wachsartigen grünen Blatt Vogelkacke vom Schuh kratzte. Sein Lächeln sagte, was er nicht sagte: *Woher ich käme, ob ich mich verirrt hätte, was ich wollte?* Im Hof hinter ihm warf ein anderer Soldat mit großen Steinen nach einer kleinen Hündin. Sie ließ sich nicht unterkriegen. Er warf weiter. Der erste hielt weiter sein Gewehr. Die Vögel kackten weiter, über mir, überall. Ich bückte mich wieder und kratzte weiter. Nach ein paar Minuten kroch der Hund durch den Stacheldraht und verzog sich.

Das Konzept meines Auftrags frustrierte mich immer mehr. Da war die Idee, Spontaneität würde für Authentizität sorgen, uns von der Last und dem Filz von zu viel Kontext, zu viel Nachforschung, zu viel Absicht befreien. Aber diese Art von Spontaneität schien nichts als Ignoranz zuzulassen. Wenn man sich diesen Ort ansah, ohne seine Geschichte zu kennen, sah man nichts. Der Anblick der Bibliothek von Jaffna – die majestätischen weißen Türme, der Wachmann, der so stolz war, dass er mich durch das obere Stockwerk führte – bedeutete nichts, wenn man nicht wusste, dass sie aus den Ruinen der alten Bibliothek erbaut worden war, die ein antitamilischer Mob 1981 niedergebrannt hatte. Einst gehörte sie zu den größten Bibliotheken Asiens. Bei dem Brand wurden Manuskripte zerstört, die es sonst nirgends gab und die für die Welt für immer verloren waren. In den weißen Türmen, die ich ansah, spukte der Geist dieser Zerstörung. Was für eine Authentizität soll entstehen, wenn man eine Bibliothek betrachtet und nichts von den Trümmern weiß, aus denen sie entstanden ist? Es ist ein reines Defizit. Immerhin wusste ich genug, um zu wissen, dass ich zu wenig wusste.

Ich hatte im Flugzeug nach Dubai angefangen, über den Krieg zu lesen, und hatte weitergelesen – als wir in Colombo aufsetzten, als ich im Hotelbett einschlief, als ich Egghoppers zum Frühstück aß, zitternde Eigelbe in knusprigem Pfannkuchen aus fermentiertem Reis, die ich in meinem Notizbuch als »örtliche Spezialität« beschrieb, bevor ich zu den Beschreibungen der Feldamputationen im Krieg zurückkehrte. Blendete ich den Ort aus, wenn ich las, statt herumzulaufen? Oder blendete ich ihn aus, wenn ich herumlief, ohne das Buch gelesen zu haben? Ich war darauf konditioniert, an ersteres zu glauben, aber allmählich schien mir letzteres näher an der Wahrheit zu sein.

Im Nachtbus zurück nach Colombo saß ich still da, während eine ältere Frau neben mir sorgfältig ihren orangenen Sari arrangierte. Der Bus sollte um 19:30 Uhr abfahren. Wir verließen Jaffna gegen 22 Uhr. Unterwegs hielten wir an, um Leute einsteigen zu lassen; wir hielten an, um Leute aussteigen zu lassen; wir hielten an, weil jemand einen Fernseher kaufen wollte; wir hielten an, weil der Fahrer einen Hindu-Schrein am Straßenrand besuchen wollte, wo er die Hände faltete und sich andächtig verneigte. Er kam mit zwei Handvoll Blütenblättern zurück. Ich fragte mich, ob er für unsere Reise gebetet hatte, und hoffte es, weil wir ständig mit quietschenden Reifen an irgendwelchen Hindernissen vorbeischrammten – einem Traktor, turmhoch mit rostigen Geräten beladen, einem Laster, der schildkrötenlangsam, aber entschlossen vor sich hin tuckerte. Als wir die Stadt endlich hinter uns ließen, passierten wir einen letzten Soldaten, der sich mit seinem Maschinengewehr vor den Wolken abzeichnete, und dann einen Friedhof, dessen Grabsteine wie breite Gesichter das Mondlicht auffingen.

Gegen drei Uhr früh hielten wir eine halbe Stunde lang mitten auf der Straße, und der Schaffner suchte mit der Taschenlampe eine Seite des Busses ab. Wer weiß, was er reparierte oder nicht. Dann ging es weiter durch die Dunkelheit, bis endlich der Morgen dämmerte. Wir hatten den Norden hinter uns gelassen: den Helden und seine Orchideen, die Lagune und ihre Knochen. Wofür war es am Ende gut, dass ich irgendwas davon gesehen hatte? Ich hatte trotzdem keine Ahnung von der Zerstörung.

So viel ist wahr: Sri Lanka ist ein Paradies. Aber auch: Jedes Paradies ist erst durch Blindheit möglich.

Die Reise von New York über Dubai nach Colombo dauerte zwanzig Stunden, die Reise vom Norden Sri Lankas zu seinem südlichsten Punkt dauerte siebzehn: ein Nachtbus und ein Küstenzug, der die Festung Galle passierte, vorbei an den strotzenden grünen Hügeln des Inselinneren, die nicht einfach *grün* waren, sondern viele Grüns, Limette und Minze und tiefer Salbei, der ins Braune ging, und dann eine Tuk-Tuk-Fahrt in das Städtchen Mirissa, wo zwischen Holzbuden mit Bergen silbriger Fische das leuchtend blaue Meer aufblitzte.

In Mirissa machte ich, was die Zeitschrift von mir wollte, exotische Erfahrungen, die ich in Minianekdoten zu einem bunten Bettelarmband aufreihen würde: Schwimmen in einem petrolblauen Swimmingpool auf einer Natursteinterrasse, der Duft von Roti-Brot, das im Schatten auf Blechen röstete, Affen, die sich um ein Becken voller Lotosblüten jagten. In Mirissa machte ich eine Whalewatching-Tour im Regen, oder besser eine Walsuchtour, bei der haushohe Wellen gegen unser Boot klatschten und ich sturmnass und salzstarrend mit von der Gischt brennenden Augen neben einer Frau am Bug stand, die sich mit einer Hand an der Reling festklammerte und in der anderen eine Tüte mit ihrem Erbrochenen hielt. In Mirissa fand ich das Sri Lanka aus den Reiseführern – weiße

Sandstrände, Palmen, die sich im Regen wiegen, süßes Limettenwasser bei Kerzenlicht, mit Palmsirup beträufelter Büffelquark, aufgeschnittene Passionsfrüchte mit leuchtend pinkem Fleisch. In Mirissa aß ich Dal, das so gut war, dass ich in die Vergangenheit zurückreisen und meinen jüngeren Ichs, die dachten, sie würden Dal kennen, erklären wollte, dass sie nie Dal gekostet hatten. Kein richtiges.

Vom Krieg war weit und breit nichts zu sehen. Dabei war er überall. Die Toten waren überall.

Was kann ich sonst noch über den Süden berichten? Im Zug saß ein Junge neben mir, der nach Matara heimfuhr. Er wirkte wie fünfzehn, sechzehn vielleicht. Er erkundigte sich nach dem Satz auf meinem Arm, was bedeutete er? *Nichts Menschliches ist mir fremd*, hätte ich ihm gesagt, nur dass ich es nicht konnte, weil manche Dinge mir eben doch fremd sind, die singhalesische Sprache zum Beispiel. Er bot mir seine scharf gewürzten Erdnüsse an und wollte wissen, ob ich vielleicht eine örtliche Handynummer hätte, was mich amüsierte, weil ich mich alt genug fühlte, um seine Mutter zu sein. Er wollte den Platz mit mir tauschen, weil ich vielleicht lieber am Fenster sitzen würde. Er konnte sehen, dass ich hungrig nach Schönheit war, dass dies meine Rolle in dieser Landschaft war – sie zu verschlingen, ihre mannigfaltigen Grüntöne zu bewundern. Sein Lächeln war so breit, dass man das Zahnfleisch sah. Ich fragte ihn, ob er zur Schule ging.

Er schüttelte den Kopf. »Ich bin Soldat«, sagte er. »Oben in Jaffna.«

Dann zeigte er mir sein winziges Militärporträt – kein Zahnfleisch zu sehen. Nur die grüne Uniform. Ich lächelte, hielt den Daumen hoch und hielt es ihm wieder hin.

Nein, sagte er. Er wollte, dass ich es behielt.

NO TONGUE CAN TELL

Am 20. Oktober 1862, eineinhalb Jahre nach Beginn des Amerikanischen Bürgerkriegs, erschien in der *New York Times* eine Rezension der ersten öffentlichen Ausstellung mit Fotografien des Konflikts: Bilder von Mathew Brady, die das Blutbad am Antietam dokumentierten. »Mr Brady hat etwas geleistet, das die schreckliche Realität und den Ernst des Krieges zu uns nach Hause bringt«, berichtete die *Times*. »Wenn er die Leichen auch nicht eingesammelt und uns vor die Haustür gelegt hat, so kommt sein Werk dem doch sehr nahe.« Das Lob setzt den Glauben an die Macht der Fotografie voraus, dem Betrachter unmittelbaren Zugang zu gewähren, aber es ist ein angestrengter Glaube, auf die Probe gestellt von der ewigen Kluft zwischen Wirklichkeit und Repräsentation: *sein Werk kommt dem doch sehr nahe*. Der Verlust kann uns nähergebracht werden, aber nie nah genug. Wie Ralph Waldo Emerson über den Tod seines Sohnes schrieb: »Ich komme nicht näher heran.«

»*No tongue can tell*«, schrieb John Taggart, Hauptmann der Union, nach der Schlacht am Antietam an seinen Bruder, »keine Sprache kann ausdrücken, kein Kopf begreifen, keine Feder aufzeichnen, welches Grauen ich gesehen habe.« Dabei ist die Behauptung des Versagens jeder Begrifflichkeit nicht ihre Ablehnung, sondern vielmehr ihre heftigste Ausformung: darauf zu pochen, dass der Krieg unmöglich beschrieben werden kann, ist die beste Art, ihn zu beschreiben. Die Leichen können *niemals* vor die Haustür gebracht werden, impliziert Taggart, jedenfalls nicht mit den alten Transportmitteln des Ausdrucks: Text, Sprache, Verstand.

Einhundertfünfzig Jahre später bildeten diese beiden Gedanken die Klammer der großen Ausstellung *Photography and the American Civil War*, die 2013 im Metropolitan Museum of Art eröffnet wurde: die Behauptung der *Times*, Bradys Fotos schafften es, »die schreckliche Realität und den Ernst des Krieges« heraufzubeschwören, und Taggarts Feststellung, kein Verstand sei in der Lage, das Grauen zu begreifen. Die eine Stimme beharrt auf dem Potenzial der Repräsentation, die andere auf ihren Grenzen. An den Anfang und das Ende der Ausstellung gestellt funktionierten die beiden Zitate wie konzeptuelle Buchstützen, indem sie die Fragen formulierten, die die Porträts rotwangiger Soldaten und die Ansichten blutiger Schlachtfelder aufwarfen: Gelingt der Fotografie, worin andere Ausdrucksmöglichkeiten scheitern? Kann sie transportieren, was der Verstand nicht fassen kann? Gibt es Dinge, die so grauenhaft sind, dass sie nie ganz erfasst werden können?

Amerikas Krieg mit sich selbst markierte einen einzigartigen Schnittpunkt von nationalem Trauma und ästhetischem Experiment: eine neue Kunstform wurde angewendet, um eine nie dagewesene Tragödie zu dokumentieren. Der Amerikanische Bürgerkrieg veränderte die Geschichte der Fotografie, indem er ihr eine unvorstellbare Aufgabe stellte, und die Fotografie veränderte unsere Auffassung vom Krieg, indem sie ihn in einer bis dahin unvorstellbaren Qualität abbildete.

In den Ausstellungsräumen hingen Fotos von Backsteinskeletten zerstörter Fabriken des Südens neben Fotos verhungernder Soldaten mit hervortretenden Rippen. Sie zeigten die üppig bewachsenen Schluchten der tiefen Täler Virginias neben den »gegeißelten Rücken« entflohener Sklaven, einer anderen Art von Landschaft, deren Gräben und Furchen die Peitsche gezogen hatte. Die Gegenüberstellungen erzählten unausgesprochene, unerträgliche Geschichten: eine Gruppe junger Rekruten im Feldlager beim Abendessen, die mit erhobenen Gabeln um ein Feuer saßen, daneben die aufgeblähten Bäuche der Leichen auf dem Schlachtfeld. Beim Betrachten begriff man, wie schnell aus den Jünglingen die Leichen wurden, wie schnell ihr Körper von einem Foto auf das andere kam. Aus den Soldaten, die auf Studioporträts stolz ihre Waffen präsentierten, wurden die gesichtslosen Amputierten auf den distanzierten Lazarettfotos zwei Säle weiter. Dem Gefreiten Robert Fryer, einem von der Front zurückgekehrten Teenager, fehlten drei Finger an der Hand, die er sich vor die Brust hielt; ihr Anblick erinnert auf unheimliche Art an die Geste, mit der Kinder die Hand zur Pistole formen, wenn sie Krieg spielen, die zwei längsten Finger der Lauf.

Kriegsfotografie dokumentierte den Tod und protestierte gleichzeitig dagegen. Ihre Studioporträts sollten die eingezogenen Soldaten auf verschiedenen Ebenen unsterblich machen: als Talismane, die sie vor dem Tod bewahrten; als Reliquien, die ihre Erinnerung bewahrten, falls sie den Tod fanden. Andere Fotos entstanden direkt an der Front: wenn Fotografen ihre Zelte auf Schlachtfeldern aufschlugen, über denen noch der Rauch hing oder die mit verwesenden Leichen übersät waren. Doch der Vormarsch der Technik – der Wunsch, neue Verfahren und Effekte zu benutzen, um alles so real wie möglich aussehen zu lassen, *realer* als real – bedeutete auch, dass manche Fotos ins Surreale kippten. Soldaten trugen das grelle Rouge der Nachkolorierung auf den Wangen; stereoskopische Aufnahmen ließen Leichen mit schauerlichem 3-D-Effekt aus den Trümmern ragen. Der Effekt dieser

Effekte war nicht mehr Realismus, sondern eine angestrengte Nachdrücklichkeit, wie die bemühte Darstellung schlechter Schauspieler, die verzweifelt flehen: *Hier, bitte, schaut auf diesen toten Mann* – noch eine Leiche, die fast vor die Tür gelegt wird, Körperteile, die vor ein Augenpaar gehalten werden, das durchs Stereoskop blickt.

In *Das Leiden anderer betrachten* artikuliert Susan Sontag die Scham, im Grauen Schönheit zu finden.

> Dass eine blutrünstige Schlachtszene schön sein kann – so wie das Erhabene, das Ehrfurchterregende, das Tragische schön sein können –, ist im Hinblick auf Kriegsdarstellungen von Künstlerhand ein Gemeinplatz. Mit Kamerabildern verträgt sich diese Vorstellung jedoch schlecht: an Kriegsfotos Schönheit zu entdecken wirkt gefühllos. Und doch ist die verwüstete Landschaft immer noch eine Landschaft. Auch Ruinen haben ihre Schönheit.

Die Ruinen der Bürgerkriegsfotos besitzen sicherlich Schönheit – Industrieruinen und Naturruinen und menschliche Ruinen, eingestürzte Fabrikmauern vor dem Himmel über Georgia, Nebel, der aus mit Leichen übersäten Feldern steigt –, doch es ist eine gefährliche Schönheit, wenn sie uns von der brutalen Tatsache all der Toten ablenkt und von der lange herrschenden strukturellen Brutalität, die dahin geführt hat: der Institution der Sklaverei.

Die Schönheit dieser Fotos wird erst als eine Art Trojanisches Pferd moralisch produktiv. Sie verführt uns mit Ehrfurcht und pflanzt uns dann nachhaltiges Grauen ein. Und sie erinnert uns daran, dass jemand das Motiv ausgewählt hat. Der Geist des Fotografen ist immer da. Wir sehen alles durch seine Augen.

Dieses Gefühl von Heimsuchung gehört zur Anziehungskraft dessen, was Susan Sontag »Anti-Kunst«-Fotografie nennt: »Denn bei Greuelfotos wollen die Leute das Gewicht der Zeugenschaft ohne jede Beimischung von Kunst, die sie mit Unaufrichtigkeit oder Erfundenem gleichsetzen.« Sie wollen das Gewicht der Zeugenschaft ohne den Geist des Zeugen, ohne seine Fingerabdrücke, die ihnen die Sicht trüben.

Der Wunsch nach Zeugenschaft ohne Künstlichkeit war mit ein Grund dafür, dass die Leute sich betrogen fühlten, als sie erfuhren, dass manche Fotos aus dem Bürgerkrieg gestellt waren: Requisiten waren platziert worden, Leichen bewegt, Glieder arrangiert. Alexander Gardners *Home of a Rebel Sharpshooter, Gettysburg,* das einen toten Konföderierten ironisch in seinem »Heim« zwischen zwei Felsblöcken zeigt, wurde zum berühmtesten Objekt dieses Zorns, nachdem bekannt geworden war, dass Gardner die Leiche wahrscheinlich vom Schlachtfeld geholt und vor dem »malerischeren« Hintergrund der Felskulisse in Szene gesetzt hatte. Wie Susan Sontag feststellt, ist das »Merkwürdige« nicht die Tatsache, dass das Foto vielleicht inszeniert worden war, sondern »unsere Überraschung, als wir davon erfahren«, oder vielleicht sogar unsere »Enttäuschung« darüber. Der Wunsch nach dem absolut *un*veränderten Foto entspringt einer kollektiven Illusion, dass der unbewegte Körper irgendwie ein unmittelbareres Bild der Realität abgeben würde.

Dabei zwingen uns verdächtige Formen der Verzerrung nur, der Wahrheit ins Gesicht zu sehen, dass alle Fotos zwangsläufig vermittelt, zwangsläufig konstruiert, zwangsläufig distanzierend sind. Wenn die Leichen bei uns vor der

Tür landen, sind es keine Leichen mehr: Sie wurden durch chemische Bäder gezogen; sie wurden geglättet, gerahmt und montiert.

Haftet all diesen Kriegsfotografien der Makel der Künstlichkeit an, so ist dieser Makel auch ein Rückstand von etwas zutiefst Authentischem – dem Verlangen zu glorifizieren, unsterblich zu machen, zu erhalten. Wir müssen den angeblichen Makel der Mittelbarkeit und Künstlichkeit nicht als Zeichen der Täuschung betrachten – *in Wirklichkeit* lag die Leiche gar nicht da, *in Wirklichkeit* hat der Soldat nicht dieses Gewehr benutzt –, wir können in ihm auch das ehrliche Zeugnis des tiefen Wunschs sehen, Heldentum und Grauen des Krieges so wirksam wie möglich darzustellen. Es ist die Ehrlichkeit der Übertreibung, die Wahrhaftigheit des Bedürfnisses, Ehrfurcht, Empörung oder Mitgefühl zu erregen, das uns übertreiben lässt. Vielleicht fühlen wir uns von den Requisiten und den drapierten Leichen deshalb betrogen, weil wir den Impuls, die Leichen zu bewegen, wiedererkennen. Sowohl die Manipulation als auch die Empörung darüber erwachsen aus der gleichen Frustration über die Grenzen der Darstellung. Es gibt keine Art, einen toten Soldaten zu fotografieren, die die ganze Wahrheit über sein Leben und über seinen Tod vermittelt – egal ob man die Leiche bewegt oder nicht.

Wenn man erst die Illusion abgelegt hat, die Fotografie würde unkonstruierte Wahrheit abbilden, kann man sich der faszinierenden Geschichte ihrer Konstruktion hingeben. »Die Kamera ist das Auge der Geschichte«, sagte Mathew Brady einmal, aber hinter dem Auge der Kamera war immer das Auge eines Mannes (häufig Brady selbst), und hinter dem Mann stand meistens ein Team, und hinter dem Team stand immer ein Geldgeber. Auch die Bürgerkriegsfotografie wurde vom Markt befeuert und genährt: Gierig nach den besten Bildern finanzierten konkurrierende Galerien Fotografen auf dem Feld, und geschäftstüchtige Ateliers verkauften Porträts an gewöhnliche Zivilisten. Die freigelassene Sklavin Sojourner Truth verkaufte ihr eigenes Porträt, um Geld für andere befreite Sklaven zu sammeln. In ihren Worten: »Ich verkaufe den Schatten, um das Wesen zu unterstützen.« Für Sojourner Truth drehte die Fotografie die Begriffe des Eigentums um, unter denen sie immer gelitten hatte. Früher wurde sie »zugunsten anderer verkauft«, schrieb sie; jetzt verkaufte sie sich selbst zu ihren Gunsten.

In den Sälen mit den Fotografien im Metropolitan Museum mussten die Wärter ständig »Nicht fotografieren« sagen, doch die Besucher versuchten es trotzdem, hielten heimlich ihre Smartphones hoch, posteten abgelichtete Leichen auf Instagram. Der gleiche Hunger, der die Leute damals dazu getrieben hatte, Fotos zu machen, trieb die Leute auch heute dazu – fremde Leute, hundertfünfzig Jahre später: der Wunsch zu bewahren und zu besitzen, weiterzutragen, festzuhalten.

Das Foto *Woman Holding Cased Portraits of Civil War Soldiers* zeigt eine junge Frau mit reglosem, stoischem Gesicht. Ihre Wangen wurden so leuchtend koloriert – nachträglich im Atelier –, dass sie nicht mehr zu ihrem Ausdruck gehören. Sie hält einen Doppelrahmen mit den Gesichtern zweier Männer in der Hand: einer sieht überbelichtet aus, über dem anderen liegt Schatten. Ihr Griff um die Fotos ist fest. Sie will etwas von diesen Gesichtern – und ich wollte etwas von ihr, als ich vor ihrem Porträt stand. Ich betrachtete ihr Gesicht, um herauszufinden, *was*. Was wollte ich? Ein Gefühl von einem Bild, das längst verblasst, aber immer noch da war. Die knappe Bildbeschriftung kann uns nicht sagen, was wir von den Bildern der Toten wollen. Wir wollen uns an Dinge erinnern, die nicht wir erlebt haben. Wir wollen Trauer spüren, die wir nie empfunden haben.

Der Freund, mit dem ich die Ausstellung besuchte – zufälligerweise selbst Fotograf –, hatte Mühe, beim Anblick der Kriegsfotos überhaupt etwas zu empfinden. Er fragte sich: Wie können uns Bilder traurig machen, die darauf angelegt sind, uns traurig zu machen? Verhindert die pathetische Erwartung nicht die Wirkung? Wie können wir von einem Gefühl überwältigt werden, das von uns verlangt wird? Und als ich mehrere Stunden in der Ausstellung verbrachte und mir die Fotos genau ansah, versuchte ich vielleicht, das Problem zu umgehen, indem ich mich in die Trauer hineinsteigerte. Aber wir können die Leichen nicht durch die Tür denken. Sie kommen nur dann wirklich an, wenn wir von ihrer Ankunft überrascht werden.

Bei mir waren es am Ende nicht die Panoramabilder der Schlachtfelder, die sie mir nahebrachten. Es waren nicht die aufgeblähten Leichen im Gras, mit den von Leichenfledderern nach außen gestülpten Taschen. Es war auch nicht das Foto der Soldaten vor der Schlacht: mit schiefem Grinsen im Gesicht die Gabeln in Konservendosen mit Bohnen gesteckt, der Anblick ihrer Lebendigkeit bitter, wenn man wusste, dass viele von ihnen bald tot sein würden.

Bei mir war es ein Studioporträt. Die Leichen, die durch meine Tür kamen, waren drei Männer in Anzügen mit gefalteten Ärmeln, die mit Nadeln am Ellbogen festgesteckt waren: zwei stehend, einer sitzend, alle steif. Die Gesichter auf dem Foto wirken würdevoll und stoisch, zwei blicken in die ungewisse mittlere Distanz, der dritte hat zwei schwarze Löcher – leere Höhlen – anstelle der Augen. Auch sein Gesicht ist würdevoll, stoisch. Er starrt ins Nichts; er starrt nie wieder irgendwohin.

Beim Anblick dieses Fotos teilte sich die Faszination, die mich durch die Ausstellung getragen hatte, plötzlich wie das Meer und ließ die Trauer durch. Es hatte mit der Feierlichkeit des Arrangements zu tun, mit der Sorgfalt, die vom Hunger nach Ordnung im großen Chaos des Krieges zeugte. Und es hatte mit den ausdruckslosen Gesichtern der Männer zu tun, mit ihrer Weigerung, Traurigkeit zu zeigen, die wie eine Einladung für mich war, die Lücke zu füllen, die Differenz zu begleichen, der ausgleichenden Hydraulik des Mitgefühls zu gehorchen. Es hatte speziell mit dem Mund des Blinden zu tun, einer schmalen Linie, deren Ausdruck ich nicht verstand – Entschlossenheit?, Wut?, Hoffnung? –, weil ich seinen Blick nicht lesen konnte, weil er keine Augen hatte.

Doch auch wenn die Analyse meines plötzlichen Mitgefühls sicher akkurat ist, wäre es ehrlicher, wenn ich einfach sage: Es *passierte* etwas mit mir. Als ich dieses Foto ansah, passierte etwas. Eine Leiche kam an. Sie hatte keine Augen. Sie gehörte William R. Mudge, Soldat der Union. Vor dem Krieg war er in Massachusetts Fotograf gewesen.

ES MUSS SCHREIEN, ES MUSS BRENNEN

Im Sommer 1929, nach seinem ersten Studienjahr an der Harvard University, machte James Agee sich für ein paar Monate gen Westen auf, um als Saisonarbeiter in der Landwirtschaft zu arbeiten. Wie er an Dwight Macdonald – seinen ehemaligen Exeter-Kameraden, guten Freund und späteren Chef bei der Zeitschrift *Fortune* – schrieb, hatte er große Visionen, was der Sommer für ihn bereithielt:

> Ich werde im Sommer auf den Weizenfeldern arbeiten, angefangen im Juni in Oklahoma. Die Sache sieht in jeder Hinsicht gut aus. Ich habe noch nie gearbeitet, und genau das macht mir Spaß; ich trinke gern und werde es tun; ich singe gern und will zotige Lieder und Landstreicherlieder lernen – und werde es tun; ich bin gern auf mich gestellt – je weiter weg von zu Hause, desto besser – und werde es sein.

Der Brief ist amüsant. Agee hat noch nie gearbeitet, aber er weiß, dass es ihm Spaß macht. Getrunken hat er schon, und er weiß, dass auch das ihm Spaß macht. In seiner hypnotischen Syntax klingt die amerikanische Selbstdefinition der Manifest Destiny durch, das grammatikalische Pochen auf der Erfüllung der Wünsche: *Ich tue gern und werde es tun.* Agee fantasiert von Kameradschaft und Zerstreuung. Er will eine Pause von seinem Innenleben. Er hat in Harvard zu sehr unter zu vielen Sonettschreibern gelitten. Er will raus. Die Sache sieht in jeder Hinsicht gut aus. Wie sich herausstellt, war sie es nicht.

»Kansas ist der absolut mieseste Staat, den ich je gesehen habe«, schrieb er »um den 1. August« an Macdonald. »Schleppe und schaufele jetzt Korn mit der ›Mähdrescher‹-Crew … Habe mir heute die Heugabel in die Achillesferse gerammt.« In seinen Briefen entwirft Agee ein anschauliches Porträt von sich und seinen Leiden in der Hitze des Kernlandes – über staubige Landstraßen humpelnd, die spelzigen Finger zu skeptischen Gänsefüßchen um sein adoptiertes Leben erhoben –, aber man merkt auch, dass ihm die Mühsal, die er beschreibt, Spaß macht, oder zumindest ihre Beschreibung. Er unterzeichnet mit: »Muss mir den nächsten Sack auf den Buckel laden, Jim.«

Zu jener Zeit in seinem Leben hatte Agees körperliche Arbeit wenig zu tun mit seiner kreativen Arbeit zu Hause. Im vorausgegangenen Herbst hatte er sich in Harvard hauptsächlich auf seine Wahl in die Redaktionsleitung der Campus-Literaturzeitschrift *Advocate* konzentriert und darauf, zweifelhafte Liebesgedichte an seine Freundin zu schreiben, mit der er eine Fernbeziehung führte und der er (mit Mühe, wie es scheint) treu zu bleiben versuchte: »Ich meuchelte das Glück, damit deine Liebe blieb,/ die als kostbares Skelett an meiner Seite liegt.«

Es waren hauptsächlich die Probleme mit seiner Freundin – und ihrer glücksmeuchelnden Beziehung –, die Agees Lust auf die Feldarbeit entfacht hatten. »Es wird höllisch harte Arbeit«, schrieb er, »damit ich mir ausnahmsweise nicht den Sommer lang den Kopf zermartern und mich zerfleischen muss.« In seinem Brief stellt er sich die schwere Arbeit wie eine Befreiung vor. Natürlich ist das absurd, aber Agee gibt die Absurdität seiner Vorstellung zu, bevor sie ihm irgendwer vorwerfen kann: »Ich fürchte, ich klinge wie ein miserabler Bohemian und Freund der irdischen Erde, aber ich hoffe, ganz so schlimm bin ich nicht.« Er ist sich seiner Naivität bewusst, sobald er sie an den Tag legt. Die vorauseilende Selbstbezichtigung sollte später zu einem seiner Markenzeichen werden.

Agees frühe Briefe enthalten viele Anklänge seiner späteren Stimme: eine Begeisterung für Welten, die weit entfernt von seiner eigenen sind; ein gequältes Schwanken zwischen dem Ab- und Aufwerten seiner Begegnungen; und die dauernde Besessenheit von der Beziehung zwischen harter Arbeit und Innenleben. Was passiert mit den Gefühlen in einem Körper, der den ganzen Tag arbeitet? Vertreibt die brutale Monotonie das Bewusstsein? Ist der Gedanke herablassend? Oder ist es herablassend, ihn zu leugnen?

Die Sache sieht in jeder Hinsicht gut aus. Sieben Jahre später sollte Agee die Sache in jeder Hinsicht hinterfragen.

Let Us Now Praise Famous Men, 1936 recherchiert und 1941 erschienen, heißt Agees beispiellose, literarisch komplexe Sozialreportage, die die Lebensbedingungen von drei Farmpächterfamilien im ländlichen Alabama dokumentiert. In dem Buch beschreibt er ihre Häuser und die Erfordernisse ihrer täglichen Arbeit. Er katalogisiert Kleider, Mahlzeiten, Hab und Gut, Krankheiten und Ausgaben. Doch Agee zwingt uns auch seine Qualen beim Schreiben auf, als wäre seine Anstrengung ein weiteres Haus mit der labyrinthischen Architektur verzerrter Darstellungen und sich selbst sabotierendem Journalismus, errichtet mit verschachtelter Syntax und knarrenden Abstraktionen, aufgeladen mit Zuneigung und – vor allem anderen – Schuldgefühlen. Sein Buch ist erschöpfend und zermürbend. Es quält sich mit dem, was es schön findet. Stellenweise will es gar nicht existieren. »Wenn ich könnte, würde ich überhaupt nicht schreiben«, schreibt Agee am Anfang des Buchs. »Es gäbe Fotos; der Rest wären Stofffetzen, Baumwollfasern, Erdklumpen, Sprachproben, Holz- und Eisenspäne, Fläschchen mit Gerüchen, Teller mit Essen und Exkrementen ... Ein Stück Körper, an der Wurzel herausgerissen, wäre treffender.« Am liebsten würde er überhaupt nicht schreiben, doch er schreibt vierhundert Seiten. Er hatte nie gearbeitet, doch er wusste, dass es ihm Spaß machen würde. Nun *hatte* er gearbeitet – indem er ein Buch geschrieben hatte, eine undankbare Aufgabe –, und er war mit den Früchten seiner Arbeit nicht zufrieden, bot sie aber trotzdem an, denn was sollte er sonst tun? Das hatte er getan.

Das *Praise*-Projekt begann, als die Zeitschrift *Fortune* Agee im Sommer 1936 nach Alabama schickte. Er reiste mit Walker Evans, dessen Fotos genauso berühmt werden sollten wie Agees Texte. »Die beste Auszeit, die ich je von *Fortune* hatte«, schrieb Agee in einem Brief. »Spüre ungeheure persönliche Verantwortung für die Story; beträchtliche Zweifel an meinen Fähigkeiten, ihr gerecht zu werden; und noch mehr Zweifel an *Fortunes* Bereitschaft, sie am Ende so zu drucken, wie ich sie mir (theoretisch) vorstelle.« Walker Evans sah, wie sich Agees Gefühl von »ungeheurer persönlicher Verantwortung« auf seine Recherchen auswirkte: »Agee arbeitete in Alabama wie im Rausch, wie in Rage. Er war so besessen von dem Auftrag, dass er Tag und Nacht beschäftigt war. Wahrscheinlich hat er überhaupt nicht geschlafen.«

Agees Zweifel an seinen »Fähigkeiten, [der Story] gerecht zu werden«, wurden noch größer, als der eigentliche Auftrag erledigt war. Wie er an seinen Mentor Father James Harold Flye schrieb, Lehrer an der Knabenschule der Episkopalkirche in Sewanee: »Alles dort war von einem auf den anderen Tag ungewiss, ich drehte fast durch wegen der Hitze und dem Fraß ... Die Reise war sehr hart und bestimmt mit das Beste, was mir je passiert ist. Niederzuschreiben, was wir vorfanden, ist allerdings eine andere Geschichte. Unmöglich es in irgendeine Form oder Länge zu bringen, die *Fortune* drucken könnte; und inzwischen bin ich so kläglich an dem Versuch gescheitert, dass ich wahrscheinlich sogar die Fähigkeit verloren habe, es auf meine Art zu schreiben.«

Agee gehörte zur Redaktion von *Fortune* und hatte sein Büro im Chrysler Building in Manhattan, wo er sich Whiskey trinkend die Nächte um die Ohren schlug und Texte über Hahnenkämpfe, den New Deal und die Tennessee-Valley-Authority produzierte. Doch mit seinen »Zweifeln an der Bereitschaft« von *Fortune*, die Alabama-Story zu veröffentlichen, hatte er recht. Ende 1936 sägte das Magazin die Reportage ab. Zu diesem Zeitpunkt begann Agee sich nach anderen Wegen umzusehen, sein Material aufzubereiten und zu veröffentlichen. Er bewarb sich für ein Guggenheim-Stipendium, indem er sein Projekt, das er »An Alabama-Record« nannte, als Versuch beschrieb, »alles, was gesagt werden kann, zu sagen, so präzise wie möglich, [mit] maximalem Misstrauen gegenüber ›schöpferischen‹ und ›künstlerischen‹ wie ›journalistischen‹ Techniken und Methoden«, wobei er (in aller Bescheidenheit) »mit dem Entstehen von mehr oder weniger neuen Formen des Schreibens« rechnete. Das Stipendium bekam er nicht. Später erhielt er einen kleinen Vorschuss von einem Verlag, zog sich nach New Jersey zurück und begann, den ursprünglichen Text zu dem herrlich ausufernden Konvolut zu erweitern, aus dem schließlich *Praise* wurde. Das Buch wurde ohne viel Aufhebens 1941 veröffentlicht, etwa 600 Exemplare wurden verkauft, ein paar hundert mehr verramscht, und das Ganze war in Macdonalds Worten »in jeder Hinsicht ein kommerzieller Reinfall«.

Den Durchbruch erlebte das Buch erst mit seiner Neuveröffentlichung im Jahr 1960, als die Energie der Bürgerrechtsbewegung in der Luft lag und die Leserschaft empfänglich war für die dichte erzählerische Struktur des New Journalism. Lionel Trilling nannte *Praise* »die realistischste und wichtigste moralische Leistung unserer amerikanischen Generation«, nicht nur wegen seines kulturellen Verdienstes, argumentierte er, sondern auch wegen seines Potenzials, unsere Erwartungen an den »Realismus« zu verschieben, und seiner chaotischen emotiven Textur, die »realistische« Darstellungen der menschlichen Existenz vielleicht erfordern. Das Originalmanuskript von Agees *Fortune*-Artikel galt lange als vernichtet oder verloren – bis es seine Tochter in einer Sammlung von Manuskripten wiederfand, die jahrelang bei ihm zu Hause in Greenwich Village herumgelegen hatten: 30 000 Wörter in Schreibmaschinenschrift mit dem schlichten Titel »Cotton Tenants«.

Den sorgfältig strukturierten Originalentwurf neben dem weitschweifigen Werk zu lesen, das später daraus wurde, ist wie ein Splitscreen-Einblick in den Prozess des Dokumentierens. Wie beginnt der moralisch entrüstete Kopf das Material zu arrangieren? Und wie arrangiert er alles neu, wenn die Selbstzweifel einsetzen?

Im ersten Moment ist die Versuchung groß, »Cotton Tenants« und *Praise* in binärer Opposition zu lesen: den nicht veröffentlichten Artikel und das veröffentlichte Buch; der eine durch die Mittel gebunden, das andere in der Form befreit. Doch in Agees Prozess gab es keine gegensätzlichen Pole, es gab immer nur das sich entwickelnde und sich selbst behindernde Streben festzuhalten, was er gesehen hatte, der Story gerecht zu werden – wohl wissend, dass es ihm nie gelingen würde, und doch versuchte er es hartnäckig weiter. In *Praise* stecken mehr aufgeblähte Syntax, mehr Verwicklungen, mehr metaphorische Undurchsichtigkeiten, mehr sich aufbäumende Wallungen ins Lyrische, doch die Unterschiede sind Symptome einer tieferen thematischen Divergenz. Der Artikel dokumentiert das Leben anderer, das Buch dokumentiert den Prozess des Dokumentierens.

Im Grunde ist *Praise* das ausufernde Bekenntnis aller Gefühle, Gedanken und Fragen, die Agee durch den Kopf gingen, als er versuchte, die Geschichte dieser Familien in Alabama zu erzählen. Viel von dem Material des ursprünglichen Artikels taucht auf, doch die physischen Knotenpunkte – Beschreibungen von Häusern, Gegenständen, Kleidungsstücken, Mahlzeiten – sind hoffnungslos verstrickt in das überwältigende Dilemma eines tyrannischen narrativen Bewusstseins: Agees abgrundtiefem, unerfüllbarem Bedürfnis nach Nähe. Man stelle sich einen Director's Cut vor, fünfmal so lange wie der ursprüngliche Film, die Kamera stets auf das Gesicht des Regisseurs gerichtet, der erzählt, wie er sich beim Drehen jeder Szene gefühlt habe, wie er die Gefühle der Schauspieler verletzt habe und wie selbst der erweiterte Film, den man gerade sieht, nicht annähernd so gut sei wie die Version, die er sich vorgestellt hatte.

Während der Blick auf das Inhaltsverzeichnis von »Cotton Tenants« eine Struktur andeutet, deren Regeln wir kennen – Kapitel mit Titeln wie »Wohnung«, »Ernährung«, »Gesundheit« und so weiter –, stellt uns der Inhalt von *Praise* mit seinen unregelmäßigen, ungeordneten Teilen von Anfang an vor ein Rätsel: »(Auf der Veranda: 1« und »(Auf der Veranda: 2«, beide mit einer kryptisch offenen Klammer versehen –

halb parenthetisch, halb unabgeschlossen –, daneben ein Teil namens »Kolon« und ein Teil, der »Zwischenspiel: Konversation in der Lobby« heißt, allem voran mehrere Versuche eines textuellen Räusperns: offene Prologe, die »Verse«, »Präambel« und »Überall in Alabama« heißen. Dieses Inhaltsverzeichnis nennt sich »Aufbau des Buches«, was wiederum auf die unentrinnbare Selbstwahrnehmung verweist: Dieses Artefakt ist das Produkt langen Händeringens darüber, wie ein solches Artefakt aufgebaut sein könnte oder sollte, seine Teile können nie ein Gesamtbild ergeben, und die Verweigerung, sie in eine konsistente Form zu bringen, soll die Schwierigkeit der eigenen Konstruktion lesbar machen.

Die beiden Texte stellen extrem unterschiedliche Formen des journalistischen Zugangs dar: In »Tenants« bleibt er implizit, in *Praise* wird er als grundsätzlich belastet verstanden. In »Tenants« nehmen wir die physischen Körper von Agees Sujets wahr – blauäugig und müde, mit Hirse gefüttert und mit Schwären übersät –, in *Praise* bekommen wir es auch noch mit Agees Körper zu tun. Ein empörtes und empörendes »Ich« liefert uns alles, was wir sehen, und er liefert es ehrfürchtig, verzerrt. Wir bekommen Agees emotionale Beziehungen zu den Personen mit, über die er schreibt (»Ich mag Emma, und sie tut mir sehr leid«), und wir bekommen zum Teil unvermittelt wirkende Charaktergeständnisse mit. Wenn Agee schreibt: »Ich gehöre zu den Menschen, die gern generalisieren«, denken wir: *Ja, das wissen wir*. Wir erkennen den Agee, der »wegen der Hitze und dem Fraß« fast durchdreht, dessen Zunge und Magen gegen das Essen rebellieren, das man ihm vorsetzt, dessen Haut gegen die Bettstatt rebelliert, die man ihm gibt. Als er die Nacht beschreibt, die er bei einer der Familien auf der Veranda verbringt, weicht er in die zweite Person aus, als hätte ein anderes Ich dort geschlafen:

> Als du beim Aufwachen auf dem Gesicht die beinahe schleimige Weichheit der losen Baumwollfussel und des brüchigen, viel gewaschenen, zerrissenen Baumwollstoffs fühlst und dich sogleich an die Furcht vor dem Ungeziefer erinnerst, die sie vielleicht beherbergen, reagierst du zuerst mit leichtem Ekel und Angst, denn das Gesicht, das geschwollen und vom Schlaf feucht und mit Baumwollfusseln überzogen ist, fühlt sich verschmutzt, heimlich und gemein gebissen und gestochen, geschmäht an.

Dieser instinktive Widerwille ist typisch für die narrative Stimme in *Praise*. Der Sprecher tritt als Summierung von Nervenenden auf, angeekelt, aber auch vom eigenen Ekel angeekelt, wenn er die physischen Einzelheiten katalogisiert, ohne Trivialitäten oder Wiederholungen zu scheuen (»losen Baumwollfussel … zerrissenen Baumwollstoffs«), und sich dabei von dem Ort, dem er nahe zu sein versucht, vergewaltigt fühlt. Er versteht sich gleichzeitig als besudelt und weit weg. Er fängt den Satz mit etwas Äußerlichem an, der Textur des Bettzeugs, und endet tief in seinem Innenleben, »geschmäht«, die Deklaration nachdrücklich am Ende des Satzes – ein Moment des Innehaltens, eine empirische Sackgasse.

Das gestaltwandlerische »Ich« in *Praise* wurde von dem unsteten »Du« in »Tenants« vorweggenommen, das zwischen Leser, Autor und beschriebenen Personen hin- und herschwankt. »Nur in Ausnahmejahren gelingt es dir, mit den meisten deiner wichtigen Ernten gute Erträge zu erzielen«, schreibt Agee und macht seine Leser zu Farmern. Oder über eine Schädlingsplage: »Sie verspinnen sich in den Blättern und werden Fliegen; die Fliegen legen Eier; aus den Eiern schlüpft eine millionenstarke Armee von Raupen, die du fressen hören kannst wie das Knistern von Buschfeuer.« Du kannst sie fressen hören – du *kannst* nicht nur, du *musst*. Ein moralischer Aufruf, der durch pyrotechnische Zauberei funktioniert. Denn um dich herum prasselt das Feuer.

An anderer Stelle benutzt Agee das »Du«, um seine Leser in eine andere Position zu versetzen: in seine eigene. Als er die Kinder der Pächter beobachtet, scheint er vor der Kraft seiner eigenen Reaktion zurückzuscheuen: »Du kannst den Eindruck gewinnen, sie tragen eine sexuelle Frühreife mit sich herum wie das langsame Glimmen von Schwefel.« Natürlich bist nicht *du* es, sondern Agee selbst, dem diese »sexuelle Frühreife« auffällt, aber Agee ist nicht bereit, sich zu der sexuellen Aufladung seiner eigenen Wahrnehmung zu bekennen. Noch ist er nicht bereit, zum »Ich« zu stehen.

Als er in *Praise* schließlich das »Ich« übernimmt, bestraft er es häufig oder verweist auf seine Mängel. Ein Teil des klaustrophobischen Gefühls in *Praise* hat mit der Annahme zu tun, jede Darstellungsstrategie sei von vornherein mangelhaft oder falsch. Dadurch entsteht eine Art Lähmung. Was soll man sagen, wenn nichts angemessen ist? Schon in »Tenants« gibt es einen interessanten Vorläufer dieser Skepsis, als Agee sich fortwährend vorstellt, wie ein anderer an seiner Stelle auf das Material reagieren würde. Er definiert seine Stimme, indem er ständig erklärt, was sie nicht ist. Als er auf dem Kaminsims ein gerahmtes koloriertes Foto von Roosevelt entdeckt, stellt er sich vor, wie ein »Publizist eines New-Deal-Projekts [...] ein paar elegante Sätze über die Ikone in dieser bescheidenen Hütte aus dem Ärmel schütteln« würde; er widerspricht einer »dummen«, aber weit verbreiteten »Übertreibung der Kinderarbeit auf den Baumwollfeldern«; er beschreibt ein »›rustikal‹ verbeultes« Sofa, setzt das

»rustikal« aber in Anführungszeichen. All diese Abwertungen verweisen darauf, dass ein anderer Zeuge das Geschehen vielleicht falsch dargestellt hätte: mit eleganten Sätzen, mit übertriebener Tragik oder mit romantisierter Armut. Agee will klarstellen, dass er mit seiner Reportage keine PR für Roosevelt und seinen New Deal macht; er wehrt sich gegen die Ästhetisierung von Armut; er will vermeiden, die Brutalität des Landlebens zu dramatisieren, damit seine wahre Brutalität besser zutage tritt.

Hier liegt ein zweiter wichtiger Unterschied zwischen dem Artikel und dem Buch: In »Tenants« projiziert Agee problematische Reaktionen auf hypothetische Beobachter; in *Praise* erklärt er sie zu seinen eigenen. Er verwirft einen Begriff von Realismus – die Illusion, Wahrheiten unmittelbar und unverändert darstellen zu können – und ersetzt ihn durch einen andern: indem er jede Überlegung, jede Manipulation, jeden Kunstgriff und jede Subjektivität beichtet und damit die unvermeidbare Verseuchung durch den, der dokumentiert, offenbart – ihn selbst.

Wo Susan Sontag den Hunger der Leute nach dem »Gewicht der Zeugenschaft ohne jede Beimischung von Kunst« hinterfragt, will James Agee »das Gewicht der Zeugenschaft« auf jede erdenkliche Art messen. Er wehrt sich gegen das Trugbild der Objektivität. Stattdessen bildet er die »Beimischung von Kunst« ab, indem er sich als Autor sichtbar macht, der sich von seinem eigenen Werkzeug angeekelt und betrogen fühlt. Er lehnt sowohl fiktionale Erzählstrategien (Plot, Figuren, Tempo) als auch standardisierte journalistische Strategien ab (die Illusion von Objektivität oder das in die Unsichtbarkeit abgetauchte »Ich«). Er widersteht der Versuchung, seine Figuren in idealisierte Archetypen zu verwandeln, indem er behauptet, dass Armut für das Bewusstsein, wie wir es kennen, »unweigerlich zerstörerisch« sei. Er widersteht jedem dramatischen Spannungsbogen und betont stattdessen die Monotonie im Leben seiner Figuren. Und inmitten seiner tausendundeinen Metaphern erklärt er die Metapher an sich für unbrauchbar.

Als er die Abreise von Emma beschreibt – einer jungen Ehefrau, die er mag und zu der er sich hingezogen fühlt, bis sie mit ihrem Mann fortzieht –, liefert er uns einen ellenlangen Satz, der sich immer mehr dem Verständnis entzieht, so wie Emma sich immer mehr seinem Blick entzieht. Wir verlieren Emma, genau wie Agee sie verliert. In der Mitte beginnend, sehen wir Agee, der Emmas Lastwagen in der Ferne verschwinden sieht.

> … gleichmäßig kriechend hin, eine verlorene, ernste und finster dreinblickende Ameise, westwärts auf roten Straßen und weißen, keine Unterstützung von der fiebrigen Sonne oben, in der Schwebe, vom Fall abgehalten allein kraft ihrer Vorwärtsbewegung, wie jene lange und wendige, nicht angebundene Ranke, die der Weinstock rasch an die ungeheure, blanke Mauer der Welt verschwendet, wie Schlangenkopf und schlanker Bach sich ihren Weg ertasten, um sich niederzulassen und zu ankern, so weit, frei von dem starken und unbeweglichen Stamm: und das ist Emma.

Das rhythmische Ende liest sich wie Spott: *und das ist Emma.* Was soll *das* sein? Ist Emma die *Ranke*, der *Schlangenkopf*, der *schlanke Bach*, der *starke, unbewegliche Stamm*? Ist der *unbewegliche Stamm* die Familie, von der sie losgerissen wird? Ist ihre Abreise mit Hoffnung verbunden oder nur mit

Verlust? Wenn sie *Schlange* und *schmaler Bach* und *Ranke* ist – selbst die Silben gleiten *länglich und wendig* über die Zunge –, ist die Vielzahl der Figurationen ein verzweifelter Versuch, sie festzuhalten, Schicht um Schicht, als wären die Bilder nie genug, um Emma zurückzubringen oder um sie auf *das eine* festzulegen, um irgendein Leben auf *das eine* festzulegen.

Gelegentlich beschwört Agee die Fotografie als Kontrapunkt für die Unzulänglichkeiten der Sprache und ihrer unvermeidbaren Verzerrungen, indem er behauptet, Fotos seien »nicht in der Lage, etwas anderes als die absolute, trockene Wahrheit aufzunehmen«, auch wenn es sich dabei wieder um einen Trugschluss handelt: Jedes Foto ist durch seinen Rahmen und seine Auswahl konstruiert. Für die Fotos, die Evans mit Agee in Alabama machte, nahm er in den Häusern der Pächter Gegenstände weg oder räumte um, schob Schaukelstühle ins Licht oder ließ Krempel verschwinden, um dem harten Leben der anderen eine gefällige Nüchternheit zu unterstellen, so wie Alexander Gardner für sein Foto *Home of a Rebel Sharpshooter, Gettysburg* die Leiche des Rebellen bewegt hatte, um das Tableau der Tragödie ästhetisch kraftvoller zu machen. Die Hütten waren grobe Skizzen, aus denen Evans ikonische Tableaus machte: ein Paar Stiefel, malerisch im Staub, eine von schiefen Brettern gerahmte Küche, ein aufgehängter weißer Lappen, der die hellen Lichtflecken einfängt, die vom Glas einer Öllampe reflektiert werden.

Der Dichter William Carlos Williams, der nach eigenem Bekunden »für die Sache der Armen brannte«, lobte in einer Rezension mit dem Titel »Predigt mit der Kamera« Evans' Fotos nicht wegen ihrer »absoluten, trockenen Wahrheit«, sondern weil sie Universalität heraufbeschworen, indem sie aus ihrem Rohmaterial Eloquenz und Verzweiflung zogen.

»Was wir sehen, sind wir selbst, wir selbst aus der Enge des Alltags herausgehoben … wir selbst, durch unsere Anonymität wertvoll gemacht«, schreibt Williams. »Was der Künstler tut, betrifft alles, alle Tage, überall, er weckt und erläutert, bestärkt und vergrößert das Leben ringsum und bringt es zum Sprechen – lässt es schreien, wie Evans es tut.«

»Sind Dinge ›schön‹, die nicht so beabsichtigt sind, sondern die in einem Zusammentreffen aus Zufall, Notwendigkeit, Unschuld oder Unwissen … entstanden sind?«, fragt Agee. In seinen Briefen hadert er ständig mit seiner Neigung, Armut zu idealisieren, seiner persönlichen »Form des umgekehrten Snobismus … dem angeborenen und automatischen Respekt und der Demut gegenüber allen, die sehr arm sind«. Manchmal gibt er seinen Snobismus zu (»Ich kann mich über die Elektrifizierung der ländlichen Regionen nicht rückhaltlos freuen, weil mir das Lampenlicht zu gut gefällt«), manchmal formuliert er ihn nur, etwa wenn er ein »rein weißes Maultier« bemerkt, »dessen Anwesenheit unter den anderen in diesem magischen Licht wie die eines versklavten Einhorns wirkt«. Agees Stimme ist voll von Gefühl und dessen Rückstoß. Er meint seine Einhörner und meint sie nicht. Sein Auge für Schönheit verdreht ihm den Magen, aber er würdigt es trotzdem, indem er beharrt: »Die Trennwand des vorderen Schlafzimmers der Gudgers IST unter anderem auf entscheidende Weise ein großes tragisches Gedicht.«

Die Vermutung liegt nahe, dass Agees lyrischer Exzess in *Praise* erst möglich wurde, nachdem er sich vom finanziellen Anker von *Fortune* und dessen puritanischer Ästhetik gelöst hatte, doch in Wirklichkeit verhält es sich anders. Tatsächlich unterstützte *Fortune* eine bestimmte Art metaphorischer Fülle. Der Pressemagnat Henry Luce hatte die Zeitschrift in der

Überzeugung gegründet, es sei leichter, Dichter Ökonomie zu lehren als Ökonomen das Schreiben. Agee hatte in die melodramatische Poesie seines unveröffentlichten Originalartikels jede Menge Überschwang gesteckt, als er beschrieb, wie die Fliegen »in der Buttermilch zu Tode vibrierten« und das Gemüse »weit über das Grün hinaus in den tief olivfarbenen Tod zerkocht« wurde. Das Abendessen ist nicht bloß *fettig*, es ist *sepulkral*. Der Blattkohl ist nicht bloß frittiert, er ist *den Märtyrertod gestorben*.

Erst in *Praise* ist zu beobachten, dass Agee den lyrischen Exzess ausdrücklich hinterfragt. Doch er stellt nicht nur die metaphorische Freiheit der Poesie in Frage und widersetzt sich den ästhetischen Techniken der Erzählprosa, er verurteilt auch explizit die Strategien des Journalismus. Wie er bereits dem Guggenheim-Komitee mitgeteilt hatte, misstraute Agee den kreativen, künstlerischen und journalistischen Methoden. In *Praise* kritisiert er viele Ismen – Kapitalismus, Konsumismus, Kommunismus, Optimismus –, doch seine Kritik am Journalismus ist besonders scharf. Fast schwingt der Trotz eines verstoßenen Kindes mit, das seine abwesenden Eltern ablehnt. »Blut und Samen des Journalismus«, schreibt Agee, »ist eine breit angelegte und erfolgreiche Form des Lügens.« An anderer Stelle richtet er sich konkret gegen *Fortune*:

> Es kommt mir merkwürdig, um nicht zu sagen obszön und durch und durch erschreckend vor, dass es einer Vereinigung menschlicher Wesen, die aus Not und Zufall und Profitsucht zu einem journalistischen Organ zusammengeschlossen sind, einfallen sollte, die Leben einer ungeschützten und entsetzlich geschädigten Gruppe von menschlichen Wesen, einer unwissenden

> und hilflosen ländlichen Familie, aufs genaueste auszukundschaften, bloß um die Nacktheit, Benachteiligung und Demütigung dieser Leben vor einer weiteren Gruppe menschlicher Leben zur Schau zu stellen … und dass diese Leute fähig sein sollten, dieses Vorhaben ohne den geringsten Zweifel an ihrer Befähigung zu einer »redlichen« Arbeit und mit einem mehr als reinen Gewissen und in der faktischen Gewissheit einhelliger öffentlicher Billigung zu erwägen.

Obwohl er in *Praise* immer noch genau das tut, was zu fordern er dem journalistischen Establishment vorwirft – »Nacktheit, Benachteiligung und Demütigung … zur Schau zu stellen« –, orchestriert er diese Parade wenigstens nicht »mit einem mehr als reinen Gewissen«. Sein vorsätzlich getrübtes Gewissen ist es, das Agee vom journalistischen Establishment abhebt. Es ist, als würde er moralische Schulden machen, wenn er über eine wehrlose Bevölkerungsgruppe schreibt, die er dann begleichen will, indem er den eigenen Übergriff anprangert. Das starke Hervortreten des »Ich« in *Praise* ist weniger der missglückte Versuch, das »Ich« hinter sich zu lassen, oder die Weigerung, textuellen Boden abzutreten, als eine vorsätzliche formale Entscheidung, durch die er das moralische Scheitern des Journalismus zu vermeiden versucht. So wird das Drama um Agees schwieriges Verhältnis zur Möglichkeit des moralischen Scheiterns zu dem, was in *Praise* einem Plot am nächsten kommt, mehr als die Not der porträtierten Familien.

Das dokumentarische »Ich« dokumentiert selten, ohne Schaden anzurichten. In dem Klassiker der Sozialreportage *How the Other Half Lives* von Jacob Riis, einem von Agees Paten im amerikanischen Armuts-Kanon, unterbricht der Autor an einer Stelle seine bürgerliche Moralpredigt, um auf die eigene Unfähigkeit hinzuweisen: »Eine Ahnung dessen, was sanitäres ›Reinemachen‹ in diesen Slums zur Folge haben kann, gibt ein Ungeschick, das mir widerfahren ist, als ich eine Blitzlichtfotografie von einer Gruppe blinder Bettler in den Wohnungen dort unten machen wollte und es mit ungeübten Händen schaffte, das ganze Haus in Brand zu stecken.«

Riis veröffentlichte *How the Other Half Lives* 1890, wenige Jahre nach der Erfindung der tragbaren (sogenannten »Detektiv«-)Kamera. Doch statt den neuen Apparat zu feiern, erzählt Riis von dem Moment, als der Akt des Fotografierens fast zerstörte, was er fotografieren wollte. Wir sehen vor uns, wie der ungeschickte Zeuge das Blitzlichtpulver aus den Patronen in einer Bratpfanne abbrennt, so beflissen, Menschen zu retten, dass er sie fast umbringt. »Dann sah ich, dass Tapete und Lumpen, die an der Wand hingen, lichterloh in Flammen standen«, fährt Riis fort. »Wir waren zu sechst – fünf blinde Männer und Frauen, die von der Gefahr nichts ahnten, und ich.« Riis' Geständnis wird herablassend, noch während er seine Schuld eingesteht: Er streicht heraus, dass er »unter einigen Anstrengungen … das Feuer selbst erstickte«. Er ist der Täter, aber auch der einzige, der die Tat sehen kann – und der einzige, der ihre Folgen beheben kann. Riis klärt auf. Er lässt es schreien. Er lässt es brennen. Er löscht das Feuer.

Auch wenn Agee keine Häuser niederbrannte, spricht aus seiner Prosa ständig die Sorge, er könnte Schaden anrichten – oder genauer gesagt, er könnte mit seiner Reportage Verrat begehen an den Leuten, über die er berichtet, deren Schmerz er zu Poesie verarbeitet. Er war sich der Kraft und der Gefahr, die von seiner Einmischung ausging, immer bewusst. Auf einem von Walker Evans' Fotos ist das Schild zu sehen, das über dem Kaminsims hängt: *PLEASE BE quite Every body is Welcome. BITTE stil sein Jeder Ist Willkomm.* Und Agee gab sich Mühe, still zu sein. Er beschreibt, wie er lauschte, wenn die Gudgers im Morgengrauen aufwachten:

> Als ich schließlich die Unschuld ihrer Bewegungen im hinteren Teil des Flurs höre, das Geräusch des schlechten Wassers und des Schöpflöffels, sitze ich mit einem Bleistift und einem aufgeschlagenen Notizbuch auf der vorderen Veranda, und ich erhebe mich und gehe zu ihnen.
>
> Mit einiger Verwirrung zwar, lieben sie mich dennoch, und ich sie von Herzen; und sie vertrauen mir, trotz Verletzung und Geheimnis, weit über so ein Wort wie Vertrauen hinaus.
> Es wird nicht leicht sein, ihnen in die Augen zu schauen.

Hier heftet Agee seine Schuldgefühle an die »Unschuld« der Menschen und an die Bedrohung, die von seinem Stift ausgeht – das aufgeschlagene Notizbuch zwischen ihnen wie ein Beichtstuhl –, und wenn er etwas, das »weit über so ein Wort wie Vertrauen hinaus« geht, beschwört, spricht er damit seine Angst aus, dass Vertrauen nicht reicht, genauso wenig wie Liebe. Obwohl er sich ihnen nahe fühlt (er liebt sie »von Herzen«), kennt Agee auch die Schattenseite dieser Intimität. Es wird nicht leicht sein, ihnen in die Augen zu sehen.

Während er sich scheut, ihnen in die Augen zu sehen, würde Agee gern andere Dinge mit ihnen tun. Er will ihre Mahlzeiten teilen und in ihren Betten schlafen. Er will »sie umarmen und ihnen die Füße küssen«. Er will sie kennenlernen, sie verstehen und sie erklären, er will von ihnen geliebt werden und sie zurücklieben; manchmal sogar körperlich. An einer Stelle träumt er von einer tagelangen Orgie mit Emma, der jungen Braut, die bald die Landstraße hinunter verschwindet:

> Wenn sie dann bloß ihre letzten wenigen lebendigen Tage mit einer wahnsinnig guten Zeit im Bett verbringen könnte, mit George, einer Sorte Mann, die sie kennt, und mit Walker und mit mir, auf die sie neugierig ist und zu denen sie sich hingezogen fühlt und die gleichzeitig verfügbar und freundlich und überhaupt nicht furchterregend sind, und andererseits für sie das Geheimnis und den Zauber von beinahe mythologischen Geschöpfen haben.

Die Fantasie einer Orgie ist überraschend genug, um das Timing zu überlesen – »ihren letzten wenigen lebendigen Tage« –, was suggeriert, dass Agee sich für Emma kein anderes Leben vorstellen kann, nur eine andere Rolle, die sie in seinem spielt. Doch Agee beichtet nicht nur sein eigenes Begehren, sondern er projiziert es auf Emma, indem er sich vorstellt, was sie von ihm hält, und dabei ein amüsantes Quäntchen Bescheidenheit an den Tag legt, als er vor die »mythologischen Geschöpfe« ein »beinahe« setzt.

Für Agee stellt diese Orgie eine Alternative zur trostlosen Vermehrung dar (jede Zeugung in einer Farmpächterehe nennt er die »Kreuzigung von Zelle und gepeitschtem Spermium«) und den Vollzug der journalistischen Nähe: Subjekt und Objekt des Porträts endlich vereint. Außerdem fantasiert er, dass dieser Vollzug Freiheit und Segen in Emmas klösterliche und degradierende Verhältnisse bringen könnte.

»Beinahe jeder Mensch, ganz gleich wie beschädigt und vergiftet und geblendet«, schreibt er, »ist zu unendlich mehr Intelligenz und Freude fähig, als er sich gestatten kann oder als er gewöhnlich weiß.« Sex als der ultimative Zugang. Er lässt verschüttete Fähigkeiten wieder auferstehen. Er blüht jedem Schaden zum Trotz. Doch sexuelle Intimität kann auch das Gegenteil auslösen: Es besteht die Gefahr der Besudelung. Nicht zufällig sah Agee im »Samen« des Journalismus Verrat. Während die Orgie für Agee eine Fantasie der Gegenseitigkeit und Nähe ist, befürchtet er beim Journalismus ein onanistisches Verspritzen, wenn der Beobachter auf Kosten der Beobachteten kommt.

Als Agee die Nacht im Haus der Farmpächter verbringt, findet keine Orgie statt. »Ich versuchte mir Geschlechtsverkehr in diesem Bett vorzustellen«, schreibt Agee, und (nicht überraschend), »es gelang mir ziemlich gut.« Aber die sexuelle Fantasie wird von der körperlichen Realität bald eingeholt. »Ich begann auf der gesamten Oberfläche meines Körpers ein flinkes kleines Stechen und Kriechen zu spüren.« Was der »Demütigung« einer Vergewaltigung näherkommt, und diesmal ist er das Opfer.

Bei Agee liegen Vorstellung und Demütigung meistens nah beieinander. Letztere sucht die erstere als Gespenst und Gewissen heim. Nach der unmöglichen Orgie würde die Kluft zwischen Subjekt und Objekt bestehen bleiben, das weiß Agee, und er kann sich die »wahnsinnig gute Zeit« einfach nicht vorstellen, ohne daran zu denken, was danach kommt: »Wie besinnungslos würden die konditionierten und niederen Teile unseres Wesens sich einmischen und Rache üben.« Das flüchtige Glück oder die kurze Nähe einer Orgie würden unweigerlich abgelöst von der Ernüchterung, die mit der Rückkehr des Kontexts folgt. Agee wäre wieder Journalist;

Emma wäre wieder Porträtierte. Sie konnten nicht für immer im Bett bleiben.

Jacob Riis erzählt, wie er einmal bei einer Stadtplanungssitzung, als ein Bauunternehmer forderte, menschlichere Wohnungen zu entwerfen, den Impuls unterdrückte, laut aufzuschreien. »Ich wollte aus meinem Sessel springen und Amen rufen«, schreibt Riis. »Aber dann fiel mir ein, dass ich Reporter war, und hielt mich zurück.« Stattdessen schrieb er *How the Other Half Lives*. Es war sein Versuch, die Welt zu einem Ort zu machen, der ein *Amen* verdiente – Anklage und Aufruf, ein Gebet, das an die ganze Stadt gerichtet war.

Let Us Now Praise Famous Men ist ein Gebet, aber es ist auch eine Mahnung. Der Schriftsteller William T. Vollmann stellt fest, es zu lesen, fühle sich an »wie ein Schlag ins Gesicht«. Agee dachte nicht nur an sich – seine Schuldgefühle, seine Liebe, seine Arme, die er hoffnungslos um die Menschen schlang, die er porträtierte –, er dachte auch an dich, seinen Leser oder seine Leserin, und daran, was du sehen und was du nicht sehen könntest. Er wollte dir einen Haufen Exkremente in dein aufgeschlagenes Notizbuch werfen und es dir überlassen, was du damit anfängst. Agees großes Vermächtnis ist das Dilemma der Impotenz – der Versuch weiterzusprechen, das Unvermögen, genug zu sagen. Es hat seine Stimme erstickt und beflügelt. Doch zu Agees Vermächtnis gehört mehr als die grandiose Artikulierung der Vergeblichkeit. Es gehört mehr dazu als die Skepsis gegen den Journalismus. Was Agee hinterlässt, ist der Versuch, für diese Skepsis eine Sprache zu finden und den Journalismus in dieser Sprache neu zu schreiben – auf einer Ehrlichkeit zu beharren, die am äußersten Ende der Selbsthinterfragung liegt. In den gut vierhundert Seiten von *Praise* stecken viele

Schuldgefühle, aber auch viele Recherchen. Die Rohfassung von »Tenants« erinnert uns daran. »Tenants« zeigt uns, womit Agee anfing, und wenn wir es mit dem Epos vergleichen, sehen wir, was daraus wurde, als es von den Organen seines bodenlosen Selbstekels verdaut wurde.

In »Tenants« sehen wir das erste Scheitern einer langen Reihe des Scheiterns – jedes Scheitern voller Rausch und voller Rage, jedes Scheitern voller Schönheit. Wir sehen das erste Zeugnis der Eloquenz, bevor die Eloquenz zu schreien lernte. »Tenants« entwirft ein *Du* und formuliert eine Einladung, die zum Befehl wird: Du kannst hinsehen. Du musst hinsehen. Sieh hin, was Agee schrieb, als er sich erinnerte, dass er Reporter war, und nicht schweigen wollte – nicht *stil* sein wollte. Sieh hin, was geschah, als er ein *Amen* suchte und stattdessen diese Worte fand. Und dann sieh näher hin. Du spürst, dass er unruhig wird. Du hörst das Knistern seiner Schuldgefühle wie den Anfang eines Buschfeuers.

MAXIMALE BELICHTUNG

An einem warmen Herbsttag 1993 begegneten sich zwei Frauen in der Nähe einer Hüttensiedlung in Baja California. Annie war eine Fotografin aus den USA, die gerade mit ihrer Freundin Urlaub im Wohnwagen von Bekannten machte. María stieg in der Mittagshitze den Hang hinauf, die beiden kleinen Töchter im Schlepptau, um ihrem Mann Jaime das Mittagessen zu bringen, der Maurer war und oben am Berg nach Lehm grub. María war im achten Monat schwanger. Die Mädchen hatten im Gebüsch einen alten Zeichenblock gefunden. Annie gab ihnen ihre Bleistifte. Sie spürte sofort eine Verbindung zu María, wegen ihrer Wärme und ihrer Energie im Umgang mit den Kindern, aber auch wegen der bizarren Pracht der sie umgebenden Landschaft: die Hüttensiedlung vor dem schimmernden Pazifik, der schockierende Kontrast von Armut und Schönheit, ohne dass die eine die andere ausblendete.

Annie hatte nur eine Kompaktkamera auf ihrer Reise dabei, aber sie fragte María, ob sie ein paar Fotos von ihr machen dürfe. María sagte ja. Es klingt vielleicht nebensächlich: die Frage, die Zustimmung. Doch das Band, das durch diesen Austausch entstand, bildete den Kern dessen, was sich in den kommenden Jahrzehnten zwischen den Frauen entwickelte. *Darf ich diesen Moment deines Lebens nehmen und meine Kunst daraus machen?* Annie fotografierte María mit ihren Töchtern vor dem mit braunem Gras bewachsenen Horizont, und später die ganze Familie vor der Tür ihres kleinen Lehmziegelhauses – müde Eltern, lächelnde Kinder.

Annie war nicht die erste weiße Frau, die María fotografieren wollte. Aber sie war die erste, die zurückkam. Zu Hause in Los Angeles, als Annie ein paar Wochen nach der Begegnung in Mexiko auf dem Weg zu einer Schule, wo sie Klassenfotos machen sollte, im Stau stand, kam ihr eine Erkenntnis. Eine Erkenntnis, die sich zur Panikattacke auswuchs. Nicht nur, dass sie wegen des Staus ihren Termin verpasste, ihren ersten bezahlten Auftrag als Fotografin – Annie hatte das Gefühl, die ganze Welt ginge vor die Hunde. Im Radio wurde von ethnischen Säuberungen in Bosnien berichtet. Ihre beste Freundin aus der Kunstschule, die gerade in Kuwait fotografiert hatte, war vor Kurzem bei einem Unfall mit Fahrerflucht ums Leben gekommen. Alles schien fragil und schwer zugleich. Während sie auf dem verstopften Highway mit den Fäusten auf das Lenkrad trommelte, fasste Annie den Entschluss, keine Zeit mehr zu verschwenden. Ihre Gedanken wanderten zurück zu der Familie, der sie in Mexiko begegnet war. An diesem Tag im Berufsverkehr beschloss sie, Marías Familie zehn Jahre lang zu fotografieren.

Aus zehn Jahren wurden fünfzehn Jahre, dann zwanzig, dann fünfundzwanzig, bis Annie im Lauf eines Vierteljahrhunderts sechsundzwanzig Reisen nach Baja California gemacht hatte.

Als Annie zum ersten Mal wiederkam, öffnete María die Tür des Lehmziegelhauses und schluchzte panisch, ihr Baby sei krank. Es hatte Durchfall und Fieber. María fürchtete um sein Leben. Das Baby war Carmelita, mit der María schwanger gewesen war, als sie Annie am Berghang kennengelernt hatte. Annie verstand Marías Verzweiflung nicht, bis sie erfuhr, dass María schon einmal ein Baby verloren hatte, das an Durchfall gestorben war.

María und Carmelita am Strand, 1994

So würde es immer sein, wenn Annie kam – sie landete mitten in Marías Leben. Die Kontaktabzüge der frühen Besuche zeigen den ganzen Müll und die Herrlichkeit der alltäglichen Existenz: eine Schubkarre mit schmutzigem Geschirr, eine am Zaun lehnende Federkernmatratze, ein haushoch aufgeschichteter Turm aus Ziegeln, auf dem zwei Mädchen sitzen, ein Marktstand voller Schraubenzieher, hinter dem ein Junge steht. Ihre Fotos graben die irritierenden Gefühle aus, die unter den gewöhnlichen Momenten köcheln: die lachende Mutter, die versehentlich ihre kaputten Zähne aufblitzen lässt, derer sie sich schämt; der Vater, der morgens um vier eine Mauer baut und sich gegen den Seewind eine Zigarette ansteckt; derselbe Vater, der mit einem Becher vor einem Eimer Wasser kauert, um sich zu waschen, oder völlig vernarrt das Gesicht in den Nacken seiner kleinen Tochter drückt.

Bei einem ihrer ersten Besuche sah Annie, wie die Kinder bei Kerzenlicht Hausaufgaben machten, weil der Nachbar die illegale Stromleitung gekappt hatte, dann ging sie zu ihm, um ihn mit Abzügen ihrer Fotos dazu zu bewegen, die Leitung wieder freizugeben. Ein anderes Mal half Jaime, Annies Wagen zu starten – ein Oldsmobile, das sie *burro rojo* nannten, den roten Esel –, woraufhin die Polizei kam, Jaime filzte und in den Streifenwagen setzte. Annie protestierte und wollte das Missverständnis aufklären, doch die Polizisten sagten, sie wüssten genau, wer er sei. Zu fotografieren war die einzige Möglichkeit, Protest gegen die Festnahme einzulegen, die Annie einfiel, aber ihre Fotos hielten die Polizei nicht davon ab, ihn mitzunehmen.

»Hör mit dem Fotografieren auf, Vögelchen«, riefen sie durch den Lautsprecher, als sie aus Annies Blickfeld fuhren. Aber Annie fotografierte weiter, fünfundzwanzig Jahre lang.

Jaime wäscht sich, 1995

Man könnte Annie engagiert nennen oder besessen. Besessen von der Idee, Marías Werdegang und dem ihrer Familie jahrzehntelang zu folgen, besessen vom trügerischen Horizont der Totalen. Annie kam immer wieder, als aus Kleinkindern Schulkinder und dann Teenager wurden, und dann Eltern eigener Kleinkinder. Annie kam, als Jaime begann, mehr zu trinken und María zu schlagen; als das kleine Lehmziegelhaus abbrannte, als Jaime von Alkohol auf Heroin umstieg; als María ihn verließ und zu ihrer Mutter in die Stadt zog; als sie mit einem neuen Partner ein neues Zuhause fand und einen neuen Job in einer Sandalenfabrik.

Fünfundzwanzig Jahre sind lange genug für die Menschlichkeit und zu lange für Heiligkeit. Sie sind lange genug, damit Kinder sich die Schlangenhaut ihrer Unschuld abstreifen – mit dem Trinken anfangen, sich prügeln, schwanger werden, über die Grenze gehen. Ein ums andere Mal sah Annie die Familie mit immer komplexeren Herausforderungen konfrontiert. Zum Beispiel an dem Tag, als Jaime verhaftet wurde und Annie den Berg hinaufhetzte, um María Bescheid zu sagen, und María ihr sagte, sie selbst habe die Polizei gerufen. Jaime hatte ihr bei einem Streit um Carmelitas Taufe mit der Gürtelschnalle ins Gesicht geschlagen.

Annies dokumentarisches Werk ist ein Prozess der liebevollen Verstrickung. Wenn sie sagt: »Ich fotografiere mit dem Herzen«, spricht sie von Jahrzehnten, in denen sie lange Autofahrten und Flüge auf sich nahm und sich immer wieder Zeit abknapste; Jahrzehnte, in denen sie von Flöhen gebissen, von Bauchschmerzen und Fieberschüben geplagt wurde, auf dem Boden schlief und von dreikäsehohen Experten den Umgang mit der Steinschleuder lernte; Jahrzehnte, in denen sie einer Frau durch zwei Missbrauchsbeziehungen half; Jahrzehnte auf der Suche nach dem richtigen Moment, nach dem richtigen Grad der Dämmerung, nach dem richtigen Blick von Mutter zu Kind; und wenn sie den richtigen Moment nicht fand, kam sie trotzdem wieder. »Wenn ich darüber nachdenke«, sagte Annie einmal zu mir, »hat diese Arbeit fast doppelt so lang gedauert wie meine längste Beziehung.«

Annie Appel ist nicht berühmt, aber sie steht in einer großen dokumentarischen Tradition. Ihre Arbeit steht in einer Linie mit W. Eugene Smiths bahnbrechendem, 1953 für das *Life-Magazine* entstandenen Fotoessay über eine schwarze Hebamme im ländlichen South Carolina oder Mary Ellen Marks Fotos von obdachlosen Teenagern im Seattle der 1980er Jahre. Diese Linie reicht zurück bis zu Bayard Wootten aus North Carolina, der alleinerziehenden Mutter, die sich 1904 eine Kamera lieh, um mit ihren »Folk Studies« zwei Söhne zu ernähren, und führt bis zu der galizischen Fotografin Lua Ribeira mit ihren zeitgenössischen Porträts von Spice-Junkies auf den Straßen von Bristol. »Manchen bin ich sehr nahegekommen«, sagt Ribeira über ihre Modelle, »aber … dieser Clash ist schmerzhaft und kompliziert.« Sie alle sind Fotografinnen und Fotografen, die gewöhnliche Menschen porträtieren, um die Bedeutung des gewöhnlichen Lebens hervorzuheben, die kein Interesse daran haben, so zu tun, als wären ihre Fotos Werkzeuge der Erlösung oder ihr Blick wäre objektiv, sondern die mit ihren Modellen intensive emotionale Bindungen eingehen und Bilder schaffen, die von dieser Intensität zeugen. Ribeira sagt über die Obdachlosen, die sie fotografiert: »In der Struktur, in der wir leben, müssen sie *dort* sein, damit wir *hier* sind«, aber auf ihren Fotos kollabiert diese Kluft für den Moment – nicht, weil sie vorgibt, sie wäre überwunden, sondern weil sie uns zwingt, auf die andere Seite zu sehen.

In vielerlei Hinsicht beansprucht Annie ihre Rolle als Außenseiterkünstlerin mit Stolz. Ihre Arbeiten wurden bisher hauptsächlich in kleinen Galerien rund um San Pedro ausgestellt, dem Hafenviertel von Los Angeles, wo sie in einer Wohnung hinter dem Tanzstudio wohnt, in dem ihre Ehefrau Tango unterrichtet. Zehn Jahre lang hat Annie nebenbei in einem Fotolabor gearbeitet, um ihre Projekte zu finanzieren: Reisen quer durch die USA, um Occupy-Demonstranten zu fotografieren; Porträts einer Ordensschwester in einem Kloster in Hollywood; die Errichtung eines mobilen Fotostudios auf der Wiese des Pershing Square in der Innenstadt von Los Angeles, wo sie alle einlud, ihr Modell zu sitzen, auch die Obdachlosen, und als die Polizei kam, um sie wegzuschicken, überredete sie sie so lange, bis sie bleiben durfte – und dann kam sie dreiundzwanzig Jahre später zurück und wiederholte das Projekt. Doch das Herzstück ihres schöpferischen Schaffens ist seit fast drei Jahrzehnten das Mexiko-Projekt. Wenn Annie ihrer Mutter am Telefon sagt, dass sie schon wieder auf dem Weg nach Mexiko sei, stellt ihre Mutter in der einen oder anderen Weise immer die gleiche Frage: »Schon wieder? Hast du nicht genug Fotos von dieser Familie?« Stets gefolgt von der mütterlichen Sorge: »Bezahlt dich eigentlich jemand dafür?«

Dass Annie kaum institutionelle Förderung erhalten hat, macht ihren eigenen Einsatz noch bemerkenswerter. Ein Vierteljahrhundert lang hat sie in Mexiko nicht nur sich selbst eingebracht, ohne größere öffentliche Anerkennung zu bekommen, sondern auch ihr Geld, und sie musste für ihre Arbeit immer wieder aufs Neue kämpfen.

Als das Smithsonian Institute 2015 eine Reihe ihrer Occupy-Porträts für seine ständige Sammlung kaufte, war dies für Annie die wichtige, rettende Bestätigung. Sie brachte die Fotos persönlich nach Washington, und das Gefühl, als sie ihr Portfolio in das Museum trug, und das übermütige, schwindelige Gefühl danach, als sie die leere Mappe wieder hinaustrug, prägte sie sich tief ein. Es bedeutete ihr so viel, dass die Welt endlich sagte: *Deine Arbeit ist relevant.*

Ihre Arbeit ist wirklich relevant. Sie ist relevant, weil ihre Fotos voll vom menschlichen Leben sind in all seiner Unordnung und Komplexität, weil sie die Intimität durchleuchten wie einen Komposthaufen, in dem Schichten von Angst und Distanz und Sehnsucht vor sich hin schwelen. Ihre Arbeit ist relevant, weil sie zeigt, wie im täglichen Leben Widerwille und Staunen nebeneinanderstehen, die Schinderei und das plötzliche Aufwallen von Wundern.

Auf einem Foto von Marías Mutter Doña Lupe mit drei ihrer Enkeln aus dem Jahr 2003 ist so viel auf einmal zu sehen: die Anstrengung der Kinderbetreuung, die Liebe, die ihr die Kraft dazu gibt. Doña Lupe sitzt auf einem Stuhl und hält das

Doña Lupe passt auf ihre Enkel auf, 2003

kleinste Enkelkind am Handgelenk, im Hintergrund stapelt sich das Geschirr. Die Gesichter der Kinder sind in Sonnenlicht getaucht, das ihre schlichte Heiligkeit zum Vorschein bringt. Lupes Enkel Joelle wirkt schlaksig und hoffnungsvoll in seinem gestreiften T-Shirt und den weiten Jeans und hält eine lebende Taube in den Händen, deren Federn zwischen seinen Fingern hervorschauen. Fast sieht es aus, als würde er die Taube der Person hinter der Kamera hinhalten, ein kostbares Geschenk, das sich jeden Moment aus seinen Händen plustern und wegfliegen könnte. In seinem Blick ist ein Ausdruck zarter Hoffnung und zaghafter Unsicherheit. Er hat das Ende der Kindheit fast erreicht, aber er schämt sich noch nicht, über die Welt zu staunen.

Doch was das Foto so besonders macht, ist gerade das, was so beiläufig, so *un*-erstaunlich daran wirkt. Die konventionelle Komposition wäre, Joelle mit der Taube in den Mittelpunkt zu rücken – das Bild lyrischer, ikonischer, symbolischer zu gestalten, ein Junge mit dem Symbol der Hoffnung, dem Symbol der Flucht –, aber Annies Ausschnitt bewirkt etwas anderes. Der Rahmen, den sie gewählt hat, zeigt nicht nur Joelle und die Taube, sondern auch die Großmutter und zwei kleine Cousinen und die Unordnung in der Küche um sie herum: verschwommen im Vordergrund eine Mülltüte, weiter hinten ein Besenstiel, der den Blick in die Ecke des Bilds lenkt; lauter visuelle Elemente, zwischen denen das Auge schwer entscheiden kann. So wären Walker Evans' Bilder geworden, hätte er die Wohnstätten der Farmpächter nicht umgeräumt, um ihrer Armut eine karge Genügsamkeit zu verleihen, klare Linien und Schlichtheit. Doch Annie hat etwas anderes im Sinn. Sie beharrt darauf, dass die alltägliche Unordnung und das Staunen gemeinsam auf ihre Bilder kommen. Sie beharrt darauf, dass beides zusammengehört.

Viele ihrer Bilder sind unkonventionell komponiert, klärte mich der Fotograf Ryan Spencer auf, und visuell überraschend, in der Schwebe zwischen zentrierter und nichtzentrierter Gestaltung. Sie sind die visuelle Manifestation von Annies Interesse, die Zwischenmomente einzufangen – nicht die dramatischen Wendepunkte, sondern die Augenblicke des ganz gewöhnlichen Menschseins. Mit dieser rauen Qualität passen sie zur französischen Ästhetik des *jolie laide*, des schönen Hässlichen: der Idee, dass etwas nicht trotz, sondern wegen seiner Makel schön ist. Auf einem Foto von Marías Tochter Angelica mit ihren vier Kindern sprüht die Komposition nicht trotz, sondern wegen des weinenden Babys in ihrem Arm vor Lebendigkeit. Es ist die Störung, die den Ausschnitt elektrisiert.

Diese Elemente ihrer Arbeit – die unüblichen Kompositionen und die Bereitschaft, visuelles Chaos zuzulassen – sind formale Manifestationen ihres Anliegens, das Leben in seiner Komplexität zu porträtieren, genau wie die Dauer ihr Anliegen manifestiert, die Entwicklung der menschlichen Komplexität über Jahrzehnte zuzulassen. Doch wenn man sich in ein dokumentarisches Projekt hineinsteigert, kann es unmöglich werden, wieder aufzuhören. Kein Ende scheint ehrlich oder vertretbar zu sein. Was bedeutet es, aus dem Leben anderer Kunst zu machen? Wie unterscheidet sich die Zeugin von der Ausbeuterin, und wann hat die Zeugin alles gesehen? Gibt es diesen Zeitpunkt überhaupt? Es ist wie das Problem von Borges' imaginärer Landkarte: Um jedes Detail der Welt zu zeigen, müsste die Karte so groß sein wie die Welt. Sie hätte keine Ränder. Sie würde nie fertig werden. Soll heißen: Eine Familie lebt weiter; du siehst hin. Eine Frau wird älter. Ihre Kinder werden älter. Ihre Kinder bekommen eigene Kinder. Du siehst hin. Die Frau, die du siehst, wird böse auf dich. Du siehst weiter hin. Ihr Leben scheint aus dem Ruder zu laufen. Dein Leben droht aus dem Ruder zu laufen. Du siehst hin. Es gibt kein Ende. Das ist das Problem, und darum geht es.

Annie wuchs in den 1960ern und -70ern in El Paso an der mexikanischen Grenze auf, direkt gegenüber von Ciudad Juárez. Ihre Kindheit und Jugend in der vom Fluss geteilten Zwillingsstadt hat sie tief geprägt, wie sie sagt. Von ihrem Elternhaus auf dem Thunderbird Drive aus – einer der wohlhabenden Wohngegenden in den Bergen im Westen der Stadt – war Mexiko ein ferner Horizont. Nana, die Haushälterin, ging am Wochenende über die Grenze, um bei ihrer Familie zu sein. Wenn Nana auf dem Rückweg nach El Paso an der Grenze festgehalten wurde, war sie tagelang fort. Wenn der grüne Wagen der Border Patrol unter der Woche über den Thunderbird Drive fuhr, versteckte sie sich im Haus.

Angelica und ihre vier Kinder, 2007

Die Grenze war immer präsent, und Annie war sich immer bewusst, auf welcher Seite sie lebte – ihr ganzes Leben gründet auf den Schuldgefühlen ihrer Privilegiertheit, auf »meiner Ursünde, in einem reichen Haus in El Paso zur Welt gekommen zu sein«, wie sie die ewige Scham nennt. Wenn Annies Verwandte von der Westküste kamen, überquerten sie die Grenze, um bestickte Kleider und billigen Alkohol zu kaufen. Annie und ihr Bruder überquerten die Grenze, um Gras zu kaufen, dass sich als Loco Weed entpuppte, das Zeug, mit dem die Gringos übers Ohr gehauen wurden. Annie wusste nicht, dass in Juárez Mädchen verschwanden, als sie, eine burschikose Vierzehnjährige, mit einer Gruppe älterer Freunde über die Grenze fuhr, um in Bars Tequila zu trinken, wo Alkohol an jeden ausgeschenkt wurde, der groß genug war, um über den Tresen zu sehen. In der Schule lernte Annie, dass El Paso landesweit die meisten Verkehrstoten hatte, weil ständig Einwanderer über die Straße liefen. In der Fahrschule lernte sie, besonders darauf zu achten. Als sie mit sechzehn ihren Führerschein machte, fuhr sie die Haushälterinnen aus der Nachbarschaft zur Bushaltestelle, wenn sie freitags über die Grenze wollten.

Als Kind blinzelte Annie über den Fluss nach Juárez, wenn sie mit ihrer Familie über die Interstate fuhr, in der Hoffnung, zwischen den Hütten mit den Pappdächern echte Menschen zu sehen. Aber sie waren zu weit weg. Der Maßstab stimmte nicht. »Nachts ohne Strom war es stockdunkel auf der anderen Seite«, erinnert sie sich. »Als würde ich auf den leeren Horizont hinter dem Meer blicken.« Aber der Horizont war nicht leer. Das wusste sie schon als Kind, und sie fuhr sechsundzwanzigmal hin und machte 23 000 Fotos, um der Täuschung entgegenzuwirken. Sie wollte maximale Belichtung ins Dunkel bringen.

Während des gesamten Mexiko-Projekts hatte Annie immer dieselben drei Kameras dabei: drei Nikons, alle komplett mechanisch; eine mit Farbfilm, die anderen beiden schwarzweiß. Sie benutzt keine Zoom- oder Teleobjektive. Wenn sie Nahaufnahmen macht, geht sie nahe heran. Sie benutzt keinen Blitz, nur Umgebungslicht. Sie verändert den Ausschnitt im Studio nicht mehr, sondern zwingt sich, der Komposition zu vertrauen, die ihr Auge im Moment des Auslösens gewählt hat.

Annies Regeln sind wie die formale Ordnung eines Gedichts, sie setzen ihr generative Grenzen und beleben damit ihren schöpferischen Impuls. Gleichzeitig werden die Abläufe zum Ritual. Ryan Spencer nennt Fotografen »die Pitcher auf dem Wurfhügel der Kunstwelt«, weil ihn das abergläubische Festhalten am Prozess an die Baseballspieler erinnert, die ihre Kappe nicht waschen, ihr Goldkreuz küssen, nur eine bestimmte Tabakmarke kauen oder mit der Schuhspitze Glücksbringer in den Sand malen, bevor sie den Ball werfen.

Annies formale Auflagen schaffen eine Textur der Unmittelbarkeit in ihren Kompositionen, aber sie wären nicht möglich ohne die emotionale Bindung, die ihrem Prozess vorausgeht: die echte Anteilnahme am Leben der Menschen, die sie porträtiert, der zeitliche Bogen im Aufbau dieser Beziehungen. Annie lernte den Begriff der *teilnehmenden Beobachtung* erst kennen, als sie es schon jahrelang tat. Ihre Fotos sind nicht planbar; sie muss da sein, wenn der richtige Moment kommt – was heißt, dass sie auch in allen anderen Momenten da sein muss. Jede große Aufnahme entsteht nicht nur aus dem besonderen Licht und dem Winkel und der Komposition, sondern auch aus all den Jahren zuvor, der Zeit, die Annie und ihre Sujets zu diesem Augenblick geführt hat.

Was zeigen ihre Fotos? Einen Jungen, der eine Taube hält. Ein Mädchen, dass die Hand seiner Großmutter hält. Eine

Carlos im Bus, 2007

Gruppe Kinder, die mit blutigen Händen Fangen spielen, weil sie die Finger in den noch feuchten Stierschädel gesteckt haben, der mit heraushängender Zunge in einer Schubkarre liegt. Ihre Fotos zeigen Carmelita als Kleinkind, als schmollendes Schulmädchen, als Teenager bei ihrem ersten Job – als sie den Marktstand aufstellt, dessen orange Plane die Sonne filtert wie die geäderte Haut eines Organs. Annies Fotos lösen die Abgebildeten nicht aus den Umständen heraus, aber sie reduzieren sie auch nicht auf die Umstände. Annie ordnet sie keinen simplen moralisierenden Argumenten von Ungleichheit und Schuldgefühlen unter. Sie lässt die Gesichter den Rahmen in allen möglichen Dimensionen ausfüllen: manchmal so groß, dass ihre Züge den Hintergrund ausblenden, manchmal verschwommen im schwachen Licht, manchmal halb aus dem Sichtfeld gedrängt.

Auf einem Foto von Marías Sohn Carlos, aufgenommen in einem Bus in Mexiko, sieht Carlos direkt in die Kamera – sein

Blick durchdringend und entwaffnend, das Gesicht scharf fokussiert, während die Gesichter der anderen Passagiere im Hintergrund verschwimmen. Diese Komposition gibt die Essenz von Annies Projekt wieder, denn sie zeigt, wie Annie ihre Sujets in Situationen der Anonymität betrachtet – bei einer alltäglichen Busfahrt –, um ihre Einzigartigkeit als Mensch ins Licht zu rücken – hier Carlos' Blick mit seiner verblüffenden Klarheit.

Ein frühes Foto zeigt Annie mit María und Jaime 1995 am Küchentisch. Jaime isst, die Hand über den Bohnen ausgestreckt. Ein Teller Tortillas steht vorn auf dem Tisch, weiter hinten steht eine fast leere Colaflasche, an der Wand hängt ein Jesusporträt, das alles überblickt. Im Putz hinter Jamie sind acht Löcher zu sehen, aus den Nächten, als er in betrunkener Rage mit der Faust gegen die Wand geschlagen hat. Annie wirkt erschöpft, leicht übernächtigt, aber nicht nervös oder unbehaglich. Sie stellt keine affektierte Zuneigung oder Nähe zur Schau. Zwei ihrer Kameras liegen neben ihr auf dem Tisch.

An dem Küchenfoto berührt mich besonders, dass die drei Leute sich nicht ansehen. Sie sehen auf eine Art aneinander vorbei, die ebenso vertraut wie abgestumpft wirkt. Auf ihren Fotos gibt Annie genau diesen ungeschminkten Momenten Raum – wie Menschen aneinander vorbeisehen, Augenkontakt vermeiden, weil sie zu müde sind, die Verbindung herzustellen, zu argwöhnisch, einander voll zu vertrauen, zu ausgelaugt, sich zu offenbaren. Annies Fotos widerstehen der reduktiven Erzählung einer Zusammengehörigkeit, die diese heimlichen, hartnäckigen und wesentlichen Leerräume zwischen den Menschen verschleift. Stattdessen zeigen sie das, was *ist* – eine Welt, in der Risse genauso zur Intimität gehören wie Umarmungen.

Selbstporträt mit María und Jaime, 1995

Natürlich ist das Küchenfoto auch ein Foto der Fotografin – und der Kameras, die neben ihr liegen. Auf einem anderen Foto sieht man Annies Schatten auf einem Stapel Ziegel, und das Bild wirkt fast wie ein Bekenntnis: Ich war *da*. Sie gehörte dazu. Ihre Fotos beharren auf dem Wirrwarr der Subjektivität, dem Durcheinander aus Liebe und Fürsorge, der Wut und der Wiederkehr. Auf einem im Jahr 2000 aufgenommenen Foto, das bei Doña Lupe entstand, kauert Annie mit der Kamera vor Carlos, der lacht, während der Rest der Familie zusieht. Annie befindet sich genau in der Mitte des Bildes, doch sie ist die einzige, deren Gesicht nicht zu sehen ist – als wollte sie sowohl den Wunsch nach Selbstauslöschung als auch das Bewusstsein abbilden, dass das nicht geht.

Annie hat ihre mexikanischen Reisen in einer Reihe von Tagebüchern festgehalten, die inzwischen mehr als tausend Seiten umfassen. Darin beschreibt sie die langen Siestas mit

Viviana auf dem Sofa, dem kleinsten Kind, das auf ihrer Brust schläft, sein Herzschlag doppelt so schnell wie ihrer; oder die drückend heißen Nachmittage mit Carlos am Fluss, der mit einer leeren Fantadose fingerlange Fische fängt und ihr grüne Algen ins Gesicht wirft, was sie ihm heimzahlt, indem sie sie ihm zwischen die Schulterblätter schmiert. Ihre Tagebucheinträge erinnern daran, dass die Dokumentaristin immer auch eine Frau ist, die ihre Socken zum Trocknen aufs Fensterbrett legt und von der »Moskito-Nachtschicht« bei lebendigem Leib gefressen wird, eine Frau, die manchmal müde und gereizt ist, die allein kaltes Bier trinkt, wenn sie die schonungslose Gemeinschaft satthat, nach der sie sich sehnte, die Liebeskummer hat, weil sie in Kalifornien betrogen wurde, oder um ihren verstorbenen Vater in Texas trauert – die ihr eigenes Leid mitbringt. Ihr Kummer weicht die Tagebuchseiten auf wie Feuchtigkeit.

Annie wusste, wie absurd es war, sich in Baja oder San Martín oder Tijuana über ihre »launische Chefin« zu beklagen, während María und ihre Kinder ganz andere Kämpfe führten. In ihren Tagebüchern gibt sie zu, dass die Kameralinse sich manchmal wie ein notwendiger Stoßdämpfer zwischen deren Leben und Annies Gewissen anfühlte: »Heute Abend aus irgendeinem Grund kein Strom bei Lupe, so dass ich offiziell vom Fotografieren befreit war, und ich hielt es kaum aus bei ihr ohne die Arbeit, die mich davon ablenkt, wie unmöglich ihre Lebensbedingungen hier sind.« Es war nicht immer romantisch, den Kindern zuzusehen, wenn sie bei Kerzenlicht Hausaufgaben machten.

Annies Hilfe schien nie zu reichen, aber mit der Zeit wurde sie unentbehrlich. Als Marías jüngster Bruder Guillermo mit seiner Familie über die Grenze zog, fotografierte Annie sein neues Leben in den USA. Und als Guillermo deportiert werden sollte, setzte Annie einen Brief für ihn auf und half seiner Frau Gloria bei der Suche nach einer Wohnung in einer anderen Stadt. Nachdem Annie Fotos von Gloria bei der Arbeit gemacht hatte – bei der Lese auf einem Weingut –, hinterließ sie absichtlich matschige Fußspuren in dem eleganten Verkostungsraum des Anwesens. Sie wollte Dreck in den Raum bringen, in dem die Hände, die draußen die Trauben lasen, vergessen oder nie wertgeschätzt wurden – die Frau, die schwanger eine Wüste durchquert hatte, die eine kleine Tochter mit einer chronischen Lungenkrankheit versorgte, während sie täglich fürchten musste, dass ihr Mann deportiert wurde. Annies matschige Fußspuren waren ein Insistieren, genau wie ihre Fotos ein Insistieren waren: auf der Existenz dieser Frau, auf dem Wert ihres Lebens.

Man könnte glauben, bei einem dokumentarischen Projekt wäre Abwesenheit nötig, damit es seinen Zweck am besten erfüllt: dass der Autor, die Fotografin oder Filmemacherin aus dem Rahmen treten müssen, um den Porträtierten Platz zu machen. Am Anfang des Mexiko-Projekts hatte Annie von dieser Art der Unsichtbarkeit geträumt: »Mich selbst hundert Prozent zu löschen, um zu einer Art leeren Leinwand zu werden, auf der ich das wahre Gesicht der Gegebenheit aufzeichnen kann.« Aber in meinen Augen funktioniert Annies Werk gerade, weil sie sich nicht herausnimmt. Sie sitzt mit am Küchentisch. Ihr Schatten fällt auf die Ziegel. Die Fotos sind gesättigt von der ganzen Spannbreite ihrer Gefühle: Hochachtung vor Jaimes Neugier, Wut, wenn er betrunken und gewalttätig war. Ihre Anwesenheit ist kein Ballast, sondern gehört zur Arbeit dazu. »Ich« und »die anderen« sind keine Kräfte, die einander neutralisieren. Wenn Annie es nicht schafft, sich aus dem Geschehen herauszunehmen, behindert sie die Dokumentation nicht, sondern erweitert

Selbstporträt mit der Familie in Doña Lupes Haus, 2000

die Bandbreite dessen, was sie dokumentiert: Sie zeigt nicht nur die Porträtierten, sondern auch die emotionale Komplexität des Fotografierens. Sie bekennt sich zu ihrer Schlacke. Sie steht zum Makel der Künstlichkeit.

Die Sprache der Fotografie hat etwas Aggressives, Besitzergreifendes: Man *schießt* ein Foto. Man *fängt* ein Bild *ein*, *stiehlt* einen Moment. Es ist, als müsste man das Leben – oder die Welt oder andere Menschen oder die Zeit – gewaltsam an sich reißen oder plündern.

Wenn man ein Bild einfängt, was gibt man zurück? Am Anfang wusste Annie, dass ein einziger Monatslohn ihres Brotjobs reichte, um ein Jahr lang die Schulbücher der Kinder zu bezahlen, oder sogar ein paar Monate Miete. Sie gab, was sie konnte: Bargeld, Kunstmaterial, Rucksäcke, neue Schuhe, Bananen, Bohnen. Sie führte Budgetlisten über die Pesos, die sie auf jeder Reise ausgab: der Ausflug in ein Erlebnisbad mit

Marías Söhnen, Mangos und Tortillas, Jicama und Zahnpasta, ein Vogelkäfig für Doña Lupe, die Eintrittskarten des Hypnotiseurs und das Popcorn bei der Vorstellung. Jedes Mal, wenn sie kam, brachte sie jedem Familienmitglied Abzüge ihrer Fotos mit, gab ihnen ihre Porträts zurück.

Als María sich einen toten Schneidezahn ziehen lassen musste – sie schämte sich beim Lächeln –, bat sie Annie um das Geld für die Behandlung. Annie sagte, sie würde ihr helfen, sich die Zähne richten zu lassen, wenn María dann anfing, auf ihren Fotos zu lächeln. Es sollte ein Witz sein, und gleichzeitig war es komplizierter als ein Witz – es war auch die Bestätigung der laufenden Transaktion, die den Rahmen ihrer wachsenden Vertrautheit bildete.

Als Annie María schließlich das Geld gab, benutzte sie es nicht für den Zahnarzt. Fünf Jahre später bat María sie noch einmal darum, und wieder gab Annie ihr das Geld, und wieder benutzte María es nicht für ihre Zähne. Annie fühlte sich beide Male betrogen und beide Male schämte sie sich für ihre Reaktion.

Wofür gab María das Geld aus? Kleider für die Kinder. Tortillas. Propangas.

Als Jaime von Tequila auf Heroin umstieg und seine Übergriffe nicht mehr auszuhalten waren, bat María Annie um Geld, damit sie ihn verlassen konnte. Jahre später erinnert sich Annie an das Gespräch:

> María rief an und bat mich um Hilfe, weil sie endlich beschlossen hatte, vor Jaimes Gewalt gegen sie und die Kinder zu fliehen. 100 Dollar für sechs Busfahrkarten und eine sechsundzwanzigstündige Busfahrt nach Hause. War es richtig? Was wäre passiert, wenn ich ihr die Bitte um Hilfe abgeschlagen hätte? Ein anderes

> Leben für sie alle. Ich habe mich zehn Jahre lang gefragt, ob ich das Richtige getan habe. Aber wenn ich mir die Fotos von damals ansehe, hat Jaime auf der Mehrheit der Bilder eine Flasche in der Hand. Diesen Teil hatte ich vergessen, genau wie die Angst, als er María einmal vor meinen Augen schlug.

Als Annie María und ihrer Familie nah genug gekommen war, wurde Unterlassung auch eine Handlung. Später warfen Marías ältere Töchter ihrem neuen Partner Andres vor, er hätte sie geschlagen, weil sie seinen sexuellen Avancen nicht nachkamen, und Annie überlegte, ob sie María eine Monatsmiete geben sollte, damit sie ausziehen konnte. »Habe herausgefunden, dass ein Haus in der Größe von Marías jetzigem 30 Dollar im Monat kostet«, schreibt sie in ihr Tagebuch. »Ich dachte, ich könnte die Miete im Voraus zahlen, wenn sie diesen gewalttätigen Mann verlassen will … Was soll ich tun? Was soll ich nicht tun?« Am Ende bot sie keine Miete für ein neues Haus an, sondern gab Andres zu verstehen, dass sie von dem Missbrauch wusste und bereit sei, María zu verteidigen. »Ich sah ihm direkt in die Augen und flüsterte: ›Soll ich dich mal mit meinem neuen Gürtel schlagen? Welches Ende soll ich nehmen, die Schnalle oder den glatten Riemen? Zeig mir, wie man es richtig macht, Andres.‹«

In einem Tagebucheintrag ermahnt Annie sich selbst: »Immer ja sagen«, aber an anderen Stellen beichtet sie auch, dass sie es nicht getan hat: Einmal zahlte sie nicht für Doña Lupes Propangas, einmal schenkte sie María nicht ihren grünen Lieblingspullover, mehrmals brauchte sie einen Tag Auszeit. Sie gab keinem der Familie ihre Adresse zu Hause, weil sie wusste, wenn sie je über die Grenze kamen und bei ihr auftauchten, würde sie sie nicht fortschicken können.

Als die Fotografin Mary Ellen Mark und ihr Mann Martin Bell 1983 den Dokumentarfilm *Streetwise* über die dreizehnjährige Prostituierte Tiny in Seattle drehten, waren sie ständig hin- und hergerissen, wie viel Hilfe sie ihr anbieten sollten. Es kann sich unmenschlich anfühlen, Leid zu dokumentieren, ohne es zu lindern. Aber ein Dokumentarprojekt kann unhaltbar werden, wenn es zusätzlich die Verantwortung übernimmt, Hilfe zu leisten. Und es ist auch eine Tatsache, dass bei manchen Menschen kein Maß an Unterstützung genug ist. Mark und Bell gaben den Teenagern, die sie filmten, kein Geld, aber sie gaben ihnen Essen, Jacken und Schuhe. Als sie nach den Dreharbeiten nach New York zurückkehrten, boten sie Tiny an mitzukommen – »und sie mehr oder weniger zu adoptieren«, so Bell. Ihre einzige Bedingung war, dass Tiny wieder zur Schule gehen sollte, wozu sie keine Lust hatte, und deshalb kam sie nicht mit. Doch sie blieben jahrzehntelang in Kontakt, und neunzehn Jahre später sagte Tiny zu ihnen: »Ich denke immer daran. Dass ich nicht mitgekommen bin.«

1993 gelang dem südafrikanischen Fotojournalisten Kevin Carter, der im Sudan die Rebellen fotografierte, ein Bild, das um die Welt ging: Ein abgemagertes Kleinkind kriecht auf allen vieren durch den Staub zu einer Versorgungsstation, und im Hintergrund wartet ein Geier. Carter kauerte sich vorsichtig hin – er wollte den Vogel nicht verscheuchen, um die beste Einstellung zu bekommen –, und danach wartete er zwanzig Minuten darauf, dass der Geier wegflog; aber der Geier flog nicht weg, und Carter verjagte ihn schließlich, damit der Junge seinen Weg fortsetzen konnte. Carter brachte dem Kind nichts zu essen. Er trug ihn nicht zu der Versorgungsstation. Er setzte sich einfach unter einen Baum und rauchte und weinte. »Danach fiel er in eine Depression«, berichtete ein Freund. »Er sagte dauernd, dass er seine Tochter umarmen wollte.« Vierzehn Monate später gewann Carter mit seinem Foto den Pulitzer-Preis. »Ich schwöre, ich habe den größten Applaus bekommen«, schrieb er nach der Preisverleihung an seine Eltern. Zwei Monate später nahm er sich im Alter von 33 Jahren das Leben. In seinem Abschiedsbrief steht: »Das Leid des Lebens ist so viel größer als die Freude, weshalb es keine Freude mehr gibt.«

In ihren Tagebüchern hinterfragt Annie alle mythischen Versionen ihrer selbst, an die sie im Lauf ihres Lebens glauben wollte. »Welche Wahrheiten soll ich berichten?«, fragt sie. »Mich als Retterin darstellen?« Jahrzehntelang hat sie mit ihrem Wunsch gerungen, eine zu werden. An einer Stelle beschreibt sie sich als »nackte, verletzliche, egoistische, selbstbezogene Künstlerin, die sich als altruistische Weltverbesserin verkleidet hat, so effektiv, dass die Maske mich sogar selbst überzeugte«. Und schließlich, nach Jahren: »Es ist nicht mein Job, den Karma-Cop zu geben.«

Ich stieß vor fünf Jahren auf Annies Werk, nachdem sie mir in einer E-Mail geschrieben hatte, sie spüre eine Verwandtschaft zwischen meinen Texten und ihren Fotos, insbesondere bei dem Essay über James Agee und dessen ausschweifendes, schonungsloses, selbstzerfleischendes Buch über drei Farmpächterfamilien in Alabama. Als Annie die Dauer ihrer eigenen dokumentarischen Arbeit erwähnte, war ich beschämt. Damals war sie schon über zwanzigmal in Mexiko gewesen. Wenn ich daran dachte, wie ich über das Leben von Menschen schrieb, die ich kaum ein Jahr kannte, oder kaum einen Monat, schämte ich mich. Wie dürftig mein Engagement im Vergleich zu Annies ausdauerndem Blick war. Zwischen meinem kurzen Eintauchen und ihrem Wiederkommen tat sich eine gähnende moralische Kluft auf; ich fühlte mich entlarvt. Das ist Respekt, dachte ich: hinsehen und *immer wieder* hinsehen – nicht wegsehen, sobald du hast, was du brauchst. Respekt bedeutet, die Porträtierten älter werden zu lassen, komplizierter werden zu lassen, ihnen zuzugestehen, dass sie die Geschichte, die wir über sie schreiben, durchkreuzen. Respekt bedeutete, genug Standvermögen und Demut aufzubringen, um festzustellen: *Ich bin noch nicht fertig. Ich habe noch nicht genug gesehen.* Neun Jahre nach Beginn des Projekts schrieb Annie in ihr Tagebuch: »Ich verstehe nichts.«

Annies Mexiko-Projekt kam mir von Anfang an wie ein spiritueller Nachfolger von *Let Us Now Praise Famous Men* vor, nicht nur, weil in beiden Fällen privilegierte weiße Künstler das Leben verarmter Familien dokumentieren, sondern weil beide Projekte vom Bewusstsein ihrer eigenen Unvollständigkeit durchdrungen sind. Was die Dauer anging, hatte Annie Agee abgehängt. Während er ein paar Monate recherchierte, tat sie es über Jahrzehnte. Trotzdem quälte beide das Gefühl, egal wie viel sie sagten oder zeigten, es reichte nie, um jene Menschen vollständig abzubilden. Die Annie, die erklärt, sie verstehe nichts, entspricht dem Agee, der sich sorgt, dass seine Bemühungen zum Scheitern verurteilt sind, oder diese Sorge zumindest in seinem Projekt festhalten will; die Angst, Worte wären nie genug, der Wunsch, kaputte Teller und Exkremente vorzulegen statt Sätze und Kapitel.

Während meiner Korrespondenz mit Annie war ich von ihrer Sehnsucht nach Verbindung und Gemeinschaft zeitweise überfordert. Auf jede Nachricht, die ich an sie schrieb, kamen drei Nachrichten zurück; auf jede Antwort kamen noch drei. (Als ich sie einmal darauf hinwies, schrieb sie eine E-Mail mit der Betreffzeile *Meine dritte Antwort* zurück.)

Doch ihr Hunger war mir nicht fremd, sondern wirkte extrem intuitiv: er erinnerte mich an meine Teenagerzeit, wenn ich nachts acht Stunden lang mit Freundinnen telefonierte, obwohl wir schon den ganzen Tag in der Schule miteinander verbracht hatten; das Glück, keine Grenzen zwischen uns zu spüren, der vergebliche Versuch, jenen gesättigten Zustand der Nähe zu erreichen, in dem es nichts gab, was wir nicht miteinander teilten.

Bei unserer ersten persönlichen Begegnung waren wir in der Lobby eines Hotels zum Kaffee verabredet, und als ich eintraf, breitete Annie gerade den Inhalt von zwei großen Koffern auf mehreren Tischen aus. Sie hatte eine Auswahl ihrer Fotos und eine Reihe von Büchern mitgebracht, die sie inspiriert hatten. Dann stellte Annie eine Lampe auf, um ein Porträt von mir zu machen. Es war alles übertrieben. Nahm viel Raum ein. Ich fand es herrlich. Sie war agil, flink, mit sandblondem Haar, das um die Ohren kurz geschnitten war. Sie strahlte Energie und Hunger aus.

In einem ihrer Briefe schrieb Annie mir, sie vermisse an sich selbst »das Gefühl für innere Grenzen, einen Mangel, den ich seit meiner Kindheit zu begreifen versuche«. Über die Jahre kam mir die Erkenntnis, egal welche Kräfte Annie daran hinderten, diese Grenzen zu ziehen – ihre ungestillte Neugier, ihre Durchlässigkeit, ihr Hunger nach intensivem Austausch –, sie waren es, die sie immer wieder nach Mexiko führten. Einmal erzählte mir Annie von ihrer Faszination für den Handwerkertrupp, der jahrein, jahraus damit beschäftigt war, die Long Beach Bridge zu streichen, immer wieder von vorne. Sie sah die Brücke durchs Fenster ihres Ateliers. In einem Jahr strichen sie die eine Seite neu, im nächsten die andere, in Endlosschleife. »Jahre später begreife ich, woher meine frühe Obsession für ›Prozessualität‹ rührt«, sagte sie, als sie sich an die Maler und ihre unendliche Aufgabe erinnerte. »Damals wusste ich nicht, dass ich es eines Tages genauso machen würde.«

Als ich schließlich über Annies Arbeit schrieb, einen kurzen Essay zu einer Auswahl ihrer Mexiko-Fotos, die in einer Zeitschrift erschienen, war Annie entsetzt. Ich fragte mich, ob sie die kritische Distanz des Über-sie-Schreibens anstelle des An-sie-Schreibens als Grenze empfand, die zwischen uns entstanden sei. Sie sagte, sie fühle sich von meinem Text betrogen und bloßgestellt, und klang fast, als hätte ich sie sitzenlassen, als hätte ich sie betrogen, indem ich meine Subjektivität zu sehr zurückhielt. »Wo bist du in diesem Text, Leslie?«, schrieb sie. »Es klingt nicht einmal wie deine Stimme.« Ein paar Monate später entschuldigte sie sich: »Es war meine Unfähigkeit, die Intensität deines Blicks zu ertragen und die nackte Wahrheit.«

In meinem Leben als Schriftstellerin habe ich lange versucht, dem Rat der Dichterin C. D. Wright zu folgen und mich zu bemühen, die Menschen so zu sehen, »wie sie gesehen werden wollen, als ihr höheres Selbst«. Aber es ist ein unmöglicher Traum. Aus dem Leben anderer Menschen Kunst zu machen heißt immer, sie zu sehen, wie *du* sie siehst, nicht zu spiegeln, wie sie gesehen werden möchten. Trotzdem hatte ich das Bedürfnis, Annies Position zu rechtfertigen. Während andere Annies Besessenheit für pathologisch oder übertrieben hielten, verteidigte ich ihren gnadenlosen Drang nach Anbindung, ihr Bedürfnis, sich bloßzustellen, alles auf den Tisch zu legen, *alles* zu sagen, alles zu dokumentieren, jede Nuance einzufangen, jede Komplexität. Irgendwann kam mir der Gedanke, meine Obsession mit Annies Obsession hatte zum Teil mit meinem eigenen Helfersyndrom zu tun – meinem Versuch, eine Außenseiterkünstlerin zu verteidigen, die in ihrem Affekt und ihren Methoden auf beinahe störrische Art uncool war, die wunderbar unbeherrscht und sentimental war und sich nicht dafür entschuldigte, es ernst zu meinen. Manchmal kann die Beziehung zwischen Künstler und Porträtiertem kompliziert und überwältigend werden. Agee wusste es, Annie wusste es, und ich weiß es auch.

Annies Impuls, ihr Projekt immer weiter auszudehnen, bedient eine bestimmte Fantasie, die ich von meiner Arbeit kenne: dem Porträt eines Menschen keine Grenzen zu setzen, ihn unendlich zu machen, ihn immer weiterlaufen zu lassen. Doch wenn wir Menschen abbilden, reduzieren wir sie zwangsläufig, und wenn wir ein Projekt für »beendet« erklären, vereinbaren wir einen unbequemen Waffenstillstand mit dieser Reduktion. Etwas in mir lehnt sich gegen die Verkürzung auf. Etwas in mir will immer rufen: *Da ist noch mehr, da ist noch mehr, da ist noch mehr*. Aus diesem Grund schreibe ich häufig zehntausend Wörter zu viel.

Und schon sind wir wieder bei dem Borges-Problem: Um der Welt gerecht zu werden, muss die Landkarte die Welt in ihrer Gesamtheit wiedergeben. Aber ist mehr von etwas immer wahrer? Wenn die durchschnittliche Belichtungszeit eine sechzehntel Sekunde beträgt, wie Ryan Spencer feststellte, hat Annie in all den Jahren nur gut sechs Minuten des Lebens der Menschen aufgenommen, die sie porträtiert. Aber die Stärke von Annies Arbeiten liegt nicht im Erreichen von Vollständigkeit. Ihre Stärke liegt in der Sehnsucht nach der Vollständigkeit. Am besten funktioniert ihr Projekt nicht als vollständige Darstellung einer Familie, sondern als Darstellung von Annies Verlangen, diese Menschen kennenzulernen, oder allgemeiner ausgedrückt, als Zeugnis der menschlichen Sehnsucht, andere Menschen kennenzulernen.

Auf gewisse Weise ist Annies Leidenschaft ansteckend. Mich jedenfalls hat sie angesteckt – mit dem Gefühl, dass keine Darstellung vollständig sein kann, oder auch nur *genug*. Annie hat dieses Gefühl gegenüber María und ihrer Familie, und ich habe es gegenüber Annie. Ihr Appetit hat etwas Ekstatisches, ihr Drang, eine Verbindung herzustellen, etwas Whitmaneskes: als generative Superkraft. Und ich bin überzeugt, dass die Erfüllung ihres Verlangens ihrer Kunst den Motor nähme.

Jedes Mal, wenn ich von Annie höre, erzählt sie mir, dass das Mexiko-Projekt weitergewachsen ist: noch eine Reise, noch eine Fotoserie, noch eine Reihe von Einträgen in ihrem sich stetig füllenden Tagebuch. In den letzten Jahren besuchte sie auf vielen dieser Reisen Marías Bruder Guillermo in den verschiedenen Städten der USA, in denen er mit seiner Familie wohnte, und stürzte sich bei jedem Besuch voll ins Leben: Sie ging mit Guillermo in die Kirche, um zu beten, dass er nicht deportiert wurde, half Gloria bei der Steuererklärung, hörte zu, wenn die Tochter von Tinker Bell erzählte und der Sohn von seinem Plan, Medizin zu studieren, weil ihn die Lungenkrankheit seiner kleinen Schwester tief erschütterte. Obwohl Annie ursprünglich beschlossen hatte, niemandem der Familie ihre Privatadresse zu geben, tat sie es am Ende doch und lud Guillermo sogar ein, sie in San Pedro zu besuchen.

Ich rief Guillermo an, um mit ihm über seine Beziehung zu Annie zu reden, und erreichte ihn bei der Arbeit. Vor Kurzem hatte er sich einen Transporter für eine mobile Autowerkstatt gekauft, und er war gerade auf dem Weg zum Schrottplatz, um einen Motor abzuholen. Guillermo erinnerte sich gut an seine erste Begegnung mit Annie, damals, An-

Carmelita und Diego, 2017

fang der 1990er, als er eines Abends nach Hause kam und eine Fremde vor dem Haus stand und Fotos machte und er keine Ahnung hatte, was sie dort wollte. Er hatte noch nicht viele Amerikaner gesehen. Seine ersten Worte an sie waren: »Eines Tages gehe ich in Ihr Land.«

Inzwischen war Guillermo hier, und er war immer noch überzeugt, dass seine Kinder es in den USA besser hatten – selbst unter Trump. »Wir haben ein bisschen Angst«, gab er zu, und ich hörte Gloria im Hintergrund etwas sagen, worauf er sich berichtigte: »Wir haben große Angst.« Jedes Mal, wenn er das Haus verließ, erzählte er mir, bekreuzige Gloria sich für seine Sicherheit, und jedes Mal sagte er zu ihr: »Wenn ich nicht zurückkomme, weißt du warum.«

Auf die Frage, wie sich die Beziehung zu Annie über die Jahre entwickelt habe, schwieg Guillermo so lange, dass ich fürchtete, die Verbindung wäre unterbrochen. Aber dann sagte er: »Ich glaube … zu viel.« Ich hörte, wie er um Worte rang für diese Beziehung, die so komplex war. Annie hatte Guillermos ganzes Leben fotografiert. »Wenn ich irgendwas aus meinem Leben vergesse«, sagte er, »dann frage ich Annie, weil sie wahrscheinlich ein Foto davon hat.«

Wenn sie zu Besuch komme, fotografiere sie ununterbrochen, sagte er. »Wenn wir essen, fotografiert sie uns beim Essen. Wenn wir arbeiten, fotografiert sie uns beim Arbeiten. Die ganze Zeit. Jeden Moment.« Auf ihren Fotos sind seine Kinder als Babys, er selbst als Kind, in Armut in San Martín. Als Teenager gab Annie ihm das Geld, das er brauchte, um von zu Hause wegzugehen. Wenn er jemanden zum Reden brauchte, war sie für ihn da. Sie hatte ihn immer darin bestärkt, dass er seinen Traum eines Tages verwirklichen würde. Ich wartete auf die dunkleren Töne in seiner Stimme – Hinweise darauf, dass er sich von Annies Zuwendung überwältigt oder betrogen fühlte. Aber diese Töne gab es nicht. Sie waren bloß Spannungen, die ich auf ihn projizierte, wenn ich mich in seine Position versetzte.

Als ich Guillermo fragte, was das Wichtigste sei, was man über Annie und ihre Beziehung zu seiner Familie wissen musste, sagte er: »Sie ist ein guter Mensch.« Und dann: »Sie ist meine Schwester.« Nicht *ist wie,* sondern *ist.* Für seine Kinder ist sie *Tía Anita. Tía Anita.* Er sagte es nicht einmal, sondern mehrmals. Er wollte, dass ich verstand.

Annie nennt ihre Arbeit eine Form von Liebe, und Liebe ist für sie eine Form der konzentrierten Aufmerksamkeit. An den Hochschulen, an denen ich studiert und gelehrt habe – wo Gemeinplätze Achillesfersen und Gefühle erklärungsbedürftig sind –, ist es immer riskant, das Wort »Liebe« ohne warnende Anführungszeichen zu verwenden. Und wahrscheinlich ist genau *das* der Grund, warum ich immer wieder zu Annie zurückkehre: In ihrer Art zu sprechen gibt es keinen Platz für ängstliche Gänsefüßchen. Sie ist mit dem Herzen dabei. Es ist eine weitere Form ihrer Grenzüberschreitung.

Wenn aber Liebe der Treibstoff ihrer Arbeit ist, ist es eine Form der Liebe, die Annies Sehkraft nicht trübt oder verzerrt. Diese Liebe schärft ihren Blick. Annies Arbeit hat mich davon überzeugt, dass beharrliches emotionales Engagement – mit all seinen Verwicklungen und Fehlern, *wegen all* seiner Verwicklungen und Fehler – helfen kann, genauer hinzusehen. Es kann den Blick für die widersprüchlichen Emotionen sensibilisieren, die unter den gewöhnlichen Momenten fließen: den besonderen Winkel des Körpers einer Frau beim Wäschewaschen; die Bestürzung im Blick eines Vaters auf seine weinende Tochter; die Haltung eines Mannes in der Tür seines neuen Heims, lächelnd, bevor er seinen müden Sohn über die Schwelle trägt.

Auf den frühen Kontaktabzügen, die von Annies ersten Besuchen in Baja stammen, sehe ich eine Version dessen, was sie damals sah: eine Mutter mit Kind, einen Vater mit Enzyklopädien und Tequilaflaschen und einen hohen Turm aus Ziegeln. Aber ich sehe auch die langen Schatten der Dinge, die später kamen: Jahre mit Nebenjobs und abgelehnten Stipendienanträgen und gescheiterten Liebesbeziehungen; viel Streit mit Müttern und ungeplante Schwangerschaften; Sucht und Brände und Busfahrten in neue Leben. Ich sehe die fernen Horizonte eines Projekts, das Annie Demut gelehrt hat und sie noch mehr durcheinandergebracht hat, als sie es am Anfang gewesen war. Nach neun Jahren: *Ich verstehe nichts*. Auf den frühen Negativen sehe ich Cornflakes und Zigaretten und störrischen Wind und plötzliches Lachen. Ich sehe alles, was die Bilder wussten, neben all dem, was sie noch nicht wussten, und diese Ungewissheit ist auch eine Definition von Liebe: sich auf eine Geschichte einzulassen, die man sich am Anfang noch nicht vorstellen kann.

III.

BLEIBEN

HOCHZEITEN

Hochzeiten sind Suff und Heiligkeit, Schweiß unterm Kleid, Buttercreme im Mund. Von der Walfänger-Kirche am Nachmittag, eingesalzen und sonnenhell, in den beschwipsten Glanz einer alten Scheune, und plötzlich gehört die ganze Insel dir, dir und jedem hier. Du spürst, wie der Wein dich trägt, wie er jeden hier trägt, und alle sind sich einig – ihr glaubt nicht an die Liebe, aber ihr wollt daran glauben. Wollen könnt ihr. Du tanzt mit einem Fremden und denkst: *Das haben wir gemeinsam, wir wollen glauben*. Woran noch mal? An die Möglichkeit, dass zwei Menschen einander glücklich machen, nicht nur heute, sondern auch an zehntausend Tagen, die noch nicht in Sicht sind.

Hochzeiten nerven. Es nervt, Geld auszugeben, das man nicht hat, um das Leben von Leuten zu feiern, die mehr Geld haben. Es nervt, einen Hin- und Rückflug von Boston nach Tulsa gebucht zu haben und sich zu fragen: *Was mache ich hier?* Es nervt, mitten in der Nacht mit dem Auto zu einem Konferenzzentrum in Oklahoma zu fahren. Es nervt, auf der Brooklyn Bridge im Stau zu stehen und zuhören zu müssen, wie der Freund deiner Freundin erzählt, dass er den Pilotenschein machen will. Es nervt, um zwei Uhr früh den Zug rüber nach Hoboken, New Jersey, zu nehmen, Schulter an Schulter mit volltrunkenen Partypendlern, und über den Ausdruck *bridge-and-tunnel-crowd* nachzudenken, der so herablassend ist, aber auch: *Mann, sind diese Leute besoffen!* Hochzeiten bedeuten, in Flugzeuge, Züge, Busse, Fähren einzusteigen, das sperrige Gepäck in engen Internetcafés abzustellen, um E-Mails zu checken, von denen eine von deinem neuen Freund stammt, der schreibt, dass er gerade seinem Vater von dir erzählt hat. Auf einmal schwillt die bevorstehende Hochzeit mit Möglichkeiten an. Du bist jemand, der vielleicht eines Tages die Liebe findet. Du bist im Spiel.

Hochzeiten bedeuten, mitten in den Catskills auf einer staubigen Straße vor dem Postamt auszusteigen und zu warten, bis jemand dich zur Lodge bringt. Es gibt immer eine Lodge. Es gibt immer Cocktails in der Lodge, und es gibt immer ein Programm für die Gäste, und es gibt immer eine Brautjungfer, die hektisch nach ihren Schuhen sucht.

Wir nehmen viel auf uns, um die Liebe der Menschen zu feiern, die wir lieben, aber manchmal tut uns das Herz weh, wenn wir allein auf der staubigen Straße stehen und denken: *Wie bin ich hier gelandet?*

Es heißt immer, dass Hochzeiten ein Anfang sind, aber eigentlich sind sie ein Ende. Sie sind der krönende Abschluss von Dingen, die seit Jahren in Auflösung begriffen sind: Flirts, Freundschaften, geteilte Unschuld, geteilte Entwurzelung, geteilte Einsamkeit.

Auf Hochzeiten ist man entweder Single und fragt sich, was Liebe ist, oder man ist verliebt und fragt sich, was Liebe ist – wie sie sich bei anderen anfühlt, ob sie bei anderen manchmal genauso wehtut. Auf jeder Hochzeit werden die Karten neu gemischt, und plötzlich fragt jeder, wann dein Freund vorhat, dir einen Antrag zu machen, und du beobachtest deinen Freund, der am Käsebuffet mit einer Frau redet, und der Wein macht dich streitlustig, und der Wein in dir denkt: *Du wirst mir nie die Liebe geben, die ich brauche.*

Du dachtest, du hättest schon genug betrunken geheult, bevor du auf Hochzeiten gingst. Wenn du nachmittags billigen Wein getrunken und E-Mails von Ex-Freunden gelesen hast, die sie geschrieben hatten, bevor sie Ex-Freunde wurden. Aber diese Dimension von betrunkenem Heulen ist neu: allein auf dem Klo bei der Hochzeit deines Bruders, oder allein auf dem Klo bei der Hochzeit deines anderen Bruders. Du kannst es dir selbst nicht erklären, denn du freust dich ja für sie, ehrlich, aber da ist noch etwas anderes, und inzwischen bist du zu betrunken, um dich daran zu erinnern. Du hast gelernt, dass es zwei Arten von Tränen gibt, die einen sind in Ordnung, die anderen nicht – brachiale, wütende Tränen –, und ohne es zu merken, bist du von der einen zur anderen Art übergegangen.

Manchmal sind die besten Hochzeiten die Hochzeiten fremder Leute. Wenn du nur Begleitung bist. Es werden keine besonderen Gefühle von dir verlangt. Du weinst, als der Bräutigam an seine Mutter erinnert, die vor wenigen Jahren an Krebs gestorben ist, und obwohl du ihn nicht kennst – er war mal mit deinem Freund in einer Band –, siehst du seinen Blick, wenn er seine Frau ansieht, und du denkst, seine Mutter muss ihm viel Liebe gegeben haben. Als du aus der Scheune trittst, geht gerade die Sonne unter, es ist Anfang Juni, und das Licht fällt auf irgendwelche Felder, und du denkst an diesen Sting-Song, den du immer mochtest, auch wenn es dir peinlich war, aber hier ist es vielleicht nicht peinlich, diesen Song zu mögen. Auf deinem Handteller liegt eine Mini-Quiche, und du spürst, wie dein Freund dich von hinten umarmt – er hat nur einen Anzug, du kennst den steifen Stoff –, und der Moment ist vielleicht fast zu süß, wie Hochzeitstorte, aber er gehört dir. Du lässt deine peinlichsten, ursprünglichsten Träume zu – von einer Art Leben, das du in Zeitschriften lieben gelernt hast –, und du fütterst sie mit Mini-Quiche und hoffst, dass sie satt werden.

Du fragst dich, was in ihnen vorgeht, in den Leuten, die heiraten, in genau dem Moment, als sie sich das Jawort geben. Ist es Glück oder auch Angst? Auch Angst, hoffst du. Weil du dir eigentlich nichts anderes vorstellen kannst. Außer wenn du an den Stoff seines Anzugs denkst, der sich an deinen Rücken schmiegt, so vertraut, die Hand auf deinem Arm, seine Stimme im Ohr.

Wenn ich *du* sage, meine ich natürlich *ich*. Ich denke an die Angst. Ich will keine Angst haben.

Mit dreizehn flog ich von Los Angeles nach San Francisco und fragte mich, was mein Vater an der Frau liebte, die er heiraten würde, und was er an meiner Mutter geliebt hatte und ob es etwas gab, das er an meiner Mutter immer noch liebte, und ob sich die Kreise überschnitten, wenn man sie übereinanderlegte. Am Flughafen umarmte meine Mutter mich und bemühte sich, so zu tun, als würde sie es mir nicht übelnehmen, dass ich entschieden hatte hinzufliegen, als würde das offizielle Ende von dreißig Jahren Ehe sie nicht in die Knie zwingen. Vielleicht ging sie in die Knie, sobald ich weg war. Ich sah es ihr an. Ich nahm das Bild mit.

Bei der Hochzeit weinte ich die Tränen, die meine Mutter vor mir zurückgehalten hatte. Ich weinte vor der versammelten Verwandtschaft der neuen Frau meines Vaters. Ich war die schreckliche Stieftochter aus diesen schrecklichen Filmen, die vor allen eine Szene machte. Ich saß in der Ecke des schummerigen Festsaals, und meine Brüder tätschelten mir den Rücken, damit ich mich nicht völlig fehl am Platz, völlig entwurzelt fühlte. Damals waren sie noch nicht verheiratet. Ich wollte nicht, dass mich jemand so sah. Deswegen weinte ich noch mehr, was natürlich den entgegengesetzten Eindruck erweckte: als wollte ich noch mehr Aufmerksamkeit.

Nach der Trennung meiner Eltern war mein Vater in eine dunkle Wohnung in einem nichtssagenden Hochhaus mit Blick auf einen Eukalyptushain gezogen. Ich erinnere mich, dass er eine Eismaschine kaufte, damit wir zusammen Eis machen konnten. Ich erinnere mich, dass das Eis nach Eiskristallen schmeckte. Ich erinnere mich, dass auf der Kommode das Foto einer schönen Frau mit unscharfem Gesicht stand. Ich erinnere mich, dass mir seine Wohnung unglaublich einsam vorkam. Ich erinnere mich, wie leid er mir tat.

Monate später, als er mir sagte, dass er heiraten würde – eine Frau, die er mir noch nicht vorgestellt hatte –, dachte ich an die Frau auf dem Foto, und mir wurde klar, dass ich mich in seiner Einsamkeit getäuscht hatte. Es war nicht seine Einsamkeit gewesen, sondern meine, meine Einsamkeit gespiegelt im Käfig seines neuen Lebens, in dem kein Raum für mich zu sein schien.

Als ich auf seiner Hochzeit weinte, weinte ich über den Betrug dieser dunklen Wohnung – darüber, dass ich ihn für einsam gehalten hatte, als er in Wirklichkeit glücklich war, und dass mich mein Mitgefühl am Ende zum Narren machte.

DIE GROSSE FAHRT

Als mein Großvater starb, verlor ich einen Mann, den ich nie richtig gekannt hatte. Ich war fast dreißig, und ich hatte ihn vielleicht dreimal in meinem Leben gesehen. Für mich existierte er hauptsächlich als Legende: der Trinker, der Pilot. Im Zweiten Weltkrieg war er als Colonel der Air Force in Brasilien stationiert, einem Land, das er für den Rest seines Lebens zu seiner zweiten Heimat erklärte: Er kaufte sich ein Grundstück im Dschungel und schaffte es in Natal, endlich nüchtern zu werden. Bevor er das Trinken aufgab und auf Lithium umstieg, hatte er meinen Vater und meine zwei Tanten großgezogen; danach heiratete er wieder und bekam noch zwei Töchter. Mit den Jahren wurde mir klar, dass er für sie ein ganz anderer Vater gewesen war.

Als ich klein war, erzählte mein Vater mir oft, wie er seinen Vater als Junge auf den Flugplatz begleitet hatte. Er liebte es, Marshall bei der Inspektion seines Flugzeugs zuzusehen, wenn er die Reifen drehte und die gewölbte Cockpitscheibe auf Risse hin untersuchte. Doch die Flugplatzgeschichten brachten mir eher meinen Vater als meinen Großvater näher. Er ließ mich an seiner Ehrfurcht teilhaben. Einmal fragte ich ihn, ob er stolz darauf gewesen sei, dass sein Vater Flugzeuge fliegen konnte. Sofort stellte er klar: nicht *irgendwelche* Flugzeuge, sondern Bomberjets. Offenbar war er stolz gewesen. Offenbar war er immer noch stolz.

Seine Stimme wurde weich, wenn er erzählte, dass Marshall mit dem Helmkoffer zur Arbeit ging wie andere Männer mit der Aktentasche, nur dass Marshalls Büro der Flughafen war und sein Arbeitsplatz der Himmel.

Mein Vater hatte nie fliegen gelernt, aber er verbrachte viel Zeit in Flugzeugen. In meiner Kindheit reiste er ständig geschäftlich rund um die Welt. Die beiläufige Lässigkeit, mit der er einen Kurztrip nach Peking erwähnte, ließ mein Herz höherschlagen, diese raue, staatsmännische, ausweichende Stimme, seine Gegenwart aufgeladen von der Tatsache, dass er immer woanders verlangt wurde. Sein Pass war ein Patchwork aus Einreisestempeln und Visa. Er musste dauernd neue Seiten bestellen.

Als Kind vergötterte ich die Männer in meiner Familie – meinen Vater und meine zwei älteren Brüder –, doch nach meinem neunten Geburtstag machten sie sich alle aus dem Staub. Meine Brüder gingen aufs College. Mein Vater musste beruflich ans andere Ende des Landes. Ich erinnere mich nicht, dass ich es ihm übelnahm. Er war sowieso immer unterwegs. Mir leuchtete ein, dass seine Arbeit wichtig war, ohne zu wissen warum. Ich wusste auch nicht, warum meine Eltern sich scheiden ließen, als er zurückkam. Aber auch das nahm ich ihm nicht übel. Dafür nahm ich es meinem mittleren Bruder Eliot übel, dass er aufs College ging, zwei Jahre nach Julian, dem ältesten. Diese ganz normalen Aufbrüche waren für mich ein schwerwiegender Verrat. Sie machten mir klar, dass ich nicht so zentral im Leben meiner Brüder war wie sie in meinem.

Zu jener Zeit war es sehr still im Haus. Nur meine Mutter und ich waren noch übrig. Ein paar Monate nach Eliots Auszug zeichnete ich am Computer ein Bild mit einem dieser Grafikprogramme aus den neunziger Jahren, die alles wie ein Etch A Sketch aussehen ließen. Es war ein eckiges Selbstporträt auf Eliots Bett mit faustgroßen eckigen Tränen, die unter meinen Augen klebten. Ich nannte es *Jealous Sorrow,* »Leid des Neids«.

Als Teenager rief ich Eliot regelmäßig in seinem fernen Wohnheimzimmer an und weigerte mich aufzulegen, bis er mir sagte, dass er mich liebhatte. *Ich hab dich lieb,* sagte ich. *Ich hab dich lieb, ich hab dich lieb, ich hab dich lieb.* Ich sagte es so lange, bis er es auch endlich sagte. Manchmal tat er es. Manchmal nicht. Manchmal war da nur Schweigen. Ich fühlte mich so ungerecht behandelt. Natürlich fühlte ich mich eigentlich von meinem Vater ungerecht behandelt. Natürlich meinte ich, als ich den schweigenden Hörer anbettelte, eigentlich meinen Vater.

Bevor meine Brüder gingen und bevor mein Vater ging, war mein Großvater gegangen. Er war der ursprünglich abwesende Mann. Über die Distanz zwischen ihm und meinem Vater – die Tatsache, dass sie sich so selten sahen – wurde so gut wie nie geredet. Jahrzehnte später, als mein Großvater an Krebs starb, bat mein Vater mich, mit in den kleinen Fischerort an der Chesapeake Bay zu kommen, wo Marshall mit seiner zweiten Frau lebte. Eliot und ich saßen mit unserem Vater in einer Fischbude zehn Minuten von dem Haus entfernt, in dem sein Vater im Sterben lag. Er hatte sein Feldlager neben einem Teller Krabbenküchlein aufgeschlagen, weil er die Privatsphäre seiner Stiefmutter und Halbschwestern nicht stören wollte. Die Vorstellung, dass mein Vater sich beim Tod seines eigenen Vaters wie ein Eindringling fühlte, machte mich traurig.

Marshall starb mit seinem jüngsten Enkel im Arm, der erst vier Wochen alt war. Als ich ihn eine Stunde später in seinem Sterbebett sah, wirkte sein Leichnam zerbrechlich und gelb: wie eine glatte Wachsfigur mit einer blassblauen Mütze über dem gelben Gesicht, die Augen halb geöffnet.

In den Tagen nach seinem Tod war das Haus voller Körperlichkeit und Nähe: weiche Decken auf den Sesseln, Suppe auf dem Herd, Babys, die weinten. Linda, die Stiefmutter meines Vaters, und seine Halbschwestern Danica und Kelda waren großherzig in ihrer Trauer. Sie hießen uns in ihrem Heim willkommen, das nach Shampoo, Bratöl und Windelcreme roch. Sie lasen uns das Gedicht vor, das sie Marshall vorgelesen hatten, als er starb: *Ich muss zurück zum Meer hinab, zum rastlosen Wanderleben, / Der Möwe nach, und dem Walfisch nach, wo die wilden Winde fegen …* Meine Tanten hatten beide Säuglinge, die der Tod nicht zu erschüttern schien: Sie hatten Hunger, sie hatten Blähungen, sie erschraken und staunten über jede Kleinigkeit. Danica sagte, dass es im Haus seit Tagen nur um körperliche Bedürfnisse gehe: Sie stillte ihren Sohn, sie wendete ihren Vater im Bett, damit er sich nicht wund lag, sie half ihm aufs Klo, als er noch aufstehen konnte, und säuberte die Bettpfanne, als es nicht mehr ging.

Eliot war zurückhaltend – er war immer zurückhaltend –, doch er fühlte sich wohl, wenn er die Babys im Arm hielt. In seinem Umgang mit ihnen spiegelte sich das Leben, das er sich aufgebaut hatte: alles, was er geschaffen hatte, die Art Vater, die er sein wollte. Er lebte in einem Einfamilienhaus in Vancouver mit Frau und zwei kleinen Söhnen und einem Job in der Infrastruktur: Brücken, Schienen, Straßen. Nichts in der Luft. Die Wochenenden verbrachte er auf Vorstadtspielplätzen. Er hatte keine Angst davor, Präsenz zu zeigen. So redete ich es mir jedenfalls damals ein. Heute denke ich, vielleicht hatte er genauso viel Angst davor, Präsenz zu zeigen, wie wir alle, nur dass er es trotzdem tat. Er hatte eine Aktentasche, keinen Helm. Er blieb an Land.

Zur selben Zeit stand ich am anderen Ende des Kontinents in Connecticut vor meiner Haustür, rauchte und erinnerte mich voller Selbstmitleid an die letzten Auseinandersetzungen mit meinem Freund, bevor wir Schluss gemacht hatten. Ende zwanzig, seit Kurzem nüchtern, seit Kurzem Single und immer noch Stammgast auf den Hochzeiten anderer Leute, hatte ich gerade die Wohnung gekündigt, die wir gemeinsam bewohnt hatten, und war in ein Einzimmerapartment gezogen mit einem Kühlschrank voller Selters und einem Wäschetrockner, dessen Gebläse die feuchte Zimmerluft mit Mikroflusen füllte. Es roch nach dem Pfefferminzextrakt, das ich in die Ecken träufelte, um die Mäuse zu vertreiben, die trotzdem wiederkamen. Die Einsamkeit der neuen Wohnung empfand ich als angemessene Strafe dafür, die Flinte ins Korn geworfen zu haben, statt härter an der Beziehung zu arbeiten – für meinen Wankelmut, meine Labilität, meine Unsicherheit; für meine Liebesbedürftigkeit und gleichzeitig die Unfähigkeit, die Liebe zu geben, die ich brauchte. Meine Mutter wollte, dass ich Kinder kriegte, und ich wollte es auch – irgendwo, tief vergraben unter der Furcht, ununterbrochen für ein anderes Wesen da sein zu müssen.

Es hatte Mut gekostet, in Marshalls altem Holzhaus an der Chesapeake Bay aufzutauchen, wo zwei Menschen jahrzehntelang verheiratet gewesen waren, in dem kleinen Fischerort an der Spitze der Halbinsel, in dem sie sich niedergelassen hatten. Die örtlichen Fischer fingen Atlantischen Menhaden, der nicht auf den Teller kam, sondern zu Hühnerfutter verarbeitet wurde. Die örtliche Verarbeitungsanlage hieß Omega Protein. Eliot hatte das alles auf Wikipedia recherchiert. Wir machten uns über den Namen *Omega Protein* lustig, weil er so finster klang. Aber es rührte mich, dass Eliot sich die Mühe gemacht hatte, das Städtchen nachzuschlagen. Er wollte mehr darüber wissen als die Tatsache, *dass jemand hier gestorben war.* Das konnte ich nachempfinden. Ich wollte auch Dinge über meinen Großvater wissen, die nichts mit seinem Tod zu tun hatten oder mit den Legenden, die sich um sein Leben rankten. Und nicht nur ihn wollte ich besser kennenlernen, sondern auch die Spuren, die er bei meinen männlichen Verwandten hinterlassen hatte. Marshalls Geist schien mir wie der Schlüssel zu den Facetten ihrer Persönlichkeiten, die mir stets verschlossen oder schleierhaft blieben – die weit entfernt zu sein schienen, selbst wenn mein Vater oder meine Brüder direkt vor mir standen.

Das portugiesische Wort *saudade,* das bekanntlich unübersetzbar ist, hat mich immer fasziniert, weil es etwas Abgründigeres meint als schlichte Nostalgie. *Saudade* beschreibt eine Wehmut, nicht nur nach dem, was du verloren hast, sondern auch nach dem, was du nie hattest. *Saudade* ist wie Heimweh, möglicherweise nach einem Ort, an dem du nie warst. Es stammt aus Brasilien, wo Marshall hinging, wenn er nicht bei seiner Familie war. In der portugiesischen Grammatik wird das Wort so kombiniert, als würde man *saudade* besitzen oder sich in ihrer Gesellschaft befinden: Du hast *saudade* oder sie ist bei dir. Als würde dir die Sehnsucht Gesellschaft leisten. Als könnte sie die Abwesenheit aufwiegen. *Saudade* ist das Wort für den Schmerz, den ich empfinde, wenn ich das Bild meines Vaters und seines Vaters auf dem Flugplatz heraufbeschwöre: den kleinen ehrfürchtigen Jungen vor dem knienden Himmelsstürmer, eifrig bemüht, ihm bei der Suche nach Rissen im Cockpit zu helfen. Ich vermisse den Flugplatz, obwohl ich nie da war. Die Erinnerung pulsiert in mir, obwohl sie nicht meine ist. Zum Leuchten gebracht von meiner Sehnsucht, den Mann und den Jungen darin zu kennen.

Weil ich im Alter von sechs Jahren abends oft schlecht einschlafen konnte, begann Eliot damit, im Stockbett unter mir zu schlafen. Wir nannten es Schlafversicherung. Mich beruhigte das Wissen, dass sein Körper bei mir in dem dunklen Zimmer war.

Ich kann mich an keine Zeit erinnern, als ich nicht von Eliot besessen war. Dabei verriet er mir fast nichts von seinem Leben. Jahrelang stand sein Abschlussballfoto auf meinem Schreibtisch, seine Begleiterin im goldenen Spitzenkleid mit goldenen Pumps (es war 1992). Die Frage, was Eliot an Frauen schön fand, war für mich unendlich faszinierend. Sein Lieblingssänger war Bruce Springsteen, und ich hörte ständig »Human Touch«, um Rückschlüsse auf sein Innenleben zu ziehen. (Jahre später kamen mir Zweifel, ob es wirklich sein Lieblingssong war.) Eliot spielte in der Schulauswahl Tennis, und ich sah ihm und seinem Doppel-Partner gerne beim Training zu, wobei ich das Spiel von der Seitenlinie aus kommentierte. »Eliot schmettert den Matchball auf die Linie!«, schrie ich, oder: »Wieder verpatzt Amir unnötig den Aufschlag!« Ich weiß noch, wie Amir fragte: »Geht das jetzt den ganzen Tag so?« Wenn Eliot Turniere hatte, zeichneten sich auf meinen Handflächen rote Halbmonde ab, weil ich mir vor Aufregung die Nägel ins Fleisch grub.

Meine Mutter hat erzählt, wenn ich als Baby weinte, hat Eliot häufig mitgeweint. Damals war er neun. Er beruhigte sich erst wieder, wenn ich aufhörte. Als Erwachsener hielt er seine Gefühle sorgfältig unter Verschluss, als hätte er all die Tränen schon geweint, die er im Leben zu weinen vorhatte. Aber ich durfte nicht vergessen: Einmal hatte er für mich geweint. Es bewies, dass ich die Macht hatte, ihn zu bewegen.

Als meine Eltern sich ineinander verliebten, war mein Vater eigentlich mit einer anderen verlobt. Meine Mutter und er arbeiteten zusammen an einem Forschungsprojekt in Brasilien, das mein Großvater ins Leben gerufen hatte – eine Studie zur Bildung im ländlichen Raum –, und meine kindliche Vorstellung verlieh ihrer Affäre einen mythischen Glanz: Küsse an einsamen brasilianischen Stränden, Schwimmen im wilden, schäumenden Atlantik. Ich mochte sogar die Szene, als die Verlobte meines Vaters ihm vor lauter Wut den Geburtstagskuchen, den sie ihm gebacken hatte, ins Gesicht schleuderte. Als Kind konzentrierte ich mich auf die brasilianischen Strände, weil es leichter war, mir Postkartenansichten vorzustellen als die Verlobte, die sich mit der Frage marterte, was sie hätte tun können, damit er sie genug geliebt hätte und bei ihr geblieben wäre. Ich wollte mir die Geschichte meines Ursprungs lieber als epische Leidenschaft vorstellen, nicht als banalen Verrat. In Wirklichkeit war es natürlich beides. Ich identifizierte mich mit meiner Mutter, weil sie meine Mutter war. Und doch trieb mich jahrelang die Frage um – egal ob es um meinen Vater, meine Brüder oder meine Partner ging: *Was kann ich tun, damit er mich mehr liebt?*

Lange war ich wütend auf meinen Vater wegen seiner Rastlosigkeit, seiner Abwesenheit, seiner zahllosen Seitensprünge. Doch als Marshall starb, begann ich zu akzeptieren, dass wir uns in vielen Dingen ähnlich waren. Wir liebten beide unseren Beruf. Wir tranken beide gerne. Was ich von der Welt wollte, unterschied sich nicht besonders von dem, was er wollte – was mir meiner Meinung nach zustand, was ich meiner Meinung nach niemandem schuldig war. Eigentlich hatte ich mir geschworen, die Fehler nicht zu wiederholen, die in meiner Familie so reich gesät waren, aber wie sich herausstellte, war ich sehr wohl in der Lage, meine Partner zu betrügen – da lag ich, mit dem Geschmack von Zigaretten, Alkohol und Orangenlimonade im Mund, beim ersten Mal neben einem Iren, der gerade mit dem Motorrad Lateinamerika durchquerte. Fast war es eine Befreiung, dass ich meinen Vater nicht mehr verurteilen konnte wegen all der Male, da er es tat. Was nicht heißen soll, dass du, wenn du merkst, dass du so wirst wie deine Eltern, nicht mehr wütend auf sie sein kannst. Du kannst sogar noch wütender auf sie sein. *Ihr habt mich dazu gemacht!* Aber es störte mein Urteil wie ein Haar im Mund.

Während ich zwischen zwanzig und dreißig immer mehr wie mein Vater wurde, tat Eliot in der gleichen Zeit das Gegenteil: Er wurde ein treusorgender Ehemann mit einer Karriere als Investmentbanker und Plänen für ein Haus mit Garten. Ich sah Eliots Identität als umgekehrtes Erbe – die Sehnsucht zu werden, wie sein Vater nie war.

Als wir uns etwa einen Monat vor seiner Hochzeit über Beziehungen unterhielten – Eliot war Anfang dreißig und ich Anfang zwanzig –, führten wir eins der aufschlussreichsten Gespräche, die wir je hatten. Ich erzählte ihm von meiner Theorie des weißen Raums: Ich wollte jemanden finden, mit dem ich drei Tage lang in einem leeren weißen Raum verbringen konnte, ohne dass mir langweilig wurde. Ich hatte gerade eine Beziehung beendet, wie ich neuerdings Beziehungen beendete und wie ich weiterhin Beziehungen beenden würde: Ich war gegangen, als mir langweilig wurde. Als ich aus dem weißen Raum herauswollte. Auf meiner Einladung zu Eliots Hochzeit stand noch der Name meines Ex-Freundes, aber ich würde allein auf die Hochzeit gehen – und *stolz* darauf sein, weil allein hingehen hieß, dass ich mich noch nicht festgelegt hatte, und Festlegen war für mich mit das Schlimmste, was einem Menschen passieren konnte.

Bei unserem Gespräch einen Monat vor seiner Hochzeit fragte ich Eliot, was er sich wünschte. Warum heiratete er die Frau, die er heiratete? Er antwortete, sie hätten ähnliche Vorstellungen von dem Leben, das sie sich aufbauen wollten; ihre Werte seien vereinbar, und sie hätten kompatible Ansätze, was praktische Dinge wie Finanzen anging. Mit einundzwanzig klang das für mich wie das Gegenteil von Liebe: ähnliche Vorstellungen von dem Leben, das wir uns aufbauen wollen. Aber wenn ich mit fünfunddreißig daran zurückdenke, finde ich, er hat alles damit gesagt.

Die Hochzeit fand in Yosemite statt, und die Zeremonie begann meinetwegen mit einer halben Stunde Verspätung, weil das Oberteil meines Brautjungfernkleids riss, als ich den Reißverschluss hochzog. Doch meine zukünftige Schwägerin war gnädig. Wir reparieren es, sagte sie. Eine andere Brautjungfer war Schneiderin; und so wurde ich buchstäblich in das Kleid hineingenäht. Obwohl ich allen erzählte, wie peinlich es mir war, dass sich meinetwegen die Trauung verzögerte, war ich insgeheim ein bisschen stolz. Ich war die Macht des Chaos, der Störfaktor, oder was sonst das Gegenteil von Festlegen war. Ich war ungebunden, schwer zu bändigen, seit Kurzem Single, ich sprengte die Nähte.

Tatsächlich war die Hochzeit wunderschön. Ich sah, wie glücklich mein Bruder aussah, und meine Schwägerin auch; ich begriff, wie wenig ich ins Herz anderer Menschen blicken konnte, wie wenig ich in mein eigenes Herz blicken konnte. Beim Empfang gab es Apfelkuchen statt Hochzeitstorte, weil sie beide lieber Apfelkuchen aßen. Noch eine Gemeinsamkeit. Am Abend weinte ich, randvoll mit Wodka und Chardonnay, und erwähnte in jedem Satz meinen Ex-Freund, damit jeder wusste, dass ich freiwillig allein hier war. Auf der Terrasse über sanft gewellten grünen Wiesen, die sich in der

Dämmerung auflösten, trat ich mit der Spitze meines glitzernden Partyschuhs meine Zigarettenkippen in die Redwood-Dielen. Es war wunderschön. Ich war stockbetrunken.

An Abenden wie diesen war mein Leben damals am intensivsten: verwackelte Nächte, in denen ich dem Dilemma der Liebe die Breitseite gab – mein gebrochenes Herz!, das Herz, das ich gebrochen hatte! –, meine existenzielle Einsamkeit spürte und genug Absolut trank, um jedem zu erzählen, wie ich mich fühlte. Aber die Jahre vergingen, und das Leben schien sich immer weniger in solchen kinematografischen Momenten zu kristallisieren – heulend auf dem Klo oder vor der hereinbrechenden Sommernacht mit der glühenden Zigarette gestikulierend –, sondern vielmehr in der Abfolge ganz gewöhnlicher Tage: morgens zur Arbeit fahren, Kinder von der Schule abholen, die warmen Körper kleiner Neffen spüren, die sich auf dem Sofa an mich schmiegten, Dr. Seuss hören und an Geburtstagen Apfelkuchen statt Torte essen.

Ein paar Jahre nach seiner Hochzeit bat ich Eliot, mir Geld zu leihen, weil ich für zwei Monate nach Bolivien wollte. Er sagte nein. »Ich habe genug Geld für die Reise«, versicherte ich ihm. »Ich brauche nur Geld, um die Miete zu zahlen, wenn ich wieder zurück bin.« Er sagte trotzdem nein. Ich hätte das Gefühl, er verurteile mich, sagte ich. Er gab zurück, ich solle ihn nicht um einen Gefallen bitten, wenn ich ein Problem damit hätte, wenn er nein sage. Ich musste weinen – *Ich bin traurig auf dich*, hatte ich als Kind zu meinen Brüdern gesagt –, weil ich tief im Innern wusste, dass er recht hatte. Es war nicht das fehlende Geld, das mich zum Weinen brachte, sondern die Erkenntnis, dass ich ihn enttäuscht hatte. Die meiste Zeit meines Lebens hatte ich um seine Anerkennung gebuhlt wie eine Topfpflanze, die sich zur Sonne dreht, hatte die Stimme am anderen Hörer angefleht – nicht nur um Liebe, sondern um die Bestätigung, dass ich sie verdiente.

Als Marshall starb, fast zwei Jahrzehnte nach der Scheidung meiner Eltern, schrieb meine Mutter einen Brief an ihn, den ich an seinem Totenbett lesen sollte. »Danke, danke, danke, danke«, schrieb sie – danke für meinen Vater und für jedes der Kinder, die sie zusammen hatten. Ihre Worte schufen eine feste Oberfläche um die Höhle in mir, wo die Trauer hätte sein sollen. »Ich habe dich immer für deine Bereitschaft bewundert, große Träume zu träumen«, schrieb sie. Auf dem Totenbett wirkte sein Körper so unglaublich klein. Ich berührte seinen Arm, hielt seine Hand, aber ich brachte es nicht über mich, sein Gesicht zu berühren.

Im Keller unter meinen Füßen lagerten die Relikte seiner laufenden Projekte, Fragmente der anstrengenden Paarung von Manie und Brillanz: eine Bibliothek voller Sandpapier, um eigene Nagelfeilen herzustellen, Karteikarten mit To-do-Listen: *Israel-Palästina-Resolution an Senator Warner schicken; Exit-Plan für Afghanistan fertigstellen.* Marshall konnte sie über alles in Staunen versetzen, erzählten meine Tanten, selbst wenn es nur ein Käfer oder ein Unkraut war. Das Gedicht, dass sie ihm am Sterbebett vorgelesen hatten – der Möwe nach und dem Walfisch nach –, endete nicht mit den wilden Winden oder dem rastlosen Wanderleben. Es endete mit Ruhe: *Nichts weiter will ich als ein lustiges Garn, / Von lachendem Wandrer gesponnen, / Und tiefen Schlaf und freundlichen Traum, / Ist die große Fahrt verronnen.*

Am Tag nach seinem Tod bereitete ich einen Brunch für alle zu, gebratene Austern, deren glänzenden ovalen Muskel ich flachdrückte und in Semmelbröseln wendete, damit sie genießbar wurden. Ich wollte mich nützlich machen. Ich wollte die Trauernden mit Nahrung versorgen. Die Austern kaufte ich an einer Tankstelle bei Rappahannock, und als mir der Mann hinter der Theke das Einmachglas mit den glitschigen Mollusken reichte, verkündete er ohne erkennbaren Grund, dass er gern ein Root-Beer und einen Moon-Pie hätte. Die Welt ist voller Wünsche, die nicht immer erklärlich sind, aber manchmal werden sie – auf überraschenden Wegen – erfüllt.

Als wir die ausgebackenen Austern aßen, erzählte uns Kelda, dass Marshall immer gern von früher gesprochen habe – von seiner Kindheit, dem Dienst bei der Air Force –, nur über die dreißig Jahre danach habe er so gut wie kein Wort verloren: so lange hatte sein erstes Familienleben gedauert. Mein Vater verzog keine Miene, als er das hörte. Später am Tag, als ich die leere Weinflasche in seinem Hotelzimmer sah, dachte ich über sein Gesicht beim Brunch nach. Was ging in ihm vor? Die leere Flasche erinnerte mich an all die leeren Flaschen, die ich in den Altglascontainern der Nachbarn entsorgt hatte, während der Monate, in denen meine Großmutter im Sterben lag, viele Jahre, nachdem Marshall sich von ihr hatte scheiden lassen, als ich bei ihr wohnte und mich mehr schlecht als recht um sie kümmerte. Außer mir war mein Großvater der einzige Mensch in der Familie, der mit dem Trinken aufgehört hatte, aber ich hatte keine Ahnung, wie er es gemacht hatte. Hatte auch er Selters aus der Flasche getrunken? Hatte auch er tagelang in einer Wohnung ausgeharrt, die nach zu viel Zahnpaste roch, und über sein verpfuschtes Liebesleben nachgedacht? Wahrscheinlich nicht. Er hatte seine eigenen, schlimmeren Reisen erlebt.

Neben anderen Dingen lehrte mich die Nüchternheit, dass ich nichts lieber tat, als ausgeschmückte Geschichten über meine ganz und gar gewöhnliche Dysfunktion zu erzählen. Und vielleicht spann ich meine männlichen Verwandten in eine dieser Geschichten ein: in die Geschichte eines kleinen Mädchens und seiner Sehnsucht nach abwesenden Männern – dem Piloten, dem Geschäftsreisenden, der schweigenden Stimme am anderen Ende der Leitung –, die physisch und gedanklich häufig anderweitig beschäftigt waren. Aber die Geschichte war komplizierter. Weil ich irgendwann damit begonnen hatte, eine Bindung zum Zustand der Sehnsucht aufzubauen. Ich sehnte mich nicht mehr nach Anwesenheit; oft wusste ich nicht, was ich mit den Männern, die bei mir blieben, anfangen sollte. Es war wie damals, wenn ich nach Monaten seiner Abwesenheit eine Nacht bei meinem Vater verbrachte. Alles war unbehaglich. Im Kühlschrank war nichts für mein Schulbrot, nur Chardonnay. Ich wollte nach Hause. Es war leichter, ihn zu vermissen, als bei ihm zu sein.

Erst Jahre später entdeckte ich die andere Definition des Worts *saudade.* In dieser Bedeutung beschreibt *saudade* nicht die Sehnsucht nach etwas Bestimmtem, sondern die Sehnsucht nach der Sehnsucht. Wie der Kritiker F. D. Santos schreibt: »Die Sehnsucht ist nicht mehr auf die große Liebe oder die ›Rückkehr‹ gerichtet. Die Sehnsucht sehnt sich nach der Sehnsucht.« Diese Art von Sehnsucht kann nichts damit anfangen, wenn sie erfüllt wird. Sie hat Probleme mit der Nähe in weißen Räumen. Sie erkennt nicht, auf welche Art abwesende Männer manchmal da sind. Sie kann ihre Anwesenheit nicht einordnen.

In Wirklichkeit waren die abwesenden Männer in meiner Familie sehr oft da. Marshall hatte eine zweite Familie gegründet und seine Töchter liebevoll großgezogen. Manchmal ging er nach Brasilien, manchmal ging er zu seinen Projekten im Keller, aber gleichzeitig führte er in dem alten Holzhaus an der Chesapeake Bay dreißig Jahre lang ein Familienleben. Mein Vater war häufig fort, aber er war auch oft da – er machte mir Ramen und Popcorn zum Abendessen, wenn meine Mutter unterwegs war, oder wartete in der Krankenhauscafeteria, als ich Jahre später am Herzen operiert wurde. Wenn ich an den Geschichten über meinen rastlosen Vater und dessen rastlosen Vater hing, konnte ich meinen Großvater vielleicht wenigstens nach seinem Tod als jemanden weiterleben lassen, der mehr war als ein Mythos, mehr als ein Halbgott; und vielleicht konnte ich meinen Vater als jemanden weiterleben lassen, der komplizierter war und auch gegensätzlicher, nämlich: hingebungsvoll, unvollkommen, sein Bestes gebend. Vielleicht fing ich an zu sehen, dass er, als ich mich nach ihm sehnte, sich auch nach mir gesehnt hatte.

Zwei Tage nach dem Tod unseres Großvaters standen Eliot und ich morgens früh auf, um im Regen joggen zu gehen. »Ich liebe es, im Regen zu joggen«, sagte ich, obwohl es nicht stimmte. Ich wäre gern ein Mensch gewesen, der im Regen joggt: stoisch, unerschütterlich. Eliot fragte, ob ich eine Regenjacke hätte. Hatte ich nicht. Er gab mir seine. Ich wurde trotzdem klitschnass. Wir wurden beide klitschnass. Eliot wurde noch nasser. Unsere Schuhe klatschten auf den Feldweg und auf das braune Gras und später auf den Asphalt der zweispurigen Landstraße, die an gezimmerten Farmhäusern vorbeiführte. Ich nahm mir vor, so lange durchzuhalten, bis Eliot vorschlug umzukehren, was hieß, dass wir immer weiterliefen. Eliot war Marathonläufer. Ich hatte das Lauftraining vor einer Weile dem Nikotingenuss geopfert. Als wir zurück zu unserer Unterkunft kamen, fragte ich Eliot, wie lange wir seiner Meinung nach gelaufen seien. Er schätzte sechs Kilometer, ich schätzte zehn. So ist es immer gewesen: Er stellt sein Licht unter den Scheffel und hält durch. Ich will Anerkennung und lasse schnell nach.

Doch bevor wir zurückliefen, bevor wir umkehrten, schlugen wir die Abzweigung zu Omega Protein ein. Wir folgten der Asphaltstraße durch einen kleinen Wald, bis die Fabrik vor uns lag: ein paar breite Türme – wahrscheinlich Kessel –, eine Schar Gabelstapler, ein paar rostige Boote. »Wenn wir Spione einer konkurrierenden Fischverarbeitungsfabrik wären«, sagte ich, »wie würden wir den Schuppen dichtmachen?« Wir spekulierten über Angriffswinkel, das Überwinden der Maschendrahtzäune, das Verderben von Fischtanks mit faulen Zusätzen. Ich lache immer gern mit Eliot, weil unser Lachen irgendwie unberührt von all den Unterschieden in unserem Leben ist. Eliot gehört zu den ersten Menschen auf der Welt, die ich witzig fand.

Am Rand des Fabrikgeländes gab es einen winzigen Flugplatz. Er war mit Gras überwachsen und vom Regen aufgeweicht. Diese Piste war keine legendäre Startbahn. Das Gelände sah eher aus wie ein verwahrloster Fußballplatz. Der matschige Boden war greifbarer als die Möglichkeit, davon abzuheben. Wer wusste, wer hier abflog oder warum? Von dieser Piste aus wurde Fisch als grätenlose Masse in den Himmel befördert; hier taten Männer, die eines Tages Großväter waren, Dinge, von denen sie ihren Enkeln erzählen würden: Sie hatten Aktentaschen mit Atlantischem Menhaden oder Dokumenten, die sie an Kongressabgeordnete abschickten oder nicht, mit Dokumenten, die die Welt retten würden. Die Welt musste weiter gerettet werden. Wir liefen weiter. Es regnete weiter. Der Himmel holte weiter Männer in die Wolken und schickte sie unter die Erde. Wir wussten, dass das Leben eine große Fahrt war, die mit einem Traum endete; das Leben war eine Möwe und ein Walfisch und ein wilder Wind.

Jeder hatte mir immer von Marshall und dem Himmel erzählt. Er war die perfekte Metapher: ein rastloser Pilot. Aber an jenem Tag kam mir der Himmel zu simpel vor. Er machte alles gewichtslos. Ehrlicher schien es mir, auf den geschlossenen Ort darunter zu schauen: das schüttere Gras hinter dem Maschendrahtzaun, die Fischfabrik im Regen.

Immer wenn ich versuche, einen Nachruf auf meinen Großvater zu schreiben, kommt ein Dankesbrief an meinen Bruder heraus. Ich will ihm sagen: Danke, dass du Söhne in Fleece-Pyjamas hast. Danke, dass du ein guter Vater bist und dass du mir das Geld nicht geliehen hast – oder wenigstens danke, dass du gesagt hast, ich muss das akzeptieren. Danke, dass du verheiratet geblieben bist und dass deine Ehe kein weißer Raum sein muss, der dich nicht langweilt. Danke, dass du mir gezeigt hast, dass Festlegen nur eine Geschichte war, die ich mir über das Leben anderer erzählte. Danke, dass du geweint hast, wenn ich geweint habe, als du klein warst und ich noch kleiner, und danke, dass du verstanden hast, warum ich am Totenbett unseres Großvaters nicht geweint habe. Danke für deine Regenjacke und dein Abschlussballfoto und deinen Apfelkuchen, und dass du unter mir im Bett geschlafen hast, früher, als ich nicht wusste, wie ich die Nacht überstehen sollte.

ECHTER RAUCH

Zwei Jahre nachdem ich das Trinken aufgegeben hatte, bestellte ich mir im Herzen des Las Vegas Strip einen alkoholfreien Cocktail. Wir saßen in einer dreistöckigen Cocktail-Lounge im Innern eines gigantischen Kronleuchters aus zwei Millionen Kristallperlen, dessen funkelnde Vorhänge einen geheimen Ort namens Level 1.5 verhüllten, wo man echte Drinks mit Namen wie The Forbidden Fruit oder The Infinite Playlist bekam. Mein Mocktail schmeckte wie Himbeer-Sorbet. Er wurde in einem Cosmopolitan-Glas mit einem Rand aus grobkörnigen Zuckerkristallen serviert.

Man hatte mich wegen einer Lesung am Institut für Kreatives Schreiben eingeflogen. Ich war noch nicht oft irgendwo eingeflogen worden und fand sogar die Syntax glamourös, aufregend passiv. Es signalisierte, dass ich gewollt wurde, auch wenn es mich in eine Stadt geführt hatte, in der sich scheinbar alles darum drehte, sich selbst zu erniedrigen, indem man zu viel zu schnell wollte, ohne Hoffnung, auch nur einen Bruchteil dessen zu bekommen, wovon man träumte. Zu Hause in New Haven hatte ich mich noch nicht ganz vom Ende einer vierjährigen Beziehung erholt, über die ich mich immer noch definierte. Mein Leben mit Dave hatte sich tief in meine Identität gebohrt und sich dort eingenistet. Es würde seine Zelte noch lange nicht abbrechen. Ich könnte sagen, ich hätte es damals nicht gewusst, aber das stimmt nicht. Ich wusste es. Immer wenn ich irgendetwas zu irgendwem sagte, sagte ich es eigentlich zu Dave.

Nach der Lesung hatten meine Gastgeber vorgeschlagen, mir den Las Vegas Strip zu zeigen. Wir waren jung, keiner war müde, alle hatten Lust auf eine augenzwinkernde Begegnung mit dem gnadenlosen Pomp der Stadt. Meine Gastgeber waren Studierende höherer Semester und erklärten, außer mit Gästen wären sie nie auf dem Strip, bis auf eine, die als Cocktail-Kellnerin dort arbeitete, um ihr Stipendium aufzubessern.

An Abenden wie diesem war die Abstinenz immer noch ein Opfer für mich. Früher hatte das Trinken mit Fremden immer dafür gesorgt, dass sich die Nacht zu etwas entwickelte, dessen Grenzen wir nicht ahnen konnten. Ohne Alkohol steckte ich in einem Behälter mit sichtbaren Wänden fest. Im Moment in einem dreistöckigen Kronleuchter. Deshalb schauderte ich, als mir jemand vorschlug, einen Mocktail zu bestellen. Ich hatte kein Interesse an der simulierten Version der echten Erfahrung des Sichbetrinkens. Aber dann dachte ich: Warum eigentlich nicht? Simulation war sowieso die authentischste Las-Vegas-Erfahrung.

Wie sich zeigte, war der Mocktail exquisit. Im Reich der zwei Millionen Kristallperlen trank ich Saft. Die Nacht war noch am Anfang. Wir besuchten eine versteckte Pizzeria tief im Inneren des Inneren, hinter den Spielautomaten, weit weg von Uhren und Fenstern. Wir besuchten ein schwüles Gewächshaus, wo aus goldenen Bäumen goldene Münzen aus den Zweigen sprossen. Im Schatten flackerten rote Laternen. Die Schnecken waren aus Rosen gemacht. Wir kamen an einer elektronischen Tafel vorbei, auf der stand: WIR RESPEKTIEREN IHRE MEINUNG ÜBER SPARGEL, ABER WIR TEILEN SIE NICHT, und dann KOMMEN SIE SICHER NACH HAUSE! Aber wir wollten nicht nach Hause. Wir wollten zum Brunnen des Bellagio. Dort bewunderten wir das Ballett der Fontänen zur Instrumentalversion des Titanic-Songs. Die leuchtenden Wasserstrahlen berührten eine Stelle in mir – tief unten –, die Schönheit in Dingen finden wollte, die andere absurd fanden.

Einer der Gastgeber – Joe, ein attraktiver Typ in Hipster-Jeans, mit blonden Locken und einem trockenen, spöttischen Ausdruck im Gesicht – fragte mich, ob ich sonst noch einen Wunsch hätte. Ja, da gebe es eine Sache, antwortete ich. Ich war auf der Suche nach einem Strampelanzug. Eine Freundin von mir war hochschwanger. Sie war wahrscheinlich die stilvollste Frau, die ich kannte. Sie hatte ein schickes Apartment im West Village, einen schicken Hund und einen schicken Mann, der Koch war und schickes Slow Food machte. Ich wollte ihr den kitschigsten Strampler kaufen, den es in Vegas gab.

»Ich weiß wo«, sagte Joe und brachte mich zum größten Souvenirladen der Welt. Der Laden hatte dicht. Eigentlich sollte in Vegas nichts dicht haben. »Ich kenne noch einen Laden.« Dort hatten sie nicht, was wir suchten. Joe sagte: »Wir geben nicht auf.«

Das Einzige, das besser war, als den Strampler zu finden, war, wie sich herausstellte, den Strampler nicht zu finden, weil die Suche immer weiterging. Es fühlte sich gut an, in Joes Jeep durch die warme Winternacht zu gondeln, die Neonschilder überall blinken und flimmern zu sehen, die mir Entzücken verabreichten wie eine Infusion. Die Lichter gelangten in mein Blut, und alles fing zu flirren an. Die Nacht erinnerte mich mehr an meine erste Koksnacht als irgendetwas sonst, was ich seither erlebt hatte.

Wir fuhren an den rund um die Uhr geöffneten Hochzeitskapellen vorbei, die den Las Vegas Boulevard zwischen dem Strip und Downtown säumen. Da war die Chapel of the

Flowers, die Chapel of the Bells, die Graceland Wedding Chapel und die Wee Kirk o' the Heather, und natürlich die Grande Dame mit dem bescheidenen Namen: A Little White Chapel, wo Frank Sinatra, Michael Jordan und Rita Hayworth unter die Haube gekommen waren, ihre Geister beschirmt von der riesigen Elvis-Figur in Goldlamé unter dem kursiv geschriebenen Versprechen: *WITH LOVE*. Hier hatte um drei Uhr früh Britney Spears ihren besten Freund geheiratet, in einer gemieteten lindgrünen Limousine. »Sie haben gelacht, aber auch geweint«, erzählte der Inhaber der Kapelle. »Ich dachte, ihre Ehe würde ewig halten.« Am folgenden Nachmittag unterschrieben beide die Annullierung. So war die Realität hier: Man bestellte, was man wollte, und wenn man es nicht mehr wollte, gab man es zurück. Man konnte Paris gegen Venedig umtauschen, Luxor gegen New York, den Zirkus gegen das Schloss. Dies waren die Früchte der Rastlosigkeit, das kapitalistische Evangelium der Auswahl. Man konnte sich ewige Treue schwören. Und es dann wieder zurücknehmen.

Joe zeigte mir das Schwimmbad im Golden Nugget, wo eine gläserne Wasserrutsche durch ein riesengroßes Aquarium voller urtümlicher Haie führt, die ungeheuer cool durch ihr Reich kreist. Wir flirteten vor den Haien, in Hotelfluren, auf dem Parkplatz. Wäre Flirten eine innere Landschaft, wäre es eine beleuchtete Höhle wie Vegas bei Nacht – ein Blinken der Möglichkeiten, ein Knistern von Motten an Neonröhren.

Auf der Fremont Street fanden wir schließlich unseren Strampler, im Schatten des zwölf Meter hohen Cowboys Vegas Vic, dem eine glühende Neonzigarette zwischen den Neonlippen steckte. In der guten alten Zeit stieß die riesige Zigarette sogar echten Rauch aus. Inzwischen war aus der Fremont Street die Fremont Street Experience geworden:

eine von einem gigantischen LED-Gewölbe überdachte Fußgängerzone. Es war die natürliche Fortsetzung der Casinologik, die Gäste von den Fenstern fernzuhalten – von den Rhythmen von Tag und Nacht, der erhabenen Weite des Himmels. Hier hatten sie gleich den ganzen Himmel verbannt. Unter dem LED-Dach sausten kreischende Fremde an Seilrutschen durch die Nacht.

Zum ersten Mal seit dem Ende mit Dave spürte ich das Aufflackern einer Ahnung, wie es sein könnte, mich neu zu verlieben. Dieses Vorgefühl war anders als das eigentliche Verlieben. Es war vielleicht sogar besser. Es stand nichts auf dem Spiel. Es war, als würde ich das Fenster öffnen, statt ins Freie zu gehen und den Himmel aushalten zu müssen. Auf dem Rückweg fragte ich mich, ob Joe mich küssen würde, wenn er mich vor meinem Hotel absetzte. Ich fühlte mich wie sechzehn. Joe küsste mich nicht, aber an der Art, wie er es nicht tat, seinem Zögern, merkte ich, dass er es eines Tages tun würde.

Im Jahr 1968 fand an der Yale School of Architecture ein Seminar mit dem Titel »Learning from Las Vegas Research Studio« statt. Die Dozenten Denise Scott Brown und Robert Venturi kritisierten, dass die zeitgenössische Architektur gesellschaftlich »zu nötigend« geworden sei, indem sie Geschmack aufzwang, statt darauf zu reagieren, und sahen im Las Vegas Strip, der »reinsten und intensivsten« Manifestation von Konsumentenwünschen, einen Gegenentwurf zu dieser Nötigung. Herzstück des Seminars war eine zehntägige Reise nach Vegas, die der »unvoreingenommenen und vorurteilslosen Bestandsaufnahme« auf der Suche nach Wahrheiten in städtischen Formen gewidmet war, die von anderen Architekten verachtet wurden.

Es war ein ungewöhnliches Unternehmen: ein Professorenpaar aus Yale und ihre Studenten verließen den brutalistischen Betonpalast des Architekturinstituts in New Haven und landeten auf dem Strip. Sie durften kostenlos im Stardust Hotel wohnen. Sie wurden zur Galaeröffnung des Circus Circus Casino eingeladen, wo sie in Neonklamotten der örtlichen Heilsarmee erschienen. Nachdem sie in Vegas um Förderung gebeten hatten, lautete eine Schlagzeile: »Yale-Professor lobt Strip für US$ 8925«. Der Verdacht war klar: Die Gesandten der elitären Ostküste sprachen sich nicht pro bono für das Vulgäre aus. Aber Venturi und Scott Brown glaubten nicht an die Trennung zwischen oben und unten. Sie wollten »Supermarktparkplatz« und »Versailles« in einem Satz verwenden. Sie wollten beiden dieselbe Herkunft attestieren. Nach einem halben Semester tauften die Studenten den Kurs »Die große proletarische Kulturlokomotive«.

Jahrzehnte später teilte ich ihren Impuls, Vegas die Rolle des Underdog in den großen Spielen des guten Geschmacks zuzuweisen. Es ist leicht, Vegas »cheesy« zu nennen – im Sinne von kitschig, abgeschmackt –, aber was heißt das häufig gebrauchte Wort *cheesy* eigentlich? Die Verwendung heute ist die ironische Umkehrung seiner ursprünglichen Bedeutung aus der Zeit des British Empire, nämlich *besonders gut* oder *piekfein*, wie im Ausdruck *the real chīz* (*chīz* ist Urdu für *Ding*). Heute steht *cheesy* für Dinge, die unauthentisch, oberflächlich sind, bei denen der Schein größer ist als das Sein. Ganz Vegas ist mehr Schein als Sein. Aber ist es deswegen nicht authentisch? Das Gefühl hatte ich nie. Wenn Nichtauthentizität bedeutet, falsche Tatsachen vorzuspiegeln, ist Vegas immer entschieden ehrlich gewesen. Vegas hat nie behauptet, etwas anderes zu sein als eine Attrappe.

Vegas hat etwas verstanden. Es gibt kein Entkommen aus

der Künstlichkeit. Ob du leugnest, dass du eine Rolle spielst, oder ob du zugibst, dass du eine Rolle spielst, du spielst immer eine Rolle.

»Ich gestehe, dass mir die echte Künstlichkeit von Las Vegas lieber ist als die künstliche Echtheit von Santa Fe«, schreibt der Kunstkritiker Dave Hickey. »Echter Strass ist mir lieber als falsche Perlen.« An jenem Abend in der Kronleuchter-Bar war Vegas lupenreiner Strass. Vegas trieb die Künstlichkeit auf die Spitze, bis sie am Ende radikal ehrlich war. Der Schein war größer als das Sein, aber keiner behauptete das Gegenteil. Ja, Vegas war vulgär und absurd. Ja, es war geschmacklos. Aber scheiß auf die Geschmackspolizei. Warum Vegas für etwas verdammen, das längst überall so ist? Die ganze Welt macht Versprechungen, die sie nicht halten kann. Die ganze Welt will dich über den Tisch ziehen. Vegas macht bloß kein Hehl daraus. Vegas macht Festbeleuchtung daraus. Für mich ist Vegas das stadtplanerische Pendant zu dem Obdachlosen, an dem wir vorbeikamen, auf dessen Schild stand: WOZU LÜGEN? ICH WILL BIER.

Vielleicht reizte mich die Stadt nur deshalb, weil ich gern Schönheit in Dingen entdecke, die andere hässlich finden. Meine Bewunderung für die Fontänen des Bellagio sollte die Verachtung der anderen kompensieren. Vegas hat begriffen, dass man sich an jedem Ort, an dem man sich befindet, nach tausend anderen Orten sehnt. Deshalb wirft es sie alle zusammen, das New York–New York, das Tropicana, das Mirage. Die gleißenden Neonlandschaften artikulierten eine kollektive Sehnsucht. Vegas huldigt dem bedeutenden Teil unseres Lebens, den wir mit Blick auf illusorische, unerreichbare Horizonte verbringen. Für Vegas stellt diese Sehnsucht keine Täuschung dar, sondern eine unserer zentralen Wahrheiten. Sie definiert uns.

Nachdem ich in mein winterliches New Haven zurückgekehrt war, begannen Joe und ich, einander zu schreiben. Wir übersetzten unser Leben in Geschichten, die wir uns wie Bälle hin- und herwarfen. Er erzählte mir, dass sie nach Feierabend im Circus Circus eingebrochen waren und in den leeren Hallen umsonst Skee-Ball gespielt hatten. Er erzählte mir, dass er eines Nachts leere Flaschen von seinem Balkon geworfen hatte. Mitten in meinen Connecticut-Schneestürmen stellte ich mir seine leuchtende Stadt vor. Als ich meinen Freunden von ihm erzählte, nannte ich ihn Vegas Joe. Es war nicht herablassend gemeint. Eher spielte ich unbewusst darauf an, dass ich ihn als Figur für eine Geschichte gecastet hatte, die ich über das nächste Kapitel meines Lebens schreiben wollte. Er war das Maskottchen der Möglichkeiten *danach*.

Wir wollten uns auf der großen jährlichen Schriftstellerkonferenz in Boston wiedersehen, vor der ich mich Jahr für Jahr fürchtete. Doch in diesem Jahr konnte ich es kaum abwarten. Ich grub mein Auto aus meterhohem Schnee aus und schlitterte mit ausbrechendem Heck über vereiste Highways. Die Woge des Potenzials war wie eine Droge und blendete alles andere aus: den prasselnden Schneeregen, das schwarze Eis, die rutschige Straße. Ich stellte das Radio laut: »I'm living on such sweet nothing.« Joe schickte mir Nachrichten. »Nicht sterben!«, schrieb er. »Wann kommst du an?«

Wir nahmen uns ein Zimmer für die Nacht. Wegen der Konferenz war das Hotel ausgebucht, nur die Präsidentensuite war übrig. Wir bekamen sie billig, weil sie nach zehn noch frei war. Die Präsidentensuite war riesig, drei Zimmer mit Panoramablick auf Bostons gläserne Hochhäuser. Es gab kein Bett, weil die Suite ausschließlich für Cocktailpartys großer Firmen genutzt wurde. Dafür gab es eine Bar und eine Ledersofalandschaft. Wir bestellten ein Klappbett und einen

Kübel mit Meeresfrüchten: Krabben, Austern, Hummerschwänze. Wir schliefen nicht viel.

Nach dieser Nacht befanden wir uns in einem Zustand, den ich sehr gut kannte: der rauschhafte Taumel der gegenseitigen Offenbarungen. Zuerst lieferten wir einander grobe Zusammenfassungen der emotionalen Berg-und-Tal-Fahrten unserer letzten festen Beziehungen. Er erzählte von einem Ausflug in eine Geisterstadt am Ufer des Saltonsees: verfallene Häuser, in denen noch Teller standen, eine Schar weißer Pelikane. Er schrieb: »Auf dein unlangweiliges Wohl«, ein Ausdruck, den ich in einem Essay über einen Autor benutzt hatte, der befürchtete, die Nüchternheit könnte ihn für immer langweilig machen. Ich fragte mich, ob ich mich gerade verliebte. Ich fragte mich, ob ich ausschließlich dafür gemacht war, mich zu verlieben. Manchmal fürchtete ich, ich war besser darin, mich zu verlieben, als zu lieben. Aber wer fürchtet das nicht? Man kam nicht daran vorbei. Man musste sich einfach immer wieder verlieben, immer und immer wieder, und hoffen, dass es irgendwann hielt, nur um zu beweisen, dass es halten konnte.

Ein paar Wochen nach Boston suchte ich in der Architekturbibliothek in Yale nach dem Buch *Every Building on the Sunset Strip* des Künstlers Ed Ruscha. Das leporelloartige Fotobuch von 1966 lässt sich auf eine Länge von über sieben Meter ausklappen. Wie der Titel verrät, zeigt es jedes Gebäude auf dem Sunset Strip, dem Teil des Sunset Boulevards zwischen Doheny Drive und Crescent Heights: Motels, Häuser im Tudor-Revival-Stil, eine große Scheune namens Body Shop Burlesque, eine kleinere Scheune namens Sea Witch, ein Café namens Plush Pup. Dieses Buch hatte Venturi und Scott Brown unter anderem zu ihrem Yale-Vegas-Seminar inspiriert. Als das Professorenpaar seine Studenten 1968 nach Vegas brachte, installierten sie auch eine Kamera auf der Motorhaube eines Wagens und fuhren über den Vegas Strip, wie Ed Ruscha es zwei Jahre zuvor in Los Angeles getan hatte.

Die Idee von Ed Ruschas Buch sprach mich aus demselben Grund an, aus dem die Idee des Vegas-Seminars mich angesprochen hatte: Schönheit in der urbanen Steppe zu finden, die andere für die Ausgeburt der Hässlichkeit hielten. Das hatte mit meiner Herkunft zu tun. Mein Leben lang hat man mir gesagt, ich würde nicht wie jemand aus Los Angeles wirken. Dabei bin ich immer jemand aus Los Angeles gewesen. Je öfter ich das hörte, desto stärker wurde mein Impuls, L. A. zu verteidigen. L. A. ist eine Stadt, die andere gern oberflächlich oder künstlich nennen, aber ich finde seine Stripmalls mit ihren Parkplätzen eigentümlich schön: Wo die Sonne im Rollsplit glitzert und sich die Palmen vor versmogten Sonnenuntergängen abzeichnen.

Nach Ruschas Buch wollte ich den Vegas Strip von Norden nach Süden zu Fuß abgehen und mir zu den ganzen sechs Kilometern Notizen machen. Ich wollte die Blaupause der kollektiven Fantasien finden. Mein Projekt entwickelte sich zum moralischen Repo-Geschäft. Ich würde aus dem, was andere für einen Schandfleck hielten, Bedeutung hervorholen. Aber wem machte ich etwas vor? Natürlich suchte ich auch nach einem Grund, um Vegas Joe wiederzusehen.

Ich schmiedete Pläne. Im Juni heiratete eine Freundin im Zion-Nationalpark, nur drei Autostunden von Vegas entfernt, und ich würde ein paar Tage früher anreisen, um Joe zu besuchen und den Strip zu erwandern. Danach würde ich Joe mit zur Hochzeit nehmen.

Dann erzählte mir Vegas Joe wenige Wochen vor der Reise, dass er Bettwanzen hatte. Er versuchte sie loszuwerden, indem er bei über vierzig Grad Außentemperatur die Heizung voll aufdrehte und alle Fenster aufriss. Ich wusste, dass es nicht funktionieren würde. Um Bettwanzen auszuräuchern, brauchte man Profitemperaturen. Als sich das Bettwanzen-Drama hinzog, kam mir der Verdacht, dass Joe der Krieg Spaß machte. Nachdem mir klarwurde, dass die Bettwanzen blieben, buchte ich für 49 Dollar ein Zimmer im Flamingo. Ein paar Tage vor meinem Besuch schickte Vegas Joe mir ein Foto von seinem Oberschenkel mit drei Punkten getrockneten Blutes, ordentlich auf seinem bleichen Fleisch aufgereiht: der typische Bettwanzen-Hattrick, im Internet »Frühstück, Lunch und Dinner« genannt. Das Bild widerte mich an – weniger wegen des Anblicks als wegen des Übertretens einer symbolischen Schwelle. Wir waren keine staunenden Fremden mehr, die tanzenden Fontänen zusahen, oder frisch Verliebte fünfzehn Stockwerke über Boston. Jetzt erzählten wir uns von unserem Ungezieferbefall. Als ich seine Nachrichten las, juckte es mich überall. Als hätten seine Käfer es geschafft, bis in mein Backsteinhaus am anderen Ende des Landes zu kriechen. Ich war mir nicht sicher, ob ich so viel Nähe wollte.

Ab dem Moment, als ich vor der Gepäckausgabe am McCarran-Airport in Joes Jeep stieg, hatte ich das Gefühl, dass das ganze Vorhaben unter dem Gewicht unserer Erwartungen erstickte: vier Monate E-Mails und Tagträume, gespeist von einem Abend an einem Haifischbecken und einer Nacht in einem Wolkenkratzer im kristallinen Licht der Bürohochhäuser. All die Inbrunst war die Intimität zweier kuratierter Identitäten gewesen, der jeweiligen Auslese aus dem Chaos unseres eigentlichen Ichs. Das Hier und Jetzt war etwas anderes: die Bruthitze des Wüstenabends, sein Geruch, unser unbeholfener Versuch einer Unterhaltung, nebeneinander im Auto sitzend, nachdem wir monatelang ohne unsere Körper kommuniziert hatten. Ich versuchte mich an den ersten Abend in seinem Jeep zu erinnern, fand aber nur eine Erinnerung, die glitzerte wie eine Leuchtmarkise, weil ich den Abend längst in meine persönliche Mythologie eingeschrieben hatte: *Der Abend, als mir klarwurde, dass ich die Trennung überleben würde*. Kaum saß ich in Joes Wagen, fragte ich mich, ob es nicht besser für mich wäre, allein zur Hochzeit meiner Freundin zu fahren.

Wir nahmen die Paradise Road, die Straße hinter den großen Hotels, die wirkte wie ein langgestreckter verwahrloster Hinterhof. In den Läden hier wurden Croupier-Uniformen und Stripper-Kostüme verkauft. Hier sammelte sich der Abfall, der vom Rand der Träume fiel. Eine Reklametafel fragte: *Hatten Sie einen Unfall im Hotel?*, und bot unter www.injuredinahotel.com Hilfe an. Eine Werbung für Vasektomie prahlte: OHNE SKALPELL OHNE NADEL bei www.ez-snip.com. Am Flughafen hatte ich mitgehört, wie ein Mann einem Fremden von seiner Krebsbehandlung erzählte. »Sie haben meine Blase rausgenommen und mir aus vierzig Zentimeter Dünndarm eine neue gemacht«, hatte er gesagt. »Alles funktioniert wieder tipptopp.«

Ich stellte mir vor, die Bettwanzen krabbelten im Kofferraum herum und zwängten ihre winzigen Panzer durch die Ritzen und Reißverschlüsse meines Koffers. Ich ahnte, dass Joes Bettwanzen zum psychologischen Stellvertreter für seine echte, unvollkommene Menschlichkeit geworden waren: alle Seiten an ihm, die ich nicht aus bequemer Distanz gestalten und betrachten konnte, alle Seiten, die fehlerhaft oder verletzlich oder angeschlagen waren, während er sich bemühte, die Medikation seiner Antidepressiva richtig einzustellen.

Er verbrachte die Nacht bei mir im Flamingo. Wir lagen nebeneinander in dem großen Bett, das eine bestimmte Art von Geschichten erzählte – heimliche Stelldicheins zwischen Liebenden, betrunkene Nächte zwischen Fremden, Hochzeitstage –, aber wir erlebten eine andere Geschichte. Unsere Körper berührten sich nicht.

Was ich sah, als ich endlich den Strip zu Fuß abging: das Palazzo, das Venetian, das Mirage. Treasure Island, das Wynn, das Encore. Circus Circus. New York—New York. Mandalay Bay. Entferntes Hupen. Ein hydraulisches Atlantis, das zu jeder vollen Stunde auftauchte und wieder versank. Ein Recovery-Meeting in einem Konferenzsaal im Riviera, der nach altem Popcorn roch, wo ein Mann sagte, es sei hart, als Electronica-DJ nüchtern zu bleiben. Was noch? Jeff Koons' Tulpen mit eigenem Bodyguard. Plakate, die für Yoga mit Delfinen warben. Eine Losbude namens Redemption Center – Erlösungszentrum –, die ich fotografierte und zum Hintergrund meines Twitter-Kontos machte.

Ich entdeckte einen Obdachlosen, der im dreieckigen Schatten einer katholischen Kirche saß und mich fragte, an was für einen Gott ich glaubte, und dann sagte, er würde mir gern seine Narbe zeigen, aber er wollte nicht, dass ich Albträume bekam. Ich sah einen Vater auf Krücken vor einer Reihe von Jahrmarktsbuden, dessen Rollstuhl voller Stofftiere war, die er für seine Kinder gewonnen hatte: einen Roboter, eine Banane. Ich sah ein T-Shirt mit der Silhouette einer Stripperin, auf dem stand: ICH UNTERSTÜTZE ALLEINERZIEHENDE MÜTTER, dann hörte ich, wie eine Mutter zu ihrem Sohn sagte: »Wir müssen zu einer anderen Filiale dieser beschissenen Scheißbank.« Ein Mann kam lichtscheu aus dem Luxor und fragte seinen Freund: »Was machen wir hier draußen?« Vor den Casinotüren herrschten vierzig Grad im Schatten. Ein ausgetrockneter Brunnen rechtfertigte sich: WEGEN DÜRRE. Selbst die Illusion hat Grenzen.

Vegas kam mir nicht mehr wie ein Strassstein vor, der von elitären Snobs zu Unrecht verachtet wurde. Vegas war eine Maschine, die den Zweck hatte, Geld zu machen. Der Kitsch war das ultimative kapitalistische Unternehmen. Seine Profitmargen bauschten sich wie Kristallvorhänge, Millionen unhaltbarer Versprechen: jede Glühbirne, jedes Steak, jeder Hai in jedem Haifischbecken. Selbst wenn ich die Ehrlichkeit des Obdachlosen mit seinem Schild bewunderte – WOZU LÜGEN? ICH WILL BIER –, hatte ich keine Lust, das wirtschaftliche System zu verteidigen, das ihn zum Obdachlosen gemacht hatte. Aber wer war ich, den Fremden in den zweihunderttausend Hotelzimmern ein falsches Bewusstsein zu unterstellen, wer war ich zu behaupten, sie verstünden ihre Misere nicht? Was bedeutete es, dass alle die ganze Zeit Geld verloren und dabei dachten, sie amüsierten sich?

Nachdem einer von Siegfried & Roys weißen Tigern Roy auf der Bühne im Mirage angegriffen hatte, behauptete Roy steif und fest, Montecore habe ihn nicht verletzen, sondern nur beschützen wollen. Zuerst wusste das Livepublikum nicht, dass der Angriff nicht zur Show gehörte. Ein zehnjähriger Junge aus Großbritannien versteckte das Gesicht im Ärmel seiner Mutter. »Ich habe ihm gesagt, es wäre nichts passiert, es wäre alles nicht echt, weil es doch eine Zaubershow war«, erzählte sie einem Reporter später. In den Tagen nach dem Unglück hatte ihr Sohn immer wieder zu ihr gesagt: »Aber du hast gesagt, es wäre nicht echt, Mummy.« In einem Land, in dem alles künstlich sein soll, ist der Einbruch der Realität Verrat, Vertragsbruch, die Umkehrung des Plans.

Im Flamingo stand ich jeden Morgen früh auf, um ein redigiertes Manuskript zu überarbeiten, das bald in den Druck ging. Auf dem Hotelflur stand tagelang schmutziges Zimmerservice-Geschirr von Fremden, unberührt: die karamellverschmierten Reste eines Eisbechers, armselige Keksbrocken in einer fettigen Pfütze aus geschmolzenem Eis. Hatten die Leute, die den Eisbecher bestellt hatten, bekommen, was sie wollten? Ich hatte das Gefühl, jeder hier war von dem gleichen Boom-Bust-Zyklus enttäuscht worden wie ich.

Morgens um 6 Uhr 30 in der Kaffeeschlange der Casino-Lobby war ich die einzige, die nicht die Nacht durchgemacht hatte. Es roch nach Kokosnuss-Sonnencreme und Rauch. Ein Mann in der Schlange – todmüde, gerädert – sah mich mitleidig an. »Viel Glück«, sagte er leise und tätschelte meinen Arm. Ich nahm den Kaffee mit hinaus in die schwüle Hitze des Flamingo-Gartens, wo es nach Vögeln und Vogelscheiße stank. Der Anblick einer Frau, die dort rauchte – in dieser Hitze, so früh am Morgen, zwischen den Flamingos –, machte mich so traurig, dass ich einen Moment brauchte, bis mir einfiel, dass ich auch rauchte.

Am Hotelpool, wo ich in der sengenden Sonne weiter an der Redaktion arbeitete, fand ein ledriger Mann ein paar Plastikliegen weiter eine ledrige Frau. »Du bist ein *Miststück!*«, schrie er. »Hol mir eine Limo.« Ein dreizehnjähriger Junge trug ein T-Shirt, das ihm bis zum Knie reichte, mit zwei Kästchen, neben denen VERGEBEN und SINGLE stand. Das zweite Kästchen war angekreuzt. Der Wert der Dinge wurde in Blackjack-Begriffen bemessen: »Den wäre ich in sechs Runden los.« Als der Pool schloss, regten sich alle auf. Ein Mann warf seinen Wasserball nach dem Bademeister. In einer Stadt, die mit Vergnügen rund um die Uhr warb, das

Zweitbeste nach der Unsterblichkeit, war jeder Zapfenstreich ein kleiner Tod.

Nach Feierabend führte Joe mich in ein Fondue-Restaurant aus, das in den Forum-Shops im Caesars Palace versteckt war. Alles war gleichzeitig zu viel – in Schokoladenfondue getauchte Schokoladenkekse – und nicht genug. Mich nervte, dass Joe mich ständig mitten im Satz unterbrach. Wegen seiner Medikamente hatte er keinen Appetit, und das nervte mich auch. Ich war schnell genervt. Er sagte irgendetwas über Nihilismus, dass alle Bedeutung subjektiv und konstruiert sei und es keinen Kern gebe, der ... Aber ich folgte ihm nicht. Ich beobachtete die Flammen, die aus dem rosa Kristall unter dem Fonduetopf leckten, so weit vorgebeugt, dass meine Haare fast Feuer fingen. Der Kellner lächelte wissend. Das passiere jeden Tag, sagte er. Ich erklärte Joe, dass er mich vielleicht lieber nicht zu der Hochzeit begleiten sollte. Es war zu viel, zu früh. Was ich nicht sagen konnte: *Du warst eine Idee. Jetzt bist du hier*. Er erzählte mir, dass er an einem Roman über ein alternatives Universum arbeite, in dem alle Hotels in Vegas Gefängnisse seien. Ich hatte Joe zu Vegas Joe gemacht, aber plötzlich war er ein echter Mensch. Er war witzig und attraktiv und liebenswürdig, doch er hatte auch Probleme, war auch *real* – hatte Bedürfnisse und Unsicherheiten –, und wenn ich mit ihm zusammen war, hatte ich einen Kloß im Hals, den ich nicht herunterschlucken konnte, eine Sehnsucht nicht nach dem Mann, der da war, sondern nach dem Mann, der nicht da war.

In dem Buch, das aus dem Las-Vegas-Seminar entstand, argumentieren Venturi und Scott Brown, dass in Geschäftsstraßen die Schriftzüge an den Gebäuden wichtiger seien als die Gebäude, für die sie warben: »Das Schild vorne ist eine vulgäre Extravaganz; das Gebäude dahinter die bescheidene

Notwendigkeit.« Fernbeziehungstagträume funktionieren nach genau diesem Prinzip der Überredung. Es steckt Wahrheit in diesen Träumen, in diesen Zeichen – sogar Schönheit. Aber die Architektur der Überredung ist das Gegenteil von Nähe und Bewohnbarkeit. In anderen Worten: Als ich vom Highway fuhr, wusste ich nicht, ob ich in dem Gebäude, das ich mir ausgesucht hatte, wohnen konnte. Joe war echter Rauch am Ende einer künstlichen Zigarette, aber ich war noch nicht bereit für das volle Programm. Räumlich getrennt waren wir etwas gewesen, das wir zusammen nicht sein konnten.

Am nächsten Abend, beim Junggesellinnenabschied meiner Freundin in einer Suite im Venetian, fünfzehn Stockwerke über dem gechlorten Canal Grande, beschrieben andere Frauen abwechselnd die nervenden Angewohnheiten ihrer Lebensabschnittsgefährten und reichten billigen Sekt herum. Ich trank keinen Sekt und hatte auch keinen Lebensabschnittsgefährten, der nervte. Nach Einbruch der Dunkelheit ließen wir den mit Wolken bemalten venezianischen Himmel hinter uns und schlenderten mit unseren funkelnden Tiaren auf der Stirn in die Nacht von Vegas hinaus, wo sich an einem Abflussrohr an der Bordsteinkante etwas sammelte, das wie ein Haufen blutiger Lumpen aussah.

Bei der Männerrevue »Thunder from Down Under« im Excalibur zogen sich unter flimmernder Discobeleuchtung ein Feuerwehrmann, ein Bauarbeiter, ein Arzt, ein Soldat und ein Milchmann aus, um ihre glänzenden Sixpacks vorzuführen. Die geölten Körper in der stroboskopflackernden Dunkelheit verwischten die Grenzen zwischen Schaulust und Ironie. Der Showmaster hatte ein riesiges Abstinenz-Tattoo auf dem Bizeps – *GOD GRANT ME THE SERENITY*, Gott gib mir die Gelassenheit – und ließ sich von einer alten Frau die Eier in der glänzenden Lederhose betatschen.

Als wir über den Strip nach Hause gingen, hielt ein SUV voller Frauen am Bordstein. Eine streckte den Kopf aus dem Fenster und fragte: »Welche von euch ist die Braut?« Wir zeigten auf unsere Freundin mit der größten Tiara und dem Schleier und die SUV-Frauen riefen: »Tu es nicht! Wir sind alle geschieden!« Dann rasten sie davon.

Das nächste Mal flog ich nach Vegas, um zu heiraten. Es waren nur fünfzehn Monate vergangen. In der Zwischenzeit war ich nach New York gezogen und hatte mich in einen Mann verliebt, der als Sohn zweier Pfandleiher in Vegas aufgewachsen war. Jeder, der ihn kennenlernte, war überrascht, dass er in Vegas aufgewachsen war – dass man dort aufwachsen konnte. Aber es stimmte. Er hatte seine Kindheit im Hinterzimmer des Leihhauses verbracht, wo er Vierteldollarmünzen in Rollen wickelte, hörte, wie seine Eltern von wütenden Kunden als dreckige Juden beschimpft wurden, und sah, wie sie sieben Tage die Woche schufteten, damit ihre vier Kinder es einmal besser haben würden als sie.

Für Charles war Vegas keine überdimensionierte Metapher unmöglicher Träume oder ihrer Entzauberung. Für ihn war Vegas Zeichentrickserien am Samstagvormittag und Wassereis von 7-Eleven, das in der skrupellosen Wüstensonne schmolz. Vegas war Highschool-Basketball auf denselben Plätzen, die die Runnin' Rebels in ihrer Freizeit benutzten, wo der legendäre UNLV-Coach Tark the Shark an seinem nassen Handtuch kaute, wenn er nervös war. Vegas war der Ort, an dem Charles mit seinem Vater zur Übertragung der Preiskämpfe im Caesars Palace die I-15 hinauffuhr. In Vegas hatte er im Garten seinen eigenen Boxring aus Papierstreifen gebaut – ein Kind, das sich von den Materialien seiner Welt inspirieren ließ, weil das die Welt war, die er kannte.

Charles und ich lernten uns in einer Bürogemeinschaft in Manhattan kennen, wo wir beide Plätze zum Schreiben gemietet hatten. Er sprach mich an, weil er wissen wollte, was mein Tattoo bedeutet. Er selbst hatte elf Tätowierungen, das neueste Tattoo war der Name seiner fünfjährigen Tochter in blauen Buchstaben auf dem Unterarm. Er hatte ihr versprochen, sobald sie ihren Namen schreiben konnte, würde er ihn sich in ihrer Handschrift tätowieren lassen. Wie ich mit der Zeit erfuhr, hält er immer sein Wort.

Bevor wir uns kennenlernten, kannte ich schon seine Arbeit. Ich hatte vor Jahren sein erstes Buch gelesen, einen großen, ausschweifenden Vegas-Roman, der mir vor allem wegen der zärtlichen Beschreibung von Außenseitern gefallen hatte: ausgerissene Teenager, die auf der Straße schlafen, unsichere Jugendliche, die für ihre Comichefte leben, Pfandleiher, die von ihren Kunden verspottet werden. Außerdem war sein Privatleben in der Branche bekannt. Als seine Tochter sechs Monate alt war, wurde bei seiner Frau Leukämie diagnostiziert. Sie war kurz vor Lilys drittem Geburtstag gestorben.

Als Charles und ich das erste Mal miteinander redeten, redeten wir stundenlang. Es fühlte sich an, wie man so schön sagt, als könnten wir ewig weiterreden. Nur dass wir nicht ewig weiterreden konnten, weil Charles Lily um fünf vom Hort abholen musste. In diesem ersten Gespräch erzählte ich ihm von einem Ritual, bei dem ich vor ein paar Monaten während einer Schreibwerkstatt in Wyoming mitgemacht hatte: Wir hatten uns in einer Vollmondnacht mit leeren Handtaschen und Portemonnaies auf einer offenen Wiese versammelt und das Universum gebeten, uns einen Wunsch zu erfüllen. Ich hatte mir gewünscht, dass ich mir weniger aus irdischem Erfolg machen würde. Mir war mein Wunsch ungeheuer erwachsen vorgekommen. Der Typ nach mir hatte sich ein Motorrad gewünscht. Charles lachte, worauf ich – aufgeregt – gehofft hatte. Als ich Charles fragte, was Lily sich bei einem Vollmondritual wünschen würde, antwortete er, wahrscheinlich ein Eisköniginnenschloss aus Plastik. Dann schwieg er kurz und sagte: »Im Ernst, sie würde sich eine Mutter wünschen.«

Das war Charles: bereit, einfach die Wahrheit zu sagen, über den Schmerz zu lachen, weil er so viel davon erlebt hatte, im tiefen Bewusstsein, dass das Leben gleichzeitig aus Trauma und Eisköniginnenschlössern aus Plastik bestand. Er fragte mich, ob wir uns bald wiedersehen und in der Gemeinschaftsküche unser eigenes Vollmondritual veranstalten würden. Ich sagte, ich würde die leeren Handtaschen mitbringen, wenn er sich um den Vollmond kümmere. Bei unserem nächsten Treffen hatte er über das Tischchen bei der Kaffeemaschine ein Bild gehängt, das er mit Lily gemacht hatte: drei aus braunem Packpapier ausgeschnittene schroffe Berge, über denen ein runder gelber Mond hing.

Bei unserem ersten richtigen Date lud Charles mich zu einem Sieben-Gänge-Menü in einem italienischen Restaurant ein, aber wir mussten die letzten beiden Gänge ausfallen lassen, weil er den Babysitter auslösen musste. Unser zweites Date fand tagsüber statt, als Lily in der Schule war. Wir machten den ganzen Vormittag in meiner Wohnung herum, dann holten wir uns in der Bodega an der Ecke Truthahnsandwiches, Limonade und eine Schachtel Chicken-and-Waffle-Crackers, die er als Kind geliebt hatte, und setzten uns damit am Eastern Parkway auf eine Wiese. Unser drittes Date war ein Ausflug in die Catskills, während Lily bei ihrer Großmutter war. Ich hatte ein Last-Minute-Zimmer in einem winzigen Bed-and-Breakfast gebucht, wo lauter Drucke von Tieren und Fotos von Siegfried & Roy hingen, unzerfleischt und strahlend. Die Vormittage verbrachten wir mit Spaziergängen über vom Frühlingstauwetter matschige Wege zu einem Diner an der Landstraße, wo wir Eier mit Speck bestellten, so salzig, dass meine aufgesprungenen Lippen brannten. In den Catskills fanden wir das Glück in den kleinen Dingen. Die besten Snacks an der Tankstelle: Lakritz und saure Kirschkugeln. Die Albinotiger über unserem Bett. Wir konnten zehn Minuten lang denselben Witz auswalzen und lachten am nächsten Tag immer noch darüber. Charles ging offen mit Schwierigkeiten um, und er war lustiger als alle, die ich kannte.

In gewisser Weise ähnelte das Muster unserer Anfangsmonate – das leidenschaftliche Abtauchen in die Liebe – den Anfängen meiner früheren Beziehungen. Aber es war mehr Vertrauen da. Denn unsere Liebe war von Anfang an in das Geschäft des Alltags eingebunden, mit herumfliegenden Puppen und Kuchenbasaren und Wutanfällen und Plastikspielzeug, auf das man mit bloßen Füßen trat, bevor man nachts im Bad das Licht anmachte. Unsere Liebe musste nie das Gewicht der Erwartung auf völlige Hingabe tragen; sie hatte elektrisch geladene Grenzen und Kanten. Es ging nicht darum, sich auf kuratierte Versionen unserer selbst einzulassen, sondern um das Überstehen gewöhnlicher Tage, die uns ganz und gar beanspruchten: schusselig, überfordert, uns Mühe gebend. Wir konnten nicht einfach die Wolkenkratzer-Suite nehmen, nur weil wir gerade Lust dazu hatten. Wir mussten romantische Winkel im Alltag finden – wenn wir auf dem roten Futon in seiner winzigen mietpreisgebundenen Einzimmerwohnung aufwachten und uns im Schatten der meterhohen Plastikpuppenstube küssten.

Auf abstrakter Ebene bewegte sich unsere Liebe im Spannungsfeld zwischen Verpflichtung und Trauma; den Anforderungen der Kindererziehung und dem langen Schatten des Verlusts. Aber hinter all den Schwierigkeiten verbarg sich noch eine Wahrheit: eine gelebte Erfahrung von Liebe, die nicht in den Drehbüchern stand, denen ich in meinem Leben hinterhergelaufen war. Diese Liebe lebte in mitternächtlichen Lachanfällen auf einem Futon mit einer zu kleinen Decke. Sie lebte in einem Stundenhotel am Hudson River, mit dem Babysitter zu Hause und einem Spiegel über dem Bett. Sie lebte in einer gemeinsamen Sprache an Tagen, die bestimmt waren vom Abholen nach Schulschluss, von Ballettrikots, Chocolate-Chip-Pancakes am Sonntagmorgen und Thunfisch-Sandwiches in Lilys Lieblingslokal.

Aus heiterem Himmel war ich aus meinem Singleleben – einsam vor der Haustür Zigaretten rauchend, versunken in Tagträume und Selbstmitleid – mitten hinein katapultiert worden in dieses Leben voller Verantwortung und intimer Verbundenheit. Als hätte ich im Spiel des Lebens, das wir häufig im Wohnzimmer auf der »Schneedecke« spielten, wie Lily den weißen Teppich nannte, die bananengelbe Abkürzung gewählt; als wäre ich direkt in den Familienteil des Brettspiels gesprungen, statt mit meinem kleinen Plastikauto anzuhalten und das kleine Plastikrad zu drehen, um meine eigenen kleinen Plastikkinder zu bekommen. Ich war einfach in das Plastikauto eines Mitspielers gehüpft. Jetzt lebte ich aus meinem Koffer, der in der Ecke seines vollgestopften Wohnraums stand.

Nach kaum sechs Monaten beschlossen Charles und ich, nach Vegas durchzubrennen. Es war in fast jeder Hinsicht ein verwegener Plan. Ich hatte keine Ahnung davon, was es hieß, Mutter zu sein, und noch weniger davon, was es hieß, Mutter eines Kindes zu sein, das seine Mutter verloren hatte. Aber Charles traute mir die Rolle zu, und ich wollte sie übernehmen – für ihn, für Lily und für mich. Und ich vertraute Charles, weil ich einen Mann in ihm sah, der für die Menschen, die er liebte, da war, selbst in Zeiten unvorstellbaren Kummers, über Jahre. Es war unser außergewöhnlich gewöhnliches Leben – ein Leben bestehend aus echten Tagen, zurechtgeschliffen von Verpflichtungen –, zu dem wir uns mit unserer unwahrscheinlichen Hochzeit und unserer heimlichen Freude bekannten.

Wir heirateten in der Little White Chapel unter dem leuchtenden Herz hinter dem Kunstrasen. Lily übernachtete bei ihrer Cousine. Wir tauchten einfach am Schalter der Kassiererin auf – hinter dem pinkfarbenen Cadillac, dem Tunnel of Love und dem Drive-Through-Fenster – und sagten: »Trauen Sie uns!« Die Frau an der Kasse klärte uns auf, dass wir uns erst im Rathaus eine Heiratserlaubnis besorgen mussten. Was hatte ich erwartet? Wahrscheinlich, dass dieser Ort wie ein Supermarkt funktionierte, denn er warb schließlich mit seinem vierundzwanzig Stunden geöffneten Drive-Through-Schalter. Ich fragte die Frau an der Kasse, wie viele Leute nicht wiederkamen, wenn sie erfuhren, dass sie erst zum Rathaus mussten. Sie dachte kurz nach und sagte dann: »Um die fünfzig Prozent?«

Als wir um kurz vor elf mit der Heiratserlaubnis zurückkamen, bestellten wir weder das Blumenpaket noch den Elvis-Imitator. Wir mieteten auch keinen pinkfarbenen Cadillac. Wir ließen uns nicht in der Chapel L'Amour oder der Crystal Chapel oder dem Pavillon trauen. Wir fuhren mit unserem Mietwagen nicht durch den Tunnel of Love mit seinen an die Decke gemalten Engelchen. Wir taten es auf die altmodische Art, in der ursprünglichen Kapelle, während aus Lautsprechern, die wir nicht sehen konnten, »Fools Rush In« zu hören war. Die Rückwand der Kapelle sah aus wie eine wattierte Patchworkdecke aus weißer Seide. Engelsfiguren hielten üppige Sträuße aus Kunstblumen. Die Buntglasfenster waren mit Rosen, Herzen und Tauben verziert. Nichts davon war fehl am Platz. Alles fühlte sich – merkwürdig, unwahrscheinlich – genau richtig an. Wenn ich mich schon ins Unbekannte stürzte, ohne einen Schimmer, auf welches Terrain ich mich begab, fand ich es passend, dies an einem derart absurden Ort zu tun. Es war fast eine Befreiung, als würde ich akzeptieren, auf wie vielen Ebenen ich mein Leben nicht hatte vorhersehen können.

Am Ende der Zeremonie hatten wir Tränen in den Augen. Der Fotograf war Trauzeuge. Pater Soundso zitierte Nietzsche: »Nicht die Abwesenheit der Liebe, sondern die Abwesenheit der Freundschaft macht die unglücklichen Ehen.« Was Nietzsche noch gesagt hatte, zitierte er nicht: »Es sollte nicht erlaubt sein, im Zustande der Verliebtheit einen Entschluss über sein Leben zu fassen.«

Wir waren in diesem Zustand. Ich trug das lange blauweiße Kleid, das Charles mir im Sommer zum Geburtstag geschenkt hatte. Es sah aus wie Wolken. Mein roter Nagellack war abgesplittert. Ich versuchte ein Selfie von uns mit den zwei gemalten Schildkröten zu machen, die ihre faltigen Hälse aus den Panzern streckten, um sich mit ihren kleinen Köpfen zu berühren.

Im Golden Nugget, wo wir abstiegen, holten wir uns in der Lobby Kuchen. Später bestellten wir Steak aufs Zimmer. Ich erzählte Charles von dem Haifischbecken, das mir einst wie ein Symbol der Wunder und Möglichkeiten erschienen war. Er sagte, auf dem Grundstück, auf dem das Becken gebaut worden sei, hätte das erste Leihhaus seines Großvaters gestanden. Als wir in dem Infinity-Pool im zweiten Stock schwimmen gehen wollten, wies man uns ab, weil die Anlage um Mitternacht schloss, das hieß in fünf Minuten. Der Junge, der uns abwies, war nicht älter als sechzehn. »Wir haben gerade geheiratet!«, protestierten wir. Aber er ließ sich nicht umstimmen. Wahrscheinlich hörte er den Satz jeden Tag.

Nächstes Jahr würden wir eine Waldhochzeit feiern, mit einer Schatzsuche für einen wilden Haufen glücklicher Kinder. Es wäre ein Tag wie aus dem Bilderbuch: all unsere Lieben und ihre kleinen Kinder, die in das glitzernde Wasser wateten. Doch in dieser Nacht war da nur die Absurdität unserer kleinen weißen Kapelle, ein wahr gewordener Fiebertraum, mit Pater Soundso, der unsere Liebe segnete. In dieser Nacht gab es nur uns. Es war unsere Nacht.

Eine Definition des Lebens ist vielleicht, dass immer wieder die Handlungsstränge wechseln. Wir geben die Drehbücher ab, die wir für uns schreiben, und bekommen das echte Leben dafür. Genau das hatte Vegas bei mir – für mich – getan. Vegas schluckte die Geschichte, die ich in der Nacht am Bellagio-Brunnen über das Verlieben geschrieben hatte, und gab mir eine andere Geschichte: die Geschichte, in der ich einen Witwer heiratete und half, seine Tochter großzuziehen, die Geschichte, in der ich nach Vegas flog, um Verwandte zu besuchen und ein normales Leben zu führen. In der ich mehr Zeit in der Stadt und weniger Zeit am Strip verbrachte.

In diesem Vegas besuchten wir mit Lily und ihrer Cousine Diamond im Circus Circus den Vergnügungspark, und das Redemption Center war kein ironisch gemeinter Twitter-Hintergrund mehr, sondern ein physischer Ort, an dem ich die Frau hinter der Theke anflehte, Lilys Furzkissen zu ersetzen, das sie zwischen den verknoteten Körpern der brasilianischen Akrobaten verloren hatte. In diesem Vegas aßen wir auf dem Parkplatz von Luv-it Frozen-Custard-Softeis, und die Mädchen hielten einen imaginären Mistelzweig über unsere Köpfe, damit wir uns küssten. Wir nahmen auf dem Weg zum Lake Mead eine falsche Abzweigung und kamen nie am Wasser an: die Mädchen saßen gelangweilt auf der Rückbank, während draußen in der Wüste die Dunkelheit hereinbrach.

In diesem Vegas sahen Lily und ich den Fremden an den Seilrutschen über dem Gedränge auf der Fremont Street zu – über den Straßenmusikanten und Bettlern und den silbernen Pantomimen, die sich wie Roboter bewegten, während die Klimaanlagen der Casinos heiße Luft in die Sommerhitze bliesen –, und ich sagte: »Irgendwann machen wir das auch«, und Lily drückte ihren kleinen Körper an mich, schaudernd vor Sehnsucht und vor Angst. In diesem Vegas warteten wir stundenlang auf den Abschleppwagen, als ein deutscher Tourist namens Wolfgang Hamburger vor dem Stratosphere Hotel unser Auto mit seinem Wagen streifte, die getönten Fenster seines Mietwagens voller Liebesgraffiti: *W. Hamburger* in einem großen rosa Herzen. Er war in Vegas, um seinen vierundzwanzigsten Hochzeitstag zu feiern. Vegas denkt sich diesen Schwachsinn nicht aus. Es lädt mich einfach ein, meiner Schwiegermutter Donuts ins Leihhaus zu bringen – Vitrinen voller Türkisschmuck, Würfeluhren, alte Kriegsmedaillen, die Wände mit den Uniformen der Jockeys dekoriert, auf die ihr Vater einst gesetzt hatte, und der fleckige Teppich wurde von einer riesigen Katze regiert, die sich gern an die Pelze im hinteren Teil des Ladens schmiegte. In diesem Vegas sahen Lily und ich fünf Jahre lang Fremden an den Seilrutschen zu, bis wir es endlich auch selbst taten: Wir ließen das White Castle rechts liegen und sausten durch die Nacht bis zum Morgen.

Der Reiz von Vegas – am Anfang, für mich – hatte aus Möglichkeiten, Wünschen und Sehnsucht bestanden, aus Bildern dessen, was *sein könnte*. Der Reiz von Vegas Joe bestand aus Erwartungen. Die aufregende Fahrt über die vereisten Straßen, um ihn in Boston wiederzusehen, die Nacht in der Suite oben über den Dächern, die pastellbunten Neonlichter in meinem Kopf, wenn ich im Schneesturm in meiner kleinen Wohnung an ihn dachte. Es war gut, dass wir uns in der ersten Nacht nicht geküsst hatten, denn so konnte ich länger von diesem Kuss träumen.

Jahrelang war ich Expertin in Sehnsucht gewesen, Expertin im Verliebtsein ohne Erfüllung, Expertin im Tagträumen und Zurücksinken in die Plüschsessel der Kinofantasien. Aber in jenen ersten Jahren mit Charles lernte ich, dass Ehe etwas anderes ist. Der Reiz der Ehe ist das Glück des Bleibens, das schwieriger und dichter war als das Glück der Fantasie. Die Ehe ist nicht das Glück der Möglichkeiten. Sie ist die komplexere Erfüllung des echten Lebens und des echten Zusammenseins. Die Ehe ist nicht der Blick von oben über die Dächer, sondern vom Fuß des Stratosphere-Casinos, während wir zu verstehen versuchten, was Wolfgang Hamburger uns über seine Mietwagenversicherung erzählte. Die Ehe ist die Erkenntnis, dass die Jahrzehnte der Hingabe, von denen Wolfgang Hamburgers Herz-Graffito kündete, keine Jahre der Abwesenheit von Sehnsucht waren, sondern vielmehr ihrer ständigen Erneuerung, ihrer akrobatischen Künste, ihrer Gestaltwandlung.

Ehe ist etwas anderes, als einem neuen Lover deine besten Geschichten zu erzählen; Ehe ist, deinen Mann zu fragen, wie sein Tag war, und bei seiner Antwort keinen glasigen Blick zu bekommen. Ehe ist etwas anderes, als morgens um eins vor einem Haifischbecken beim Gedanken an den Kuss eines

Fremden Schmetterlinge im Bauch zu haben: sein unbekannter Geschmack, sein unbekannter Körper. Ehe ist, morgens um neun vor einem Haifischbecken nach dem hölzernen Nussknacker zu suchen, den deine sechsjährige Stieftochter am Abend zuvor dort in einer Topfpflanze vergraben hat. Ehe ist etwas anderes, als monatelang in Fantasien zu schwelgen. Ehe ist, jahrelang den Kühlschrank zu putzen. Früher bewunderte ich Leute, die die Kunst beherrschen, an Bord zu bleiben – meine Freunde, meine Mutter, meinen Bruder, die Leute in den AA-Meetings –, aber es ist etwas anderes, andere Leute zu bewundern, als es selbst zu versuchen: Nicht darauf zu warten, dass die Liebe bleibt, als würde sie die ganze Arbeit machen, sondern jeden Tag aufzuwachen und sie zu halten – wohl wissend, dass sie kein Versprechen für immer ist, nur das Versprechen, dass sie sich ständig verändert.

Ehe ist, was passiert, wenn du dich trotz der Warnung eines SUVs voller Frauen: *Tu's nicht,* auf sie einlässt; trotz der Tatsache, dass du vielleicht irgendwann eine von ihnen bist. Ehe ist, was passiert, wenn die Fata Morgana verfliegt und der rohe Asphalt zum Vorschein kommt. Ehe ist alles, woran du immer zu glauben versucht hast, und sie schenkt dir Dinge, von denen du nie geträumt hast: nach dem ersten Rausch der Verliebtheit all die anderen Arten der Liebe, die noch kommen. Vielleicht schafft ihr es nicht bis zum Lake Mead, aber dafür habt ihr die Fahrt dorthin – dieses besondere Glühen der Abendsonne, die auf den Highway brennt, Autos in Flammen setzt, Licht, heller, als auszuhalten ist, in dem schon die Nacht steckt.

TOCHTER EINES GEISTS

Meine Stieftochter war sechs, als sie mir erzählte, dass ihre Lieblingsfigur in *Aschenputtel* die böse Stiefmutter war. Ich war nicht völlig überrascht. Mit anderen Kindern spielte sie am liebsten Waisenkind und schrieb lange Listen mit Pflichten auf: *geschir* (Geschirr), *wischn* (Wischen), *füttern* (die Fische). Sie und ihre Freundin tranken gern etwas, das sie »Pfefferwasser« nannten, gewöhnliches Leitungswasser, doch sie spielten, dass die grausamen Waisenhändler es ungenießbar gemacht hätten. Vielleicht war es aufregend, ihre eigene Misshandlung zu inszenieren und damit Macht über die Situation der Machtlosigkeit zu übernehmen, die sie sich vorgestellt hatte. Oder vielleicht brauchte sie nur einen triftigen Grund, um einen Eimer Wasser auf den Boden zu kippen. Als ich Lily fragte, was sie an Cinderellas Stiefmutter so mochte, beugte sie sich vor und flüsterte mir verschwörerisch zu: »Sie sieht *gut* aus.«

Bei all ihrer Grausamkeit ist die böse Stiefmutter in Märchen häufig die Figur mit der meisten Fantasie und Entschlossenheit, die sich gegen das Patriarchat auflehnt, mit dem mageren Werkzeug, das ihr zur Verfügung steht: ihrem magischen Spiegel, ihrer Eitelkeit, ihrem Stolz. Sie ist eine Künstlerin der Arglist und Bosheit, aber trotzdem eine Künstlerin. Sie lässt nicht alles mit sich machen; sie macht selbst. Nur dass sie eben nicht das macht, was von einer Mutter erwartet wird. Das ist ihr Antrieb, ihr schwärendes Herz.

Märchen – finster und brutal, gewöhnlich von Verlust geprägt – waren in mehrfacher Hinsicht die Geschichten, die Lilys Leben am nächsten kamen. Lilys Mutter war kurz vor ihrem dritten Geburtstag gestorben, nach zweieinhalb Jahren Kampf gegen Leukämie. Zwei Jahre später bekam Lily selbst eine Stiefmutter – keine böse vielleicht, aber eine, die eine Heidenangst davor hatte, böse zu sein.

Ich fragte mich, ob es Lily tröstete, Geschichten von Märchenkindern zu hören, die das Gleiche verloren hatten wie sie – anders als die meisten Kinder in der Schule oder im Ballettunterricht, deren Mütter noch lebten. Oder ob ihr die Tatsache, dass sie mit den Heldinnen so viel gemeinsam hatte, die Geschichten gefährlich nahebrachte. Vielleicht zersetzte es die schützende Schicht der Fantasie, machte das Pfefferwasser zu wörtlich, ließ die Gefahren zu real werden. Ich hatte Angst, dass ich den Finger in ihre Wunde legte, wenn ich ihr die alten Märchen von mutterlosen Töchtern vorlas. Ich hatte Angst, dass ich ihr eine böse Seite von mir zeigte, wenn ich ihr vorlas, was in den alten Märchen über Stiefmütter stand.

Als ich Stiefmutter wurde, sehnte ich mich nach Gesellschaft. Ich kannte nicht viele Stiefmütter, und erst recht keine Stiefmütter, die ihre Rolle so geerbt hatten wie ich: total, überwältigend, ohne eine andere Mutter im Bild. Meine Familie erlebte die Nachwehen eines Verlusts, keines Bruchs – nicht Scheidung, sondern Tod. So war es früher normal gewesen, und das Wort Stiefmutter trägt noch den Kummer in seiner Wurzel. Das altenglische Wort *steop* heißt »verwaist«, und etymologische Wörterbücher zeichnen ein düsteres Porträt: »For stepmoder is selde guod«, heißt es in einem Eintrag von 1290. In einem anderen Text von 1598 steht: »Ausnahmslos alle Stiefmütter hassen ihre Töchter.«

Die Volksmärchen hauen in die gleiche Kerbe. Die böse Königin aus »Schneewittchen« gibt den Befehl, ihre Stieftochter heimlich zu ermorden, weil der Zauberspiegel das Mädchen für schöner erklärt. Die Stiefmutter aus »Hänsel und Gretel« setzt ihre Stiefkinder im Wald aus, weil nicht genug zu essen da ist. Aschenputtel muss im Kamin Erbsen und Linsen aus der Asche sortieren, und nur ihr verschmutztes Äußeres besänftigt die böse Stiefmutter, die sich von Aschenputtels Strahlen derart bedroht fühlt, dass sie es mit Ruß trüben muss. Es ist, als wäre die Position der Stiefmutter unausweichlich vergiftet – als wäre nicht eine böse Frau in der Rolle gelandet, sondern als würde die Rolle jede Frau böse machen. *Stepmother's blessing*, Stiefmuttersegen, ist der englische Ausdruck für schmerzhaft eingerissene Nagelhaut, und »stiefmütterlich« ist ein anderes Wort für herzlos.

Die böse Stiefmutter wirft einen langen, tiefen Schatten, und vor fünf Jahren zog ich in diesen Schatten ein, in eine mietpreisgebundene Einzimmerwohnung am Gramercy Park. Ich schlug die alten Geschichten nach, weil ich mich nach Gesellschaft sehnte, aus Sympathie für die Stiefmütter, die darin verunglimpft wurden, aber auch, weil ich mich dem Narrativ stellen wollte, mich impfen wollte gegen die Finsternis, die darin steckte.

Die frühen Tage meiner Beziehung mit Charles, Lilys Vater, waren voll von der Liebe, von denen in Märchen die Rede ist: umfassend und überraschend, aufgeladen mit dem Staunen über die blanke Tatsache seiner Existenz. Für unsere Liebe stellte ich mein Leben auf den Kopf, ohne Reue. Unser Glück steckte in tausend gewöhnlichen Momenten: dem ersten Kuss im Regen, Spiegeleiern an einer Raststätte, nächtlichen Lachtränen über einen bescheidenen Witz, den er bei einer

Wiederholung von *American Ninja Warrior* machte. Doch zu unserer Liebe gehörten auch die Kunst und Pflicht der Elternschaft, und viele unserer Glücksmomente waren gestohlene Zeit: dieser erste Kuss, während der Babysitter eine halbe Stunde länger blieb; die Spiegeleier im Diner bei einem Kurzausflug, als Lily in Memphis bei ihrer Großmutter war; die mitternächtlichen Lachanfälle mit zugehaltenem Mund, damit Lily nicht aufwachte. Doch es fühlte sich nicht an wie ein Kompromiss, sondern wie querfeldein durchs Gelände fahren, auf einem Terrain, von dem ich keine Vorstellung hatte.

Den ersten Abend, den ich mit Lily verbrachte, ging ich an wie eine Prüfung, auch wenn Charles versuchte, das Blatt zu meinen Gunsten zu zinken: Er entschied, dass wir von Lilys Lieblingslokal Pasta holten und zu Hause ihren Lieblingsfilm sahen, einen Zeichentrickfilm über zwei Schwestern, eine davon mit der Zauberkraft, alles in Eis zu verwandeln, was sie berührt. Am Nachmittag ging ich auf der Suche nach einem Mitbringsel in den Disney Store am Times Square, einen Laden, den ich nie betreten und es auch nie vorgehabt hatte. Ich verachtete mich für den Versuch, Lily zu bestechen – mir ihre Zuneigung mit Plastikspielzeug zu erkaufen –, aber ich war nervös und zum Äußersten bereit. Plastik schien mir wie eine Versicherungspolice.

Als ich nach der Abteilung mit den *Frozen*-Artikeln fragte, sah die Verkäuferin mich mitleidig an. Plötzlich kamen mir Zweifel: War der Film überhaupt von Disney? Doch die Verkäuferin lachte nur, als ich nachfragte, und erklärte: »Alles ausverkauft. Es gibt einen weltweiten Lieferengpass.«

Sie meinte es ernst. Es war nichts mehr da. Nicht einmal eine Tiara. Das heißt, es gab jede Menge Tiaren, aber es waren nicht die richtigen Tiaren. Ich ließ den Blick über die Regale schweifen: Belle-Tiaren, Dornröschen-Tiaren, Prinzessin-

Jasmin-Tiaren. Andere Filme fand Lily sicher auch gut, oder? Andere Prinzessinnen? Ich überlegte kurz, ob ich eine Tiara von *jeder* Prinzessin kaufen sollte, nur um nichts falsch zu machen. Mir kam die vage Erkenntnis, dass die tiefsitzende Panik in meiner Magengrube der Treibstoff des Kapitalismus war. Auf dem Handy hing ich in der Warteschleife mit einer Toys»R«Us-Filiale in der Bronx. Doch auf dem Weg zum Ausgang fiel mein Blick plötzlich auf etwas, das nachlässig in die Ecke eines Regalfachs gestopft war. Die Packung sah winterlich aus. Der Karton war eisblau. Ein Schlitten.

Meine Erleichterung kannte keine Grenzen. Es war ein Sieg auf allen Ebenen. Der Schlitten wurde von einer Prinzessin gelenkt, und es war auch eine Art Prinz dabei (es war ein Sami-Eis-Transportschlitten, wie ich später erfuhr). Zu dem Set gehörte sogar ein Rentier (namens Sven)! Und eine Plastikkarotte für das Rentier. Besitzergreifend klemmte ich mir die Schachtel unter den Arm und marschierte zur Kasse. Argwöhnisch beobachtete ich die anderen Eltern. Wer weiß, wie viele von ihnen genau diese Schachtel haben wollten?

Triumphierend rief ich Charles an. Ich erzählte ihm die ganze Geschichte: die lachende Verkäuferin, der *weltweite Lieferengpass,* meine hektischen Telefonate, die glückliche Fügung, als mein Blick auf die hellblaue Schachtel fiel.

»Volltreffer!«, lobte er, doch dann hielt er inne. Ich spürte sein Zögern, bevor er die Frage stellte. »Die Prinzessin«, sagte er schließlich. »Welche Haarfarbe hat sie?«

Ich musste in der Schachtel nachsehen. »Braun?«, sagte ich. »Irgendwie rötlich?«

»Gut gemacht«, sagte er eine Sekunde zu spät. »Du bist die beste.«

In dieser Sekunde wusste ich, dass es die falsche Prinzessin war. Charles machte mir keinen Vorwurf; er wusste einfach, wie viel eine Prinzessin bedeuten konnte. Er hatte die letzten zwei Jahre knietief inmitten von Prinzessinnen verbracht, hatte Mutter und Vater zugleich gespielt. Die Wahrheit über die falsche Prinzessin war die Wahrheit über die Instabilität von Ursache und Wirkung. Als Eltern konnte man alles richtig machen und trotzdem versagen, denn man hatte es mit einem winzigen, sprunghaften Menschen zu tun, der keine Gebrauchsanweisung hatte. Die Möglichkeit des Versagens war wie ein tiefhängender Himmel, ein heraufziehender Sturm hinter jedem Horizont.

In seinem Buch *Kinder brauchen Märchen* hält der Psychoanalytiker Bruno Bettelheim ein wunderschönes Plädoyer für den Verdienst der Volksmärchen: Sie erlauben es Kindern, sich mit Urängsten auseinanderzusetzen (wie elterliche Vernachlässigung) und sich Akte der Rebellion vorzustellen (Auflehnung gegen Autorität) in einer Welt, die beruhigend weit weg von der eigenen ist. Weil die verzauberten Wälder und Schlösser so fantastisch, die Ausgangssituationen so extrem sind, stellen die Übergriffe in der Handlung für Kinder keine destabilisierende Bedrohung dar. Nur fragte ich mich, ob das auch für Lily galt, deren Verlusterfahrung öfter in Märchen vorkam als in der Welt, in der sie lebte. Zwischen Geschichten, die unseren Ängsten die nötige Bühne geben, und Geschichten, die sie verstärken – uns noch mehr Angst machen –, war manchmal nur ein schmaler Grat.

1897 beklagte die Verfasserin eines Leserbriefs an die Redaktion des beliebten amerikanischen Lifestyle-Magazins *Outlook* die Wirkung von »Aschenputtel« auf kleine Kinder: »Es entsteht der Effekt oder der Eindruck, Stiefmütter gehörten auf die Liste der bösen Dinge des Lebens.« Bei uns zu Hause rückte »Aschenputtel« Stiefmütter nicht automatisch in die böse Ecke, sondern stellte mit einer Offenheit die Frage, ob Stiefmütter dorthin gehörten, die vielleicht sonst nicht möglich gewesen wäre. Häufig benutzte Lily die Figur der bösen Märchen-Stiefmutter, um unsere Beziehung von dem, was wir lasen, abzugrenzen. »Du bist nicht wie sie«, sagte sie. Und bei Aschenputtel, dessen Stiefmutter sie bewunderte, war sie besonders großzügig: »Du bist noch viel schöner als sie.«

Vielleicht war die Wahl der Stiefmutter als Lieblingsfigur Lilys Art, ihre Ängste an der Wurzel zu packen, um sie zu beherrschen. Vielleicht war es eine Variante des Waisen-Spiels. Hatte sie Angst, ich könnte böse werden? Liebte sie mich deshalb so leidenschaftlich – um es zu verhindern? Ich fragte mich, ob es ihr half, unser verzerrtes Bild in dem dunklen Spiegel zu sehen, ob der Vergleich mit diesen finsteren Ausformungen unsere Beziehung aufwertete oder Lily gestattete zu akzeptieren, was sich vielleicht hart daran anfühlte. Auch ich fand einen seltsamen Trost in den albtraumhaften Darstellungen böser Stiefeltern, die in den populären Medien kursierten: Wenigstens war ich nicht so fies wie sie. Es war eine Art moralische Schadenfreude.

Es gab aber auch viele Unterschiede zwischen den überlieferten Geschichten und unserer. In den Märchen war der Vater-König oft einfältig und blind. Er vertraute einer Frau, die sein Vertrauen nicht verdiente. Wegen seiner Arglosigkeit oder Lust wurde seine Tochter misshandelt. Diesen Märchenvätern ähnelte Charles nur in einer Hinsicht: Er vertraute mir von Anfang an. Er glaubte, ich konnte eine Mutter für Lily sein, bevor ich daran glaubte. Er sprach offen über alles, was am Elternsein mühsam war, wodurch ich verstand, dass Liebe und Mühe zusammen möglich waren – dass Liebe und Mühe zusammengehörten. Er wusste, was es hieß, jeden Tag früh aufzustehen, drei Kleideroptionen bereitzulegen, eine Schale mit Cornflakes zu füllen, die Schale noch mal zu füllen, wenn die Cornflakes verschüttet waren, Pferdeschwänze zu binden, pünktlich zur Schule zu kommen, pünktlich von der Schule abzuholen, Brokkoli fürs Abendessen zu dünsten. Er wusste, wie wichtig der Unterschied zwischen Zeichentrickponys mit Flügeln und Zeichentrickponys mit Hörnern und Zeichentrickponys mit beidem, den Alihörnern, war. Er wusste, was es hieß, all das zu tun und am nächsten Tag früh aufzustehen und alles wieder von vorne zu tun.

Auch meine Beziehung mit Lily war anders als die Geschichte, die in den Märchen erzählt wurde – die Geschichte von Grausamkeit und Rebellion –, und sogar anders als die Geschichte, die im Scheidungszeitalter von den Medien erzählt wurde: das Kind, das die Stiefmutter zugunsten der richtigen Mutter verstößt, der biologischen Mutter, in deren Bauch es entstanden ist. In unserer Geschichte gab es keine Ablehnung. Bei uns gab es nur reine, instinktive, allumfassende Bedürfnisse. Ich würde Lilys Mutter nie ersetzen, aber ich war da. Ich war besser als nichts. Lily und ich schmiedeten unsere eigene Geschichte – eine Geschichte, zusammengesetzt aus tausend kleinen Gesprächen in der U-Bahnlinie 6, aus meinen Versuchen, Lilys Fingernägel zu lackieren, ohne ihren winzig kleinen Finger zu verschmieren, aus meiner Bitte an sie, tief durchzuatmen, wenn sie einen Wutanfall hatte, weil ich selbst tief durchatmen musste. Unsere Geschichte begann an dem ersten Abend, als ihre kleine heiße Hand bei der Szene, in der das Schneemonster den vereisten Berg herunterstürmt und das brave Rentier fast über den Haufen rennt, nach meiner Hand griff.

An jenem Abend, als wir ihr Schlaflieder vorsangen, rutschte Lily zur Seite und klopfte neben sich auf die Decke, in demselben Bett, in dem ihre Mutter sich in den Jahren ihrer Krankheit nachmittags ausgeruht hatte, unter dem Loch in der Wand, das von Charles stammte – als er nach einem Telefonat mit der Krankenversicherung wütend eine Spielzeuglokomotive an die Wand geknallt hatte –, über dem inzwischen ein Poster mit dem Alphabet hing. »Leg dich hier hin«, hatte Lily zu mir gesagt. »Leg dich auf Mommys Platz.«

Wenn die böse Stiefmutter ein Archetyp ist, ist ihre reinste, finsterste Inkarnation die böse Königin aus »Schneewittchen«. In der Version der Brüder Grimm von 1857 befiehlt sie dem Jäger rasend vor Neid, ihr das Herz ihrer Stieftochter zu bringen. Nachdem der Anschlag misslingt (der Jäger hat selbst ein Herz), nimmt die Aggression der Stiefmutter die Form falscher Großzügigkeit an. Als Hausiererin verkleidet besucht sie Schneewittchen und bietet ihr Gegenstände an, die entweder nützlich oder essbar sind: einen Gürtel, einen Kamm, einen Apfel. Es sind Gegenstände, die eine Mutter ihrer Tochter schenken würde – Nahrung oder Hilfsmittel der Selbstfürsorge, die von Frau zu Frau weitergegeben werden –, doch hier sollen sie Schneewittchens Tod herbeiführen. Die Mordwerkzeuge erreichen Schneewittchen im Schoß ihrer Ersatzfamilie, wo sie für die sieben Zwerge die Art »gute Mutter« sein kann, die ihre Stiefmutter nie war: Schneewittchen kocht und putzt und sorgt für die Zwerge. Ihre Tugend manifestiert sich in dem mütterlichen Impuls, der ihrer Stiefmutter fehlt.

In der uns vertrauten Erzählweise von »Schneewittchen« ist die böse Stiefmutter so verankert, dass ich überrascht war, als ich herausfand, dass in älteren Versionen der Geschichte keine Stiefmutter vorkam. Dort war Schneewittchens Mutter nicht gestorben, sondern lebte, und es war sie, die dem Kind nach dem Leben trachtete. Die Brüder Grimm sahen in diesem Muster Revisionsbedarf; zwischen der ersten Version ihrer Märchensammlung von 1812 und der letzten Version, die 1857 erschien, schrieben sie mehrere Mütter zu Stiefmüttern um. Damit wurde die Stiefmutter zum Gefäß sowohl für die emotionalen Aspekte der Mutterschaft, die zu hässlich waren, um sie der Mutter direkt zuzuschreiben (Ambivalenz, Neid, Missgunst), als auch für die Aspekte der kindlichen Wahrnehmung von Müttern (als grausam, kalt, aggressiv), die zu komplex waren, um sie in der biologischen Eltern-Kind-Dynamik zu verorten. Die Figur der Stiefmutter – dünn, kantig, streng – war wie Schlangengift, das aus einer heimlichen Wunde gesaugt und abgeleitet wurde, um den gesunden Körper des mütterlichen Ideals intakt zu erhalten.

»Es ist nicht nur ein Mittel, um die innerliche nur-gute Mutter zu bewahren, wenn die echte Mutter nicht nur-gut ist«, argumentiert Bettelheim, »sondern lässt auch den Zorn auf die böse ›Stiefmutter‹ zu, ohne das Wohlwollen der echten Mutter aufs Spiel zu setzen, weil diese als andere Person betrachtet wird.« Der Psychologe D. W. Winnicott drückt es noch einfacher aus: »Wenn es zwei Mütter gibt, eine echte, die gestorben ist, und eine Stiefmutter, verstehen Sie, welche Entlastung es für ein Kind darstellt, wenn die eine vollkommen ist und die andere schrecklich?« In anderen Worten, die Schattenfigur der Märchen-Stiefmutter ist ein rücksichtsloser Archetyp, der Aspekte vereinigt, die in jeder Mutter stecken: in der Komplexität ihrer Gefühle dem Kind gegenüber und in der Komplexität der Gefühle ihres Kindes für sie.

Während Lily ihre Vorstellung von Mutterschaft nicht in eine ideale Abwesende und eine bösartige Anwesende aufspaltete, nahm ich unbewusst genau diese Arbeitsteilung vor. Ich stellte mir vor, ihre biologische Mutter hätte stets das, was ich nicht immer geben konnte: Geduld, Freude, Mitgefühl. Sie wäre *bei* Lily, wenn sie einen Wutanfall hatte, wie ein Therapeut uns einmal ziemlich kryptisch ans Herz legte. Ihre echte Mutter hätte Lily nicht mit Unmengen an Plastikspielzeug bestochen. Sie wäre nicht frustriert gewesen, wenn das Einschlafritual neunzig Minuten dauerte, und falls doch, hätte sie den Frust mit ihrer bedingungslosen Liebe ausgeglichen, an der ich noch arbeitete. Ich wusste, dass meine Selbstkasteiung albern war – auch »echte« Eltern waren unvollkommen –, aber irgendwie war die selbstkritische Schiene tröstlich. Eine Frau, die das Kind einer anderen bemuttert, heißt es bei Winnicott, »rückt in ihrer eigenen Fantasie leicht in die Position der Hexe statt in die Position der guten Fee«.

In der Studie »Der vergiftete Apfel« analysiert die Psychologin (und Stiefmutter) Elizabeth Church die Interviews mit hundertundvier Stiefmüttern mit dem Fokus auf einer bestimmten Frage: Wie gehen Frauen mit dem bösen Archetyp ihrer Rolle um? »Obwohl sie ihre Situation ganz anders erleben als die Märchen-Stiefmutter, da sie sich machtlos fühlen, wo die Märchen-Stiefmutter enorme Macht ausübt«, beobachtet Church, neigten sie dennoch dazu, »sich mit dem Bild der bösen Stiefmutter zu identifizieren«. Church nannte das Phänomen den vergifteten Apfel. Sie fühlten sich »böse«, wenn sie Gefühle wie Missgunst, Abneigung oder Neid empfanden, und aus lauter Angst vor der eigenen »Bosheit« behielten sie solche Gefühle für sich, was dazu führte, dass die Scham noch größer wurde, solche Gefühle überhaupt zu empfinden.

In Märchen ist die Stiefmutter oft das symbolische Maskottchen der dunklen Seite des Mütterlichen – die Frau, die gegen die traditionellen kulturellen Vorgaben rebelliert –, aber in der Geschichte der US-amerikanischen Stiefmutter ist der Fall komplexer. Wie die Historikerin Leslie Lindenauer in ihrem Buch *I Could Not Call Her Mother: The Stepmother in American Popular Culture, 1750–1960* untersucht, geht die Figur der amerikanischen Stiefmutter auf die amerikanische Hexe zurück. Lindenauer weist nach, dass die negativen Attribute, die die Puritaner den Hexen zugeschrieben hatten – Boshaftigkeit, Egoismus, Kaltherzigkeit, der Mangel an Mutterinstinkten –, im Volksglauben des achtzehnten Jahrhunderts auf die Stiefmutter übergingen. »Beide waren Beispiele für Frauen, die wider Gott und die Natur die wesentlichsten Eigenschaften der tugendhaften Mutter pervertierten«, erklärt Lindenauer. »Außerdem warf man sowohl Hexen als auch Stiefmüttern vor, sie würden den Kindern *anderer* Mütter Leid zufügen.«

Die Stiefmutter wurde zum Sündenbock, zu einem neuen Behälter weiblicher Aspekte, die schon lange als Bedrohung wahrgenommen wurden: weibliche Handlungsmacht, weibliche Kreativität, weibliche Unruhe, mütterliche Ambivalenz. Ende des achtzehnten Jahrhunderts war die Stiefmutter als Ur-Schurkin so geläufig, dass sie sogar in Schulbüchern auftauchte. Ein Junge wurde von seiner toten Stiefmutter *noch aus dem Grab* heraus verletzt, als ihm auf dem Friedhof eine Säule auf den Kopf fiel. Die besondere Abgefeimtheit der Stiefmutter – das Doppelspiel der in Fürsorge gekleideten Tyrannei – schlug sich auch in der politischen Rhetorik der Kolonien am Vorabend der Amerikanischen Revolution nieder, wenn Englands Herrschaft mit der »Strenge einer Stiefmutter« verglichen wurde, wie in einem Traktat von 1774. In einem Artikel im *Ladies' Magazine* von 1773 beklagt eine Stieftochter ihr Schicksal in den Händen ihrer Stiefmutter: »Anstelle von liebevoller, mütterlicher Zuneigung … was sehe ich als Unzufriedenheit, Bösartigkeit und dreiste Autorität?« Die Stiefmutter bietet Knechtschaft, die sie arglistig als Zuwendung tarnt.

Aber die Stiefmutter blieb in der allgemeinen Vorstellung nicht immer eine böse Frau. Noch im achtzehnten Jahrhundert als Raffzahn verschrien – eine neuzeitliche Hexe –, wandelte sie sich Mitte des neunzehnten Jahrhunderts zur Heiligen, die sich glücklich ihrem angeborenen Mutterinstinkt unterwarf. Im Zuge des Progressivismus hielt die gute Stiefmutter sogar als Beleg dafür her, dass eine gute Mutter zu sein weniger mit heiligen Instinkten zu tun hatte als mit Vernunft, Auffassungsgabe und rationaler Selbstverbesserung. Man brauchte keine biologische Verbindung, nicht einmal einen angeborenen Fürsorgetrieb – man musste sich nur *bemühen*.

Als ich Lindenauer zu ihrer Forschung befragte, erzählte sie, die Entdeckung dieser Schwankungen habe sie zunächst überrascht – besonders die Figur der tugendhaften Stiefmutter, die in denselben Frauenmagazinen auftauchte, die noch wenige Jahrzehnte zuvor die Stiefmutter verteufelt hatten. Aber dann war sie auf ein Muster gestoßen. Offenbar fand die Stiefmutter immer dann Erlösung, wenn die Kernfamilie in der Krise steckte: kurz nach dem Bürgerkrieg oder im frühen zwanzigsten Jahrhundert, als Scheidung gesellschaftsfähig wurde. Die Stiefmutter etablierte sich als eine Art »Hafen im Sturm«, so Lindenauer. »Es war besser, eine Stiefmutter zu haben als gar keine Mutter.«

Die goldene Ära der guten amerikanischen Stiefmutter – der Gipfel ihrer Tugendhaftigkeit – war die zweite Hälfte des neunzehnten Jahrhunderts: Im und nach dem Bürgerkrieg waren die sentimentalen Romane und Frauenmagazine voll von frommen Stiefmüttern, die es kaum abwarten konnten, sich der mutterlosen Kinder anzunehmen, die ihnen in den Schoß stolperten. In Charlotte Yonges Roman *The Young Stepmother, or: A Chronicle of Mistakes* von 1862 wird die Protagonistin Albinia als Frau mit einem Überfluss an gutem Willen porträtiert, die nur auf Menschen in Not (also: in Trauer) wartet, um ihnen ihre überschüssige Güte angedeihen zu lassen. Ihre Geschwister fürchten, Albinia würde sich zu einer Sklavin machen, als sie einen Witwer mit vier Kindern heiratet, aber der Roman versichert uns, »ihr energetischer Geist und ihre Liebe zu Kindern« bewegten sie dazu, »die Aufgaben, die eine solche Wahl ihr auferlegen musste, mit Freude zu bewältigen«. Als der frischgebackene Ehemann sie nach Hause führt, entschuldigt er sich für das, was er von ihr verlangt: »Wenn ich dich ansehe und das Heim, in das ich dich führe, scheine ich schrecklich egoistisch zu handeln.« Doch sie will davon nichts wissen. »Ich wollte immer arbeiten«, gibt sie zurück. »Wenn ich nur etwas tun könnte, um deine Trauer und Sorge zu lindern.« Bei den Kindern *sagt* sie nicht nur, sondern *fühlt* genau die richtigen Dinge: Es tat ihr leid, dass die Kinder sie anstelle ihrer richtigen Mutter hatten; sie durften sie Mutter nennen, mussten aber nicht. Auch wenn der Untertitel des Romans »Eine Chronik der Fehler« lautet, scheint Albinia nicht viele Fehler zu machen.

Das Motto des Romans, »Scheitere – und jubiliere«, empfand ich als Lüge und unmöglichen Imperativ zugleich. De facto klang die Stimme der frommen Stiefmutter an sich wie ein Ausbund falscher Bescheidenheit. Sie wusste, sie würde für immer an zweiter Stelle stehen – oder an dritter!, oder an fünfter!, oder an zehnter! –, aber das machte ihr nichts aus. Kein bisschen. Sie wollte sich einfach nur nützlich machen. Eigentlich hatte ich gedacht, es täte gut, von der Existenz dieser tugendhaften Stiefmütter zu wissen, aber stattdessen fand ich sie fast unvertretbar – viel schwerer zu ertragen als die bösen Märchenstiefmütter. Mein giftiger Apfel war nicht die böse Stiefmutter, sondern ihr archetypisches Gegenteil, die Heilige, deren angeborene Tugend der unbarmherzigere Spiegel war. Dort würde ich immer sehen, wie viel selbstloser die andere war als ich. Ihre Geschichten walzten alles platt, was strukturell schwierig an der Stiefbeziehung war, oder sie behaupteten, Tugend würde alles heilen. Das war der Grund, warum Märchen viel toleranter als sentimentale Romane sind. Märchen lassen Dunkelheit zu. Und in einer Geschichte Dunkelheit zu finden, ist viel tröstlicher, als wenn man mit der eigenen Dunkelheit allein bleibt.

Ich geißelte mich, wenn ich die Geduld verlor, wenn ich Lily bestach, wenn ich am liebsten geflohen wäre. Ich geißelte mich, wenn ich ihr übelnahm nahm, dass sie Nacht für Nacht zu uns ins Bett kroch, nicht einmal ein richtiges Bett, sondern ein Futon, den wir im Wohnzimmer ausklappten. Bei jedem Gefühl fragte ich mich: *Würde es einer echten Mutter auch so gehen?* Das Quälende war nicht die Gewissheit, dass sie anders empfinden würde, das Quälende war die Ungewissheit: Woher sollte ich das wissen?

Am Anfang dachte ich, ich würde mich am meisten wie eine »richtige« Mutter fühlen, wenn ich unter Fremden war, die nicht wussten, dass ich keine war. Doch häufig fühlte ich mich unter Fremden wie eine Hochstaplerin. Eines Tages, am Anfang unserer Beziehung, ging ich mit Lily zu Mister Softie, einem der Eiswagen, die wie Landminen überall in New York City parken. Ich fragte Lily, was sie wollte, und sie zeigte auf eine Doppelwaffel Softeis, die allergrößte, mit den bunten Streuseln. Ich sagte: »Toll!« Innerlich war ich noch im Disney Store, glücklich über den Schlitten, zu jedem Mittel bereit, mich als Mutter durchzumogeln, zu jedem Rentier, zu jeder Waffel.

Die Doppelwaffel war so groß, dass Lily sie kaum halten konnte. *Mit beiden Händen*, hätte ich nach ein paar Monaten zu mahnen gelernt, aber das kam später. Dann hörte ich, wie die Frau in der Schlange hinter mir zu ihrer Freundin sagte: »Was für eine Mutter kauft ihrem Kind so viel Eis?« Ich wurde dunkelrot vor Scham. *Diese* Mutter. Also: gar keine Mutter. Ich wagte nicht, mich umzudrehen, dabei hätte ich es am liebsten getan, um die Fremde in Verlegenheit zu bringen, um mich gegen das mütterliche Super-Ego zu wehren, das sie repräsentierte, um ihr zu sagen: »Was für eine Mutter? Eine Mutter, die versucht, eine tote Mutter zu ersetzen.« Stattdessen griff ich nach einem Stapel Servietten und bot Lily an, ihre Waffel an den Tisch zu tragen, damit sie ihr auf dem Weg nicht runterfiel.

Als Stiefelternteil fühlte ich mich oft wie eine Betrügerin – oder ich fühlte die spezielle Einsamkeit derer, die sich außerhalb des Mainstreams befinden. Ich hatte keine Schwangerschaft hinter mir, hatte keine Geburt erlebt, war nicht von Bindungshormonen überschwemmt worden. Ich wachte jeden Morgen mit einer Tochter auf, die mich Mommy nannte, aber gleichzeitig ihre Mutter vermisste. Eine ihrer Lieblingspuppen, eine Monsterpuppe namens Spectra Vondergeist mit lila Strähnchen im schwarzen Haar und einer Dietrichsammlung am Gürtel, wurde auf der Packung mit dem Slogan beworben: »Tochter der Geister«.

Ich nannte unsere Situation oft »besonders«. Aber wie bei so vielen Formen der Besonderheit war unsere nicht nur ein zweischneidiges Schwert – gleichermaßen Quelle von Einsamkeit und von Stolz –, sondern auch eine Illusion. »Viele Menschen sind Stiefeltern«, sagte meine Mutter einmal zu mir, und natürlich hatte sie recht. Laut einer neueren Studie des Pew Research Center geben vier von zehn Amerikanerinnen und Amerikanern an, mindestens eine Stiefbeziehung zu haben. Zwölf Prozent der Frauen sind Stiefmütter. Ich kann Ihnen garantieren, dass sich jede davon manchmal wie eine Hochstaplerin und Versagerin fühlt.

In einem Essay über Stiefeltern plädiert D. W. Winnicott für den Nutzen von »Nicht-Erfolgsgeschichten«. Er stellte sich sogar Gruppensitzungen »nicht erfolgreicher Stiefeltern« vor. »Ich glaube, solche Treffen wären fruchtbar«, schreibt er. »Sie würden aus ganz normalen Frauen und Männern bestehen.« Als ich das las, überkam mich sofort die Sehnsucht. Ja, zu solchen Meetings wollte ich gehen, mit ganz normalen Männern und Frauen dasitzen – von ihren Eiswaffel-Bestechungen hören, von ihrer alltäglichen Ungeduld, ihrem Frust und ihren Tricks, ihren verzweifelten Rentierschlitten.

Im methodologischen Teil ihrer Studie »Vergifteter Apfel« gesteht Elizabeth Church, dass sie den teilnehmenden Frauen vor dem Interview mitgeteilt hatte, dass sie selbst auch Stiefmutter sei. Nach dem Interview erzählte sie manchmal von ihren eigenen Erfahrungen. Offenbar sagten viele der Frauen Dinge, über die sie sonst noch nie gesprochen hatten. Ich konnte ihren Impuls gut nachvollziehen – weil sie von Stiefmutter zu Stiefmutter sprachen, hatten sie das Gefühl, frei reden zu können. Es war eine ähnliche Dynamik wie bei Winnicotts Treffen unerfolgreicher Stiefeltern oder wie bei einem AA-Meeting im Gemeindezentrum, wo man Trost in den kleinen Triumphen und zahlreichen Niederlagen seinesgleichen fand: nicht vom gleichen Blut, aber vom gleichen Schlag.

Dramatischer Wendepunkt in Geschichten über Stiefmütter ist häufig die Entscheidung, die Stiefmutter Mutter zu nennen oder sie *nicht* Mutter zu nennen. Gewöhnlich funktioniert er als klimaktischer Moment der Akzeptanz oder Ablehnung. In »Meine Stiefmutter«, einer Kurzgeschichte, die 1870 im *Decatur Republican* erschien, begegnet ein junges Mädchen seiner neuen Stiefmutter mit Skepsis. Als die Stiefmutter, die ihr Vertrauen und ihre Zuneigung gewinnen will, sie bittet, ein Lied auf dem Klavier zu spielen, entscheidet sich das Mädchen für das Lied »I Sit and Weep by My Mother's Grave«. Aber siehe! Die Stiefmutter bleibt unverzagt. Nicht nur lobt sie das Mädchen für seine bewegende Darbietung, sondern sie vertraut ihm an, dass auch sie im zarten Alter ihre Mutter verloren und dieses Lied geliebt habe. Die Geschichte endet triumphierend, als die Tochter sie endlich Mutter nennt, eine Art umgekehrte Taufe – das Kind gibt dem Elternteil den Namen –, die den Anfang des »vollkommenen Vertrauens« besiegelt, das zwischen den beiden entsteht.

Mich Mutter zu nennen, war bei Lily nicht das Ende einer Entwicklung. Am Tag nach unserer Hochzeit in Las Vegas fragte Lily mich fast sofort, ob sie Mommy zu mir sagen dürfe. Es war offensichtlich, dass sie darauf gewartet hatte, und dieser Wunsch rührte mich sehr – als wären wir im Abspann eines Spielfilms gelandet, und der Soundtrack lief auf ein Crescendo zu.

Aber wir waren nicht im Abspann. Wir fingen gerade erst an. Ich hatte schreckliche Angst. Was würde wohl als Nächstes passieren? Das passierte als Nächstes: Wir hielten an einem 7-Eleven, um Snacks zu kaufen, und Lily zupfte mich am Ärmel und flüsterte mir ins Ohr, sie hätte bei der Lasertag-Geburtstagsparty, von der wir sie gerade abgeholt hatten, ein »erwachsenes Getränk« getrunken, und jetzt fühle sie sich komisch. Sie wollte es ihrem Dad nicht sagen. Es war, als würde das Universum mich dem ersten Mutterschaftstest unterziehen. War Lily betrunken? Was sollte ich tun? Wenn ich mich schon von ihr Mommy nennen lassen wollte, musste ich auch bereit sein, mit den Konsequenzen einer Lasertag-Party umzugehen. Charles kam später zu dem Schluss, dass es sich um ein paar Schluck Eistee gehandelt haben musste.

Ich hatte nicht das Gefühl, ich hätte mir den Titel *Mutter* »verdient«, wie es in den Romanen des neunzehnten Jahrhunderts der Fall war – als Belohnung für richtiges Verhalten, dem alten Topos zum Trotz –, sondern eher, als wäre ich in eine Anziehpuppe geschlüpft, die ein kleines, sehnsüchtiges Mädchen für mich ausgeschnitten hatte. So als wäre ich in der Geschichte »Making Mamma« aus dem Jahr 1900 gelandet, in der sich die sechsjährige Samantha aus einer mit alten Stoffen drapierten Schneiderpuppe eine Ersatzmutter bastelte. So als hätte Lily ein tiefes und bedingungsloses Vertrauen in mich gesetzt – unverdient, aus Not geboren –, und ich musste sehen, wie ich ihrem Vertrauen gerecht wurde, ohne es zu missbrauchen.

Nachdem ich in das Kostüm eines prominenten Archetyps geschlüpft war, gewöhnte ich mich daran, dass mir andere Leute Theorien über mein Leben mitteilten. Jeder hatte eine Meinung zu meiner Familie, ohne irgendetwas über meine Familie zu wissen. Eine Frau sagte, dass meine Situation leichter sei, als wenn ich mich an einer schrecklichen Ex messen müsste; eine andere Frau sagte, ich würde mich immer mit Lilys Erinnerung an ihre perfekte biologische Mutter messen müssen. Als ich für ein Reisemagazin einen Artikel über einen Familienurlaub schrieb, wollte die Redakteurin ein bisschen mehr Pathos von mir: »Gab es Probleme?«, schrieb sie an den Rand meines Entwurfs. »Was erhoffst du dir von der Reise? Eine engere Bindung? Die Chance, die Trauer loszulassen? Oder …?? Etwas Herzschmerz bitte.« Wenn die Redakteurin an meine Familie dachte, stellte sie sich vor, wir wären von tiefer Trauer geprägt, oder vom Widerstand dagegen. Besonders gut gefiel mir ihr »Oder …??«. Es klang so wahr. Denn das Problem war nicht, dass jede Theorie, die andere Leute über meine Familie aufstellten, falsch war; das Problem war eher, dass die meisten stimmten oder zumindest ein Körnchen Wahrheit enthielten. Was mich viel mehr alarmierte – dass ich für Fremde so durchschaubar war.

Aber jede Theorie war auch unvollständig. Es gab so viele Wahrheiten, und oft fühlte sich auch das Gegenteil wahr an. Selten hatte ich das Bedürfnis zu sagen: »Nein, so ist es gar nicht.« Meistens wollte ich sagen: »Ja, genauso ist es. Aber auch so und so und so.« Manchmal gab mir die Tatsache, dass in jedem, dem wir begegneten, all diese Vermutungen darüber rumorten, wie sich Stiefmutterschaft anfühlte, das Gefühl, als läge meine Liebe auf einem OP-Tisch in einem Saal voller Fremder. Ich kam mir vor, als würde ich ständig seziert werden, als würde jeder kontrollieren, wie vollständig oder empathisch ich meine Mutterrolle erfüllte.

Am Ende entdeckte ich nur zwei Märchen mit guten Stiefmüttern, und sie kamen beide aus Island. In einem führt eine Frau namens Himinbjorg ihren Stiefsohn durch die Trauer, indem sie ihm hilft, die Prophezeiung seiner toten Mutter zu erfüllen, die ihm im Traum erschienen ist: Er soll eine verfluchte Prinzessin erlösen, die in ein Monster verwandelt worden ist. Als der Prinz von seinem Abenteuer erfolgreich heimkehrt, wird Himinbjorg gerade zum Scheiterhaufen geführt, weil der ganze Hof überzeugt ist, sie wäre für sein Verschwinden verantwortlich. Himinbjorgs Selbstlosigkeit rührte mich. Sie war bereit, vor der ganzen Welt schlecht dazustehen, um ihrem Stiefsohn den Freiraum zu geben, den er brauchte, während ich viel zu viel Wert darauf legte, mich als gute Stiefmutter zu beweisen – ich hatte Angst, mein Wunsch, gut *dazustehen*, stand mir dabei im Weg, eine gute Stiefmutter zu *sein*. Vielleicht bedeutete mir das Lob für das Bemuttern mehr als das Bemuttern. Im Gegensatz zu Himinbjorg, die bereit war, als Hexe verurteilt zu werden, um ihrem Stiefsohn zu helfen, den Fluch zu brechen, den er brechen muss.

Und dann war da Hildur. Nach dem Tod seiner ersten Frau hat der König geschworen, nie wieder zu heiraten, weil er Angst hat, dass seine Tochter schlecht behandelt würde. »Alle Stiefmütter sind böse«, sagt er zu seinem Bruder. »Ich will nicht, dass Ingibjorg ein Leid geschieht.« Er ist ein Märchenkönig, der aus Märchen gelernt hat. Er kennt sich mit Stiefmüttern aus. Doch er verliebt sich trotzdem in Hildur. Sie aber sagt, sie heirate ihn nicht – es sei denn, er erlaube, dass sie vorher drei Jahre allein mit seiner Tochter verbringe. Die Ehe wird also möglich, weil Hildur bereit ist, in die Beziehung mit seiner Tochter zu investieren, unabhängig von ihrer Beziehung zu ihm, als eigenständige starke Flamme.

Was für Lily und mich den drei Jahren in einem isländischen Schloss am Nächsten kam, war eine Reihe über Downtown Manhattan verteilter Klokabinen. Klos waren die Orte, die Lily und ich ganz für uns hatten: das Klo, das mit alten Zeitungen tapeziert war, das Klo, auf dem sie mir versicherte, dass die Menschen früher Zöpfe statt Hände gehabt hatten, das U-Bahn-Klo mit dem Putzbecken, dass sie so »cool und schlicht« fand.

Klos waren unsere Räume, wie Mittwoch unser Tag war, wenn ich sie von der Schule abholte und mit ihr zu der Dunkin'-Donuts-Filiale an der Ecke 3rd Avenue und 20th Street ging, wo sich die Polizisten trafen, bevor ich Lily zum Ballett brachte, sie in ihr Glitzertrikot stopfte, wie eine Magd vor ihren Strumpfhosen kniete und ihren Dutt mit Nadeln feststeckte. Am Anfang fand ich, ich hatte eine Goldmedaille verdient, wenn ich sie mit nur zwei Minuten Verspätung ablieferte. Bis mir irgendwann klarwurde, dass alle Mütter um mich herum das Gleiche taten, nur zwei Minuten schneller und mit ordentlicheren Dutts. All die Dinge, die mir wie Hexenwerk vorkamen, waren das Zeug, das normale Eltern jeden Tag erledigten.

Aber diese Nachmittage zählten, denn sie gehörten Lily und mir allein. Einmal, auf dem Klo einer Bäckerei in SoHo, ein paar Monate bevor wir in eine neue Wohnung umzogen – die erste richtige gemeinsame Wohnung –, zeigte Lily auf die Tapete: rosa und braun mit einem verschnörkelten Muster. So sollte unser neues Zimmer aussehen, sagte sie. Unseres – sie hatte alles genau geplant. In der neuen Wohnung hätte Daddy ein Zimmer, und Lily und ich hätten das andere. Unser Zimmer würde piekfein sein, sagte sie. Ob wir Jungs reinlassen würden, wusste sie noch nicht. Hildur hatte es gewusst: Wir brauchten etwas, dass nur uns beiden gehörte.

Ein paar Monate später, in der neuen Wohnung, als ich Lily *Horton brütet ein Ei* von Dr. Seuss vorlas, hatte ich plötzlich einen Kloß im Hals. Horton lässt sich überreden, ein Ei zu brüten, solange Mayzie, die flatterhafte Vogelmutter, nach

Palm Beach in den Urlaub fliegt. Mayzie kommt nicht zurück, aber Horton gibt nicht auf. Er brütet tagelang, wochenlang, monatelang das fremde Ei. »Ich mein, was ich sag, und ich sag, was ich mein«, sagt er immer wieder, »ein Elefant muss hundert Prozent verlässlich sein.«

Als das Ei ausgebrütet ist, entpuppt sich das Küken, das herausschlüpft, als Elefantenvogel: ein Baby mit großen Augen, einem kleinen eingerollten Rüssel und roten Flügelspitzen. Der winzige Rüssel erinnerte mich an Lilys Handbewegungen – die immer größer und tollpatschiger wurden, so wie meine –, und daran, wie sie anfing, To-do-Listen zu schreiben – so wie ich –, nur um Dinge abhaken zu können. Aber an ihrer Wand hing auch ein Poster mit den Planeten, weil ihre Mutter das Weltall geliebt hatte, und sie war stolz darauf, »immer die Nase in einem Buch« zu haben, so wie ihre Großmutter es von ihrer Mutter erzählt hatte.

Wenn ich darüber nachdenke, was es bedeutet, Stiefmutter zu sein, geht es mir nicht um die statistische Relevanz – kaum mehr als zehn Prozent der Amerikanerinnen würden sich angesprochen fühlen –, sondern darum, dass Stieffamilien uns dazu zwingen, unsere Annahmen über das Wesen der Liebe und die Grenzen von Familie zu hinterfragen. Familie ist so viel mehr als Biologie, und Liebe ist so viel mehr als Instinkt. Liebe ist Anstrengung und Verlangen – nicht der sentimentale Plot einer mühelosen oder spontanen Verbundenheit, sondern das komplizierte Glück des Zusammenführens zweier Leben: Schinken-Guacamole-Sandwiches in der My-Little-Pony-Box, nächtliche Wachstumsschmerzen, ein vollgekotzter Autositz. Liebe sind die Tage, an denen man da ist. Die Koffer, die wir erben, die Geschichten, die wir übernehmen, sie finden ihren Weg in uns hinein – durch den Mutterleib oder die Eierschale, durch Anwesenheit oder reine Willenskraft. Aber das, was aus dem Ei schlüpft, ist nie das, was wir erwarten: das Kind, das herauskommt, oder der Elternteil, der geboren wird. Die Mutter ist keine Heilige. Sie ist keine Hexe. Sie ist nur eine gewöhnliche Frau. Einmal hat sie einen Schlitten gefunden, nachdem man ihr gesagt hatte, es gebe keine mehr. So fing es an.

MUSEUM DER GEBROCHENEN HERZEN

Das Museum der zerbrochenen Beziehungen zeigt eine Sammlung von Alltagsgegenständen, die an der Wand hängen, unter Glas liegen, auf Sockeln ausgeleuchtet sind: einen Toaster, ein Tretauto, ein selbstgebautes Modem. Einen Klorollenhalter. Einen positiven Schwangerschaftstest. Einen positiven Drogentest. Eine abgenutzte Axt. Sie kommen aus Taipeh, Slowenien, Colorado, Manila. Alle gestiftet, alle mit einer Geschichte: *Mit dieser Axt habe ich in den 14 Tagen, die sie verreist war, jeden Tag eins ihrer Möbel kleingeschlagen.*

Einer der Bestseller im Museumsshop ist der »Schlechte-Erinnerungen-Radierer«, ein echter Radiergummi, den es in verschiedenen Farben gibt. Dabei ist das Museum eigentlich das Gegenteil eines Radierers. Denn jedes Objekt verewigt etwas, das *war,* statt es verschwinden zu lassen. Wer dem Museum ein Objekt stiftet, akzeptiert Verlust und Permanenz zugleich: Du wirst etwas los, und du machst es unsterblich. *Sie war Einkäuferin für einen Feinkostladen und hat mir manchmal tolle Probierpackungen mitgebracht,* steht neben einer Tüte Ahornsirup-Meersalz-Popcorn. *Ich vermisse sie, ihren Hund und die Probierpackungen, aber das Luxus-Mikrowellen-Popcorn will ich nicht mehr hier haben.* Der Stifter hielt es nicht aus, es weiter im Schrank herumstehen zu haben, aber wegwerfen konnte er es auch nicht. Lieber stellte er es auf einen Sockel und ehrte es als Talisman einer zu Ende gegangenen Ära.

Wenn es um Trennungen geht, halten wir an bestimmten dominanten Narrativen von Reinigung, Befreiung und Exorzismus fest: der Theorie, es sei gut, die Erinnerungen loszuwerden, uns aus ihrem Griff zu befreien. Doch das Museum tut genau das Gegenteil: Es erkennt an, dass unsere Beziehung zur Vergangenheit, mit all ihren Brüchen und Verlusten, meistens vertrackter ist, dass sie sowohl Anziehung als auch Abstoßung ausübt.

> Ausstellungsstück 1: Muschelkette
> Florenz, Italien
> *Die Kette ist schlicht: eine kleine braungestreifte Muschelschale an einer schwarzen Lederschnur. Die Muschel stammt von einem Strand in Italien und wurde mit einem Zahnbohrer mit zwei Löchern versehen. Der Mann, der mir die Kette schenkte, studierte damals in Florenz Zahnmedizin. Er fertigte sie heimlich an, in einem seiner Kurse, in denen er eigentlich lernen sollte, wie man Kronen macht. Ich trug die Kette jeden Tag, bis ich sie nicht mehr trug.*

Als ich das Museum in Zagreb besuchte, das in einem barocken Adelshaus am Rand der Oberstadt untergebracht ist, war ich allein, während fast alle anderen Besucher Paare waren. Im Eingangsbereich warteten die Männer auf Ehefrauen und Freundinnen, die mehr Zeit in der Ausstellung verbrachten als sie. Ich stellte mir die Schadenfreude und Angst der Paare vor: *Das sind wir nicht. Aber wir könnten es sein*. Im Gästebuch fand ich den schlichten Eintrag: »Ich sollte mich trennen, aber ich werde es wohl nicht tun«, und ich berührte meinen Ehering – als Beweis, zum Trost –, aber ich kam nicht umhin, ihn mir als weiteres Ausstellungsstück vorzustellen.

Vor meiner Abreise nach Zagreb hatte ich im Freundeskreis herumgefragt: *Welchen Gegenstand würdet ihr dem Museum stiften?*, und überraschende Antworten bekommen: eine Muschel, die ein Zahnmediziner durchbohrt hatte, einen Gitarren-Slide, eine Einkaufsliste, vier schwarze Kleider, ein einzelnes Haar, eine Mango-Kerze, einen penisförmigen Kürbis, die Noten zu Rachmaninoffs 3. Klavierkonzert. Eine Freundin erzählte von einer Seite in einem Kinderbuch, das ihr Ex-Freund als Kind geliebt hatte, ein paar graue Mäuse mit Gedankenblasen über den Köpfen, in denen man die gleichen bunten Farben sieht, als träumten sie alle den gleichen Traum. Die Gegenstände, die meine Freunde beschrieben, griffen alle auf überholte Vergangenheiten zurück: *damals, als wir den gleichen Traum träumten.* Es waren Relikte dieser Träume, so wie die Ausstellungsstücke Relikte der Träume fremder Menschen waren – jedes der Versuch eines Plädoyers, dass Träume Spuren hinterließen.

Beim Schlendern durch das Museum war ich weniger Voyeurin als Kollaborateurin. Die Fremden wollten, dass ihr Leben gesehen wurde, und andere Fremde wollten es sehen. In einem der kuratorischen Texte wurde Roland Barthes zitiert: »Jede Leidenschaft hat letztlich ihren Zuschauer ... [es gibt] kein Liebesopfer ohne Schlusstheater.« Ich fühlte mich auf merkwürdige Weise beteiligt, als lieferte mein Interesse den Fremden, die die Objekte gestiftet hatten, den Beweis, dass ihre verschmähte Liebe interessant war. Der Ort strahlte Demokratie aus. Sein Ansatz implizierte, dass jeder Mensch eine Geschichte hat, die erzählens- und hörenswert ist. Diejenigen, die Objekte einreichen, unterscheiden sich nicht maßgeblich von denen, die sie betrachten. Jeder Besucher – der ein gebrochenes Herz und einen Klorollenhalter besitzt – kann selbst zum Autor werden, indem er einen Beitrag leistet.

Das Schild neben einer Reiseflasche Haarspülung erzählte von einem Mann namens Dave, der in die offene Ehe von Mr und Mrs W. »eingeladen« worden war. Mrs W. hatte die Haarspülung nach einem Wochenende in Daves Ferienhütte vergessen, und als sie und Mr W. bei einem Autounfall ums Leben kamen, hatte Dave kein »öffentliches Forum für seine Trauer«. Der Text schien mich direkt anzusprechen: »Du gibst Dave dieses öffentliche Forum.«

Ausstellungsstück 2: Einkaufsliste
Princeton, New Jersey
Anfang zwanzig war ich sieben Jahre lang in einer festen Beziehung, doch als ich siebenundzwanzig war, brach er mir das Herz, und ich hatte nie wieder einen Freund. Nach zehn Singlejahren, vier Umzügen, meiner Promotion, dem Berufseinstieg und zwanzig Kilo mehr auf den Hüften ging ich eine Kiste mit alten, zu klein gewordenen Sommersachen durch, und als ich in die Gesäßtasche einer abgeschnittenen Jeans griff, fand ich einen Zettel, der sich als Einkaufsliste in der Handschrift meines herzbrecherischen Ex-Freundes entpuppte: »Batterien, gr. schw. Mülltüten, Tide Flüssigwaschm., Lauchzw.« Da erinnerte ich mich an seinen großzügigen Gebrauch von Punkten – seltsamerweise auch hinter seiner Unterschrift –, jede E-Mail und jeder Brief endete mit diesem Satzzeichen der Endgültigkeit.

Das Museum der zerbrochenen Beziehungen begann mit einer Trennung. Als Olinka Vištica und Dražen Grubišić 2003 ihre Beziehung beendeten, führten sie unversehens eine Reihe von schwierigen Verhandlungen darüber, wie sie ihre Besitztümer aufteilen sollten. Wie Olinka sagt: »Das Gefühl des Verlusts ... war das einzige, das wir noch teilten.« Eines Abends, als sie am Küchentisch saßen, stellten sie sich eine Ausstellung mit all den Überbleibseln aus Beziehungen wie ihrer vor, und als sie die Ausstellung drei Jahre später tatsächlich auf die Beine stellten, war ihr erstes Exponat ein Überbleibsel aus ihrem gemeinsamen Hausstand: der mechanische Aufziehhase, den sie Honey Bunny getauft hatten.

Ein Jahrzehnt später war aus der Geschichte ihrer Trennung der Gründungsmythos des Museums geworden. »Neulich ist mir etwas Merkwürdiges passiert«, erzählte mir Olinka eines Morgens beim Kaffee. »Ich stieg vor dem Museum aus dem Auto und hörte, wie ein Fremdenführer einer Gruppe von Touristen von dem Hasen erzählte. Er sagte: ›Mit einem Witz fing alles an!‹« Eigentlich wollte Olinka dem Führer erklären, dass es keineswegs ein Witz gewesen war, dass die frühen Gespräche sehr schmerzhaft gewesen seien, aber dann begriff sie, dass die Geschichte ihrer Trennung zum Allgemeingut geworden war, Stoff von Nacherzählungen und Interpretationen anderer. Die Leute pickten sich heraus, was sie gebrauchen konnten.

Zwei Jahre nach der Auflösung der gemeinsamen Wohnung rief Dražen bei Olinka an und schlug vor, sich mit der Trennungsinstallation bei einem Kunstfestival in Zagreb zu bewerben. Beim ersten Versuch wurden sie abgelehnt, aber im folgenden Jahr wurden sie angenommen – sie hatten nur zwei Wochen für die Planung und keinen Platz in der eigentlichen Galerie. Stattdessen organisierten sie einen Schiffscontainer in der Hafenstadt Rijeka und verbrachten die nächsten zwei Wochen damit, ihn mit Objekten zu füllen. Erst hatten sie Angst, nicht genug Ausstellungsstücke zu finden, aber jeder, dem sie von ihrer Idee erzählten, sagte: »Ich hätte da vielleicht was für euch.«

Olinka traf unter dem Uhrturm auf dem Ban-Jelačić-Platz eine Frau, die in Begleitung ihres Mannes kam, aber Olinka ein altes Tagebuch mitbrachte, das sie mit dem Namen ihres Ex-Lovers vollgeschrieben hatte. In einer Bar traf sie einen Kriegsveteranen, der eine Beinprothese aus einer Plastiktüte zog und Olinka die Geschichte der Sozialarbeiterin erzählte, die ihm in den frühen Neunzigern geholfen hatte, die Prothese zu besorgen, als es wegen der Sanktionen im Balkankrieg fast unmöglich gewesen war, an Prothesen zu kommen. Doch die Prothese habe länger gehalten als die Beziehung, sagte er, weil sie aus »soliderem Material gemacht« war.

Als Olinka und Dražen vier Jahre nach der ersten Ausstellung endlich einen dauerhaften Ort für ihre Sammlung fanden, waren die Räume in schrecklichem Zustand: das völlig heruntergekommene Erdgeschoss eines Palasts aus dem achtzehnten Jahrhundert in der Nähe der Seilbahnstation in der Oberstadt. »Wir waren ein bisschen verrückt«, erzählte mir Olinka. »Wir hatten einen Tunnelblick. Wie wenn man verliebt ist.« Dražen schliff die Böden ab, strich die Wände, restaurierte die Backsteinbögen. Er leistete so gute Arbeit, dass Olinka ständig gefragt wurde: »Wolltest du dich wirklich von diesem Mann trennen?«

Das ist die tröstliche Ironie der Museumsgründung: Indem Olinka und Dražen aus ihrer Trennung ein Museum machten, entwickelten sie eine dauerhafte Partnerschaft. Vom Museumscafé sah man die Vitrine mit dem mechanischen Hasen, dem vorsitzenden Maskottchen und Schutzheiligen. »Viele denken, der Hase wäre unser Objekt«, sagte Olinka zu mir. »Aber in Wirklichkeit ist das Museum unser Objekt. Und alles, was daraus geworden ist.«

Ausstellungsstück 3: Eine Ausgabe von
Walden von Henry David Thoreau
Bukarest, Rumänien
Als wir zusammenkamen, fingen R. und ich beide an, Walden zu lesen. Um sich in Walden einzulesen, braucht man eine gewisse Einsamkeit, und unsere Beziehung war ein Gefäß, in dem wir beide unsere Isolation haben konnten, ohne uns zu vermischen, wie Wasser und Öl. Wir wohnten zusammen, aber jeder schlief in seinem eigenen Zimmer, wo wir beide vor dem Einschlafen Walden lasen. Das Buch war unser Stellvertreter: Unsere Körper waren durch die Wand getrennt, aber unsere Gedanken trafen sich bei denselben Ideen. Als wir uns trennten, hatte wir das Buch beide nicht fertiggelesen. Aber wir lasen trotzdem weiter.

Jede Beschreibung in dem Museum belehrte mich über die Grenzen meiner Wahrnehmung. Was wie ein UNO-Spiel aussah, war nicht bloß ein UNO-Spiel. Es war das UNO-Spiel, das ein amerikanischer Soldat seiner Freundin schenken wollte, mit der er eine Fernbeziehung führte – einer australischen Soldatenwitwe, die auch in der Armee war und zwei Kinder großzog –, aber nachdem beide ihre Einsätze beendet hatten und er nach Australien flog, um sie von ihrem Rückflug aus Afghanistan abzuholen, sagte sie ihm, sie sei noch nicht bereit für etwas Festes. Als er Jahre später zufällig das Museum mit dem Strandgut verlorener Liebschaften entdeckte, beschloss er, das UNO-Spiel zu stiften, das sie nie gespielt hatten. Er hatte es all die Zeit aufgehoben.

Manche Objekte verwiesen auf große historische Dramen, wie der Liebesbrief des dreizehnjährigen Jungen, der 1992 unter Beschuss aus Sarajevo geflohen war – eine Nachricht an Elma, ein Mädchen aus demselben Konvoi im Wagen hinter ihm –, doch er brachte nicht den Mut auf, ihr den Brief zu geben. Stattdessen hatte er ihr seine Lieblingskassette von Nirvana geschenkt, weil sie vergessen hatte, Musik mitzunehmen.

Am meisten aber rührten mich die ganz gewöhnlichen Alltagsgegenstände, weil ihre Gewöhnlichkeit suggerierte, dass jede Liebesgeschichte – selbst die alltäglichste, selbst die vorhersehbarste, selbst die undramatischste – es wert war, in einem Museum ausgestellt zu werden. Ivana Družetić, die ehemalige Managerin des Museums, verstand den Ort in der Tradition des Kuriositätenkabinetts: »Seit der Erforschung der kleinsten Teilchen und der Entdeckung der fernsten Orte geht es nicht mehr um das Streben nach Extremen, sondern um die Erfassung all dessen, was dazwischenliegt.«

Diese gewöhnlichen Gegenstände schienen zu wissen, dass eine Trennung die Macht hat, die Banalität des Alltags zu sättigen, so wie es bis dahin die Beziehung getan hatte: jeder Gang, jedes nervtötende Weckerklingeln, jede nächtliche Netflix-Session. Wenn die Liebe fort ist, fehlt sie überall. Sie ist ein Geist, der den Alltag genauso stark mit seiner Abwesenheit durchdringt. Ein Mann hinterlässt dir eine Einkaufsliste übersät mit seinen persönlichen Spleens und überflüssigen Punkten, entlarvend in ihrer Präzision: die *gr. schw. Mülltüten* implizieren, dass einmal zu kleine Mülltüten gekauft worden waren, die *Lauchzw.* gehören zum Rezept einer speziellen Fischsuppe, zubereitet an einem besonders schwülen Sommerabend. Die Objekte waren alle Vokabeln einer geteilten Privatsprache, die ich nie ganz verstehen würde – der zerbeulte Topf, der Plastikeimer –, oder Relikte einer Zwei-Personen-Zivilisation, die nicht mehr existierte.

Manche Objekte sind weniger Überbleibsel einer Vergangenheit als Pfandstücke einer ungelebten Zukunft. Ein zerbröselnder Lebkuchen überdauerte als altbackene Hommage an den Ein-Tages-Flirt mit einem verheirateten Mann, einen feuchtfröhlichen Nachmittag auf dem Chicagoer Oktoberfest, bis am nächsten Tag die SMS kam: »Es fällt mir wirklich schwer, weil du eine tolle Frau bist, aber … bitte keine Anrufe oder Nachrichten, es würde nur Ärger bringen.« Die Begebenheit war scheinbar so belanglos – eine zufällige Begegnung, eine abschließende Textnachricht –, dass man ihr nie zugetraut hätte, unsterblich zu werden. Und doch ist das Lebkuchenherz hier. Ein einziger Nachmittag hatte einer Frau genug bedeutet, um das Lebkuchenherz jahrelang aufzubewahren, bis der Zuckerguss zu blassem Schorf vertrocknet war, und dieser Schorf verkörperte das Wesen des Museums – die Würdigung des heimlichen Kummers einer »Ein-Tages-Verliebtheit«, Gefühle, die der Erinnerung nicht wert zu sein schienen, Trauer um etwas, das nie passiert ist. Denn auch sie gehört zu jeder Trennung: die Trauer um die Fortsetzung der Beziehung, zu der es nicht gekommen ist, die Trauer um die hypothetische Beziehung, die hätte funktionieren können. Die wollene Socke eines Soldaten mit der Erklärung der Frau, die zwanzig Jahre mit ihm zusammen war: *Ich hatte zwei Kinder mit ihm, aber wir haben uns nie richtig unterhalten. Ich dachte immer, wir würden irgendwann damit anfangen.*

Im Museum war ein Tagebuch ausgestellt, das eine Frau während der bipolaren Phase ihres Geliebten geführt hatte, und darin wiederholte sie wie ein Mantra die Phrasen: *Ich halte mein Herz offen*, und *Ich lebe im Moment*, schrieb sie immer wieder. Die Abgedroschenheit dieser Sätze rührte mich: Sie waren nicht geistreich. Sie waren nur nötig.

Ausstellungsstück 4: Briefumschlag mit
einem einzelnen menschlichen Haar
Karviná, Tschechien
Nach dem Collegeabschluss 1993 jobbte ich ein Jahr lang als Englischlehrerin in einem Bergarbeiterdorf an der polnisch-tschechischen Grenze, einer deprimierenden, schmutzigen, kommunistischen Kleinstadt, in der ich eine Einsamkeit erlebte, die ich nie zuvor oder danach gekannt hatte. Im Sommer hatte ich in Salisbury Beach auf dem Rummelplatz einen Schotten namens Colin kennengelernt, der am Riesenrad arbeitete. Wir schrieben uns, und manchmal waren seine Briefe der einzige Lichtblick am ganzen Tag. Colin hatte rotbraune Locken, die mich entzückten, und einmal, als der vertraute blaue Airmail-Umschlag in meinem Briefkasten steckte, fand ich unter dem Klebestreifen ein einzelnes gelocktes Haar von ihm: ein Teil seines Körpers, der DNA, die er eines Tages an unsere Kinder weitergeben würde. Als er mich auf ziemlich feige Art sitzenließ – indem er mir einfach nicht mehr schrieb –, musste ich jedes Mal weinen, wenn ich in den Briefkasten sah, und dann musste ich weinen, wenn ich in meine traurige kommunistische Wohnung zurückkehrte, und dann musste ich noch mehr weinen, wenn ich den Umschlag mit seinem gelockten Haar anschaute.

»Das Museum war uns immer zwei Schritte voraus«, erzählte Olinka und sagte, dass das Museum von Anfang an einen eigenen Willen besessen hatte, einen Existenztrieb, der unabhängig von ihr und Dražen war. Als hätten all die Geschichten nur darauf gewartet – wie Feuchtigkeit, die in der Luft liegt, wenn es jeden Moment zu regnen anfangen kann. Nach der

Ausstellung in dem Schiffscontainer erhielten Olinka und Dražen einen Anruf von den Produzenten einer japanischen Quizshow, die eine Episode in ihrem Museum drehen wollten. Damals gab es das Museum noch gar nicht. So war es von Anfang an: Leute glaubten an das Museum, wollten das Museum, bevor es überhaupt existierte.

In den zehn Jahren seit dem Schiffscontainer hat das Museum viele Formen angenommen: Dauerinstallationen in Zagreb und Los Angeles, ein virtuelles Museum mit Tausenden von Fotos und Geschichten im Netz, sechsundvierzig Pop-up-Installationen rund um die Welt – von Buenos Aires bis Boise in Idaho, von Singapur bis Istanbul, von Kapstadt bis Südkorea, von der Oude Kerk in Amsterdams Rotlichtviertel bis zum Europäischen Parlament in Brüssel, jede regional, wie ein ökologischer Gemüseladen, die Regale mit örtlichem Liebeskummer gefüllt.

Olinka erzählte mir Anekdoten über einzelne Ausstellungen: Die Schau in Mexico City erlebte in den ersten vierundzwanzig Stunden eine Flut von zweihundert Spenden. Die Schau in Südkorea zeigte viele Gegenstände der Schüler, die bei dem großen Fährunglück ums Leben gekommen waren. Französische Stifterinnen und Stifter steuerten ihre Erklärungen häufig in der dritten Person bei, während in den USA meistens die erste Person verwendet wurde – das All-American-»I«. Auch die amerikanischen Kuratorinnen und Kuratoren benutzten häufiger die erste Person, wenn sie über ihre Ausstellung sprachen: *Meine Sammlung. Die Spenden, die ich zusammengetragen habe.* Olinka und Dražen versuchten, nicht so zu sprechen. Es dauerte Jahre, bis sie überhaupt ihre eigene Trennungsgeschichte in den öffentlichen Kontext des Museums stellten. Das Projekt stand für sie immer auf einer höheren Ebene als ihr privater Schmerz.

Objekte machen private Geschichte öffentlich, aber sie verleihen der Vergangenheit auch eine gewisse Integrität. In Erinnerungen wird die Vergangenheit oftmals verklärt: Der verflossene Partner wird durch Rückblicke und Rekonstruktionen, Mythen und Rechtfertigungen ersetzt. Doch Objekte lassen sich nicht auf diese Art verzerren. Sie bleiben eine Schachtel Popcorn oder ein Toaster oder ein Hoodie, der eines Abends 1997 bei einem plötzlichen Wolkenbruch nass wurde.

In einer anderen Ausstellung, die ich in derselben Woche in Zagreb besuchte – es ging um die Belagerung von Dubrovnik durch serbisch-montenegrinische Truppen im Jahr 1991 –, waren es wieder die Objekte, die mich besonders beeindruckten: nicht die riesigen Fotos der Forts aus bleichem Stein, die in Rauch aufgingen, sondern die Handgranate, die aussah wie eine kleine schwarze Ananas, und das grobe Kreuz, das eine Familie aus dem explodierten Artilleriegeschoss gemacht hatte, das in ihre Wohnung eingeschlagen war. Neben einem Granatsplitter lag die rosa Taschenlampe eines Soldaten, ein Stück Gaze mit seinem Blut und ein Foto von ihm mit verbundenem Auge im Lazarett, auf der nackten Brust ein Rosenkranz. Sein Name war Ante Puljiz. Die Worte bedeuteten mir nichts. Aber der Granatsplitter – er hatte in seinem Fleisch gesteckt.

Ausstellungsstück 5: Vier schwarze Kleider
Brooklyn, New York
Ich würde dem Museum die vier schwarzen Kleider stiften, die in meinem Schrank hängen: Ein Hemdblusenkleid, ein Sommerkleid, ein geripptes Rollkragenkleid und ein A-Linien-Kleid aus Rohseide. Zwei der Kleider waren Geschenke von meinem Ex, und zwei habe ich

mir selbst gekauft, doch alle vier stammen aus einer Zeit in meinem Leben, als ich dachte, wenn ich mir eine Uniform zulege, könnte ich die Person werden, die ich sein wollte. Ich dachte – wir beide dachten –, ich könnte das Problem meiner mangelnden Weiblichkeit, meines Desinteresses an Mode, meiner allgemeinen Unhipness lösen, indem ich einer dieser Literaturparty-Stammgäste würde, die immer Schwarz trugen, kluge Kommentare abgaben und Bestseller schrieben. Zwei Monate vor unserer Trennung sagte er zu mir: »Ich warte ab, ob du berühmt wirst, weil ich glaube, dann könnte ich mich in dich verlieben.« Es ist schrecklich, so etwas zu sagen, ein ungeschickter Versuch, ehrlich zu sein – trotzdem verstand ich, dass ich es ihm irgendwie versprochen hatte, diese Fantasie einer öffentlichen Person, an der wir beide gearbeitet hatten. Am liebsten würde ich dem Museum diese Kleider stiften – nur dass ich sie noch trage. Ständig. Aber ich trage auch andere Kleider – violette, geblümte, geometrische, pinke.

Als Kind, vor der Trennung meiner Eltern, glaubte ich, dass Scheidung wie Heiraten eine Zeremonie war, nur umgekehrt: Das Paar schritt gemeinsam zum Altar, Hand in Hand, und wenn sie vorne waren, ließen sie einander los und gingen getrennte Wege. Als eine Freundin meiner Eltern sich von ihrem Mann trennte, fragte ich sie: »Hattet ihr eine schöne Scheidung?« Ich wollte höflich sein. Das Ende schien mir wichtig genug, dass es ein angemessenes Ritual verdiente.

Als die Performancekünstler Marina Abramovic und ihr Partner Ulay nach zwölf Jahren beschlossen, ihre Beziehung zu beenden, würdigten sie ihre Entscheidung, indem sie die Chinesische Mauer erwanderten. »Beim Anfang einer Beziehung gibt man sich so viel Mühe, und beim Ende so wenig«, erklärte Abramovic. Und so begann sie die Wanderung am 30. März 1998 am östlichen Ende der Mauer, am Golf von Bohai an der Gelben See, während Ulay am westlichen Ende in der Wüste Gobi aufbrach. Sie wanderten neunzig Tage lang und legten rund 2500 Kilometer zurück, bis sie sich in der Mitte trafen und zum Abschied umarmten. Fast dreißig Jahre später zeigte eine Retrospektive von Abramovics Arbeiten in Stockholm auf zwei Videoleinwänden Szenen dieser Reise: Auf einer Leinwand sah man Abramovic in einer kargen, schneebedeckten Landschaft mit Kamelen, auf der anderen wanderte Ulay mit einem Wanderstock durch grüne Hügel. Die Videos liefen in Endlosschleife, und ich fand es wunderschön, dass diese zwei Liebenden Jahrzehnte nach ihrer Trennung immer noch stetig aufeinander zuwanderten.

Wenn jede Beziehung eine Kollaboration ist – zwei Menschen, die gemeinsam die Personen erschaffen, die sie miteinander sein wollen –, ist diese Kollaboration manchmal wie eine Diktatur, die einen in eine bestimmte Gestalt zwingt, und manchmal wie eine Geburt, die ein neues Ich möglich macht. Und der Kometenschweif, der übrigbleibt – die Kleider, die man trug, der Lippenstift, den man ausprobierte, die Bücher, die man kaufte, aber nie las, die Bands, die man zu mögen vorgab –, kann sich wie eine gesprengte Fessel anfühlen und ist trotzdem manchmal schön: ein Kleid, das nicht mehr als Kostüm, sondern als Seidenhaut am Samstagabend getragen wird.

Tatsächlich faszinierten mich Trennungen schon lange, bevor ich selbst Beziehungen hatte. In unserer Familie gab es jede Menge Scheidungen und übervölkerte Zweit- und Drittehen: Meine beiden Großelternpaare waren geschieden, die Eltern meiner Mutter zweimal; meine beiden Eltern waren jeweils dreimal verheiratet; mein ältester Bruder war mit vierzig geschieden. Für mich war Scheidung weniger ein Scheitern als ein unausweichliches Stadium im Lebenszyklus jeder Liebe.

Aber in unserer Familie waren die Geister früherer Partner selten rachsüchtig oder verbittert. Der erste Mann meiner Mutter war ein schlaksiger Hippie mit liebenswürdigen Augen, der mir einmal einen Traumfänger schenkte. Der erste Mann meiner Lieblingstante war ein Künstler, der Masken aus getrockneten Palmwedeln machte, die er am Strand fand. Diese Männer faszinierten mich, weil sie einerseits Überbleibsel der Personen waren, die meine Mutter und meine Tante waren, bevor ich sie kannte, und andererseits die spektralen Möglichkeiten aufzeigten, wer sie hätten sein können. Meine Eltern wiederum waren siebzehn Jahre nach ihrer Scheidung so gut befreundet, dass meine Mutter als Diakonin in der Episkopalkirche seine dritte Trauung vornahm.

Womit ich sagen will: Ich wuchs in dem Glauben auf, dass Beziehungen wahrscheinlich zu Ende gehen, aber ich glaubte fest daran, dass Beziehungen, selbst wenn sie zu Ende sind, immer ein Teil von dir bleiben, was nicht unbedingt etwas Schlechtes ist. Als ich meine Mutter fragte, welches Objekt sie dem Museum stiften würde, entschied sie sich für eine Bluse, die sie Jahre vor meiner Geburt in San Francisco gekauft hatte, zusammen mit der Frau, die sie liebte, bevor sie meinen Vater kennenlernte.

Schon als Kind spürte ich, dass eine Beziehung, die in die Brüche geht, immer mehr ist als nur der Bruch. Was vor dem Ende war, würde durch das Ende nicht entwertet. Die Erinnerungen an die Beziehung – mit ihren besonderen Freuden und Reibungen, der speziellen Inkarnation des Selbst, die darin möglich war – verpuffen nicht einfach, auch wenn es in der Welt nicht immer Raum gibt für sie. Wenn man zu viel über einen Ex-Partner redet, wird das meist als pathologisches Zeichen verstanden. Der Heilsbotschaft der seriellen Monogamie liegt die Vorstellung zugrunde, dass jede Beziehung nur ein Testlauf ist, nur die Vorbereitung auf die Beziehung, die endlich hält. Nach diesem Modell ist eine Familie, in der es viele Scheidungen gibt, eine Familie voller Niederlagen. Aber ich wuchs mit einer anderen Erfahrung auf, ich wuchs auf mit dem Gefühl, dass jeder Mensch eine Anhäufung seiner Liebschaften ist, wie eine Matrjoschka, die alle früheren Beziehungen in sich trägt.

Ausstellungsstück 6: Paisley-Bluse
San Francisco, Kalifornien
Irgendwann 1967. Wir kauften unsere Paisley-Blusen an einem Stand in Haight-Ashbury. Es war der berauschende Anfang unserer Beziehung, für mich umso aufregender, weil es meine erste lesbische Erfahrung war. Die Blusen waren fast gleich, aber nicht ganz; meine war psychedelisch pink, ihre war lila. Zum ersten Mal trugen wir sie bei einem Jefferson-Airplane-Konzert, aber an meiner Bluse hängen auch viele Erinnerungen an Orte, die ich nie besucht habe: das Jahr, in dem ich mit dem Rucksack durch Europa reisen und als Erntehelferin arbeiten wollte, der Olivenpflücker-Streik in der Provence, den ich anführen wollte, die Campingreise ins Death Valley, wo an einem Horizont die Sonne unter- und am anderen der Mond aufging. Alles war gut und richtig und voller Pläne, bis es vorbei war. Eigentlich weiß ich gar nicht, warum es zu Ende ging, aber vielleicht hatte es auch mit meinem Kinderwunsch zu tun. Das letzte Mal habe ich sie 1975 gesehen, am Gay Pride

Day in Washington, D. C. Es ist lange her, aber die Paisley-Bluse habe ich immer noch. Sie erinnert mich daran, wer ich einst war.

Als Kind liebte ich das Buch *Grobi im Museum für alles, was es auf der großen, weiten Welt gibt.* Im Museum für alles, was es auf der großen, weiten Welt gibt, besucht Grobi den »Dinge-die-du-am-Himmel-siehst-Saal« und den »Saal der langen, dünnen Dinge, mit denen du schreiben kannst«, wo versehentlich eine Karotte gelandet ist, die Grobi zu ihrem rechtmäßigen Platz auf dem eleganten Marmorsockel im ansonsten leeren »Karotten-Saal« zurückbringt. Als Grobi am Ende der Ausstellung angelangt ist, fragt er sich: »Wo haben sie alles andere hingetan?« Dann entdeckt er eine Holztür mit der Aufschrift: »Alles andere«. Als er sie öffnet, ist es natürlich der Ausgang.

Als ich das Museum der zerbrochenen Beziehungen verließ, kamen mir all die Dinge, die ich auf den Straßen von Zagreb sah, wie potenzielle Ausstellungsstücke vor, Objekte, die einst Teil einer Liebesbeziehung gewesen oder eines Tages dazu geworden waren: ein Gartenzwerg, der grinsend vor einem Spitzenvorhang stand; lila Knete, die in ungleichen Kugeln auf einer Fensterbank verteilt war; ein oranger Plastikaschenbecher nahe der oberen Seilbahnstation; jeder Zahnstocher in den Würstchen, die auf einem Grill auf dem Strossmayer-Platz brutzelten; jede Zigarettenkippe im verstopften Gully an der Hebrangova; der apfelgroße Schorf am nackten Schienbein eines alten Mannes auf einem Moped, dessen Frau sich von hinten an seiner Taille festhielt. Vielleicht wünschte sie sich eines Tages, sie hätte als Erinnerung seinen Schorf aufbewahrt. Der wolkenlose Tag in Zagreb hatte Liebeskummer auf Lager wie eine tickende Bombe.

Als ich einen Mann und eine Frau sah, die sich im Zrinjevac-Park eine Tüte Popcorn teilten, fragte ich mich, ob ihre Accessoires, wenn alles den Bach runtergegangen war, sie an diesen speziellen Tag erinnern würden, wie Bodenproben: ihre Sonnenbrille, seine Sneakers. Ich stellte mir das Popcorn auf einem Sockel vor, im Scheinwerferlicht – *Tüte Popcorn, Zagreb, Kroatien* –, überschrieben mit der Geschichte einer anderen Frau oder eines anderen Mannes oder auch nur eines anderen Jahres, das den Überschwang zur Routine herunterdimmte.

Ich konnte meine eigenen verflossenen Liebschaften als unendlichen Katalog spukhafter Objekte heraufbeschwören: eine Packung Schokoladeneis, gegessen auf dem Futon über dem Falafel-Laden; ein Teller matschige Chili-Fries bei Tommy's, Ecke Lincoln und Pico; die Tube mit der Salbe gegen Bindehautentzündung; zwanzig verschiedene T-Shirt-Gerüche; Barthaare, wie Teeblätter über schmuddeligen Waschbecken verteilt; eine Spülmaschine auf drei Rädern in der Speisekammer der gemeinsamen Wohnung mit dem Mann, von dem ich glaubte, wir würden eines Tages heiraten. Aber vielleicht ist die eigentliche Frage nicht, welche Gegenstände in den Katalog gehören, sondern warum ich sie so gerne katalogisiere. Was ist das für ein Schmerz, den ich genieße, diese geätzte Spurrille der Erinnerung an eine alte Liebe, dieser Hang zu Nostalgie?

Als ich mich von meinem ersten Freund trennte – in unserem ersten Jahr an zwei verschiedenen Colleges, jeweils am entgegengesetzten Ende des Landes –, entwickelte ich eine seltsame Zuneigung zu meinem Liebeskummer. Statt unsere gekünstelten Telefonate aussitzen zu müssen, konnte ich nachts in der bitteren Bostoner Kälte stehen und Zigaretten rauchen und vermissen, wie es gewesen war, damals,

als wir uns in Los Angeles ineinander verliebt hatten: warme Abende am Meer, Küsse auf dem Bademeisterhochsitz. Der Liebeskummer war wie eine bereinigte Version unserer Bindung, als stünde ich ihm in meiner Trauer näher als während unserer Beziehung. Aber da war noch etwas: Der Liebeskummer wurde selbst zu einer Art Anker, etwas, das ich mehr brauchte, als ich meinen Freund je gebraucht hatte.

Ausstellungsstück 7: Steel-Guitar-Slide
Fayetteville, West Virginia
Das bedeutsamste Beziehungsobjekt, das ich besitze, ist ein alter Steel-Guitar-Slide aus den 1920er Jahren. Es handelt sich um einen bar slide *oder* tone bar, *also ein simples Stück aus verchromtem Stahl oder Messing, dessen Herstellungsstempel vom ständigen Gebrauch abgenutzt ist. Mein Ex-Freund, der sowohl überdurchschnittlich musikalisch als auch überdurchschnittlich destruktiv ist, hat ihn mir (wahrscheinlich in einem Anfall von letzterem) geschenkt. Ich glaube, der Slide war sein wertvollster Besitz, und er besaß meistens nicht viel. Wir waren sechs Jahre zusammen, ich war noch sehr jung, und das Ganze endete damit, dass ich ins Frauenhaus ging. Trotzdem schaffe ich es nicht, mich von dem Gitarren-Slide zu trennen, und ich denke natürlich an den ganzen Blues, den er in all den Jahren erlebt hat: seinen Blues, meinen Blues, seinetwegen. Ich habe heute noch das Gefühl, der Slide gehört ihm, nicht mir – meine Finger können ihn kaum halten –, und ich würde ihn jederzeit zurückgeben, wenn er ihn haben will.*

Olinka sagte, Melancholie werde »zu Unrecht aus dem öffentlichen Raum verbannt«, und sie bedauerte, dass Wehmut heutzutage gettoisiert und durch den unheimlichen Optimismus von Facebook-Updates ersetzt werde. Ein Gitarren-Slide kann den Blues bewahren – »seinen Blues, meinen Blues, seinetwegen« –, oder ein Museum bewahrt den Blues, indem es uns zwingt, ihm Raum zu geben. Für Olinka sollte das Museum ein »bürgerlicher Tempel« sein, in dem »Melancholie ein Existenzrecht hat«, wo Liebeskummer mehr sein darf als ein negatives Gefühl, das man überwinden muss. Sie mag es nicht, wenn Besucherinnen und Besucher den »therapeutischen Wert« ihres Museums loben. Denn das hieße, dass Liebeskummer eine Krankheit wäre, die geheilt werden muss.

Fünfzehn Jahre meines Lebens, die Zeit zwischen meiner ersten Trennung und meiner letzten Trennung, praktizierte ich das Gegenteil, den Glauben an die Melancholie als besonders verfeinerten Geisteszustand: eine Destillerie der Gefühle, die mich in meine stärkste und reinste Form brachte. Aber als ich in jener Woche durch Zagreb schlenderte, seit zweieinhalb Jahren verheiratet und seit zwei Monaten schwanger, suchte ich nicht nach Orten, um zu rauchen und mich einsam zu fühlen, mir mit filterlosen europäischen Zigaretten das Innere auszukratzen. Ich suchte nach frischem Obst, um meine plötzlichen, überwältigenden Gelüste zu stillen: eine Tüte Kirschen vom Markt, Bergpfirsiche, die so reif waren, dass mir der Saft aufs Kleid tropfte, kaum hatte ich die Zähne durch ihren Pelz gebohrt.

Früher wurden Beziehungen immer dann schwierig für mich, sobald die Anfangsphase der hemmungslosen Verliebtheit und schwindeligen Leidenschaft vorbei war. Das, was nach dem ersten Strahlen kam, fand ich trüb und kompliziert. Doch mit der Heirat hatte ich mich zu einer anderen Art von Schönheit bekannt: der gestreiften Schönheit der Kontinuität, wenn man zuließ, dass die Liebe mit den Jahren Schichten bildete, wenn man Nähe mit all ihren Schwierigkeiten und Albernheiten zuließ, wenn man lang genug blieb, um überwundene Krisen wie Talismane aufzubewahren, die einen erinnerten: *Es gibt noch eine andere Seite.*

In meinem Hotelzimmer in Zagreb summte das Handy, zuerst kam die Nachricht einer Freundin, die in Colorado am Flughafen auf die Ankunft des Mannes wartete, in den sie sich gerade verliebte, und dann die Nachricht einer anderen Freundin: »Wir haben Schluss gemacht. Bist du da? Ich will nicht das ganze Wochenende allein sein.«

Die Welt ist immer Anfang und Ende zugleich. Während Ikarus vom Himmel fällt, wischt auf Tinder jemand nach rechts.

Bei der Zerbrochene-Beziehungen-Pop-up-Installation in Boise, Idaho, stiftete ein Mann einen Anrufbeantworter mit der Nachricht seiner Ex, die ihn als Arschloch beschimpft, gefolgt von der Nachricht seines Vaters, der vom Wetter redet. Das ist Liebeskummer: Ein Herz bricht, und der Rest der Welt spricht von vereinzelten Regenschauern. Deine Ex-Freundin erträgt die Tatsache deiner Existenz auf der Welt nicht, und dein Bruder will wissen, ob du gestern Abend das Spiel der New York Knicks gesehen hast. Auch das macht den Reiz des Museums aus: der Wunsch nach Gesellschaft, der Wunsch, die plötzliche Erfahrung der Einsamkeit in etwas Soziales zu verwandeln. *Wir haben Schluss gemacht. Bist du da? Ich will nicht das ganze Wochenende allein sein.*

Die französische Konzeptkünstlerin Sophie Calle erklärte den Auslöser ihrer Installation *Take Care of Yourself* von 2007 so: »Ich bekam eine E-Mail, in der stand, dass es vorbei sei. Ich wusste nicht, was ich darauf antworten sollte … Die Nachricht endete mit den Worten ›Take care of yourself‹. Was ich tat.« Für Calle bedeutete *take care of yourself* – »pass auf dich auf« –, hundertundsieben Frauen zu bitten, die Nachricht zu interpretieren: »Analysiere sie, kommentiere sie, tanze sie, singe sie. Nimm sie auseinander. Quetsche sie aus. Versteh sie für mich.« Die Ausstellung bestand aus dem Chor der Reaktionen. Eine »Lexikostatistikerin« stellte in der Grammatik des Abschiedsbriefs das Fehlen aktiver Konstruktionen fest. Eine Korrekturleserin strich die Wiederholungen an. Eine Rechtsanwältin warf dem Ex Betrug vor. Eine Kriminalpsychologin diagnostizierte ihm »Stolz, Narzissmus und Egoismus«.

Bei Trennungen Beistand zu leisten und um Beistand zu bitten, gehörte zu jeder tiefen Freundschaft in meinem Leben. Es ging um die Kunst des gemeinsamen Lesens, Zeichendeutens, Kaffeesatzlesens, das Schöpfen alternativer Narrative: »Darlin', bitte, bitte lies das mal«, schrieb eine Freundin und leitete mir die Nachricht des Mannes weiter, mit dem sie gerade Schluss gemacht hatte. »Weiß nicht, ob ich hysterisch bin … bräuchte mal einen anderen Blick auf diesen Austausch, um damit abzuschließen. Wäre dir wahnsinnig dankbar.« Die Trennung als soziale Erfahrung ist weniger Klatsch und Tratsch als der Wunsch, das Ende einer Geschichte nicht allein erleben zu müssen. Fliegt man als Figur raus, wird man zum Leser, der die Trümmer analysiert. Was sich besser anfühlt, wenn man es nicht allein tut.

Ausstellungsstück 8: Tüte Pistazien
Iowa City
Dave und ich waren vier Jahre zusammen. Wir sind ans andere Ende der USA gezogen und wieder zurück. Wir durchquerten in einem Wolkenbruch mit dem Umzugs-

wagen Pennsylvania und fuhren dieselbe Strecke zwei Jahre später in die andere Richtung. Pennsylvania hat uns mit seiner Größe überrascht; aus irgendeinem Grund zweimal. Ich liebte Dave von ganzem Herzen, wie ein nasser Lappen, der ausgewrungen wurde. In unserer ersten gemeinsamen Wohnung – als es schon schlechter lief und wir häufig stritten – tauchten ständig diese grauen Motten auf, die schwerfällig in der Küche herumschwirrten. Wenn wir sie totschlugen, hinterließ ihr Inneres silbrige Spuren auf der blassen Wandfarbe. Wir schlugen immer mehr von ihnen tot, und wir stritten immer mehr, und irgendwie hofften wir, dass wir nur genug Motten töten und genug Auseinandersetzungen hinter uns bringen mussten, um beide irgendwann endgültig los zu sein. Nach ein paar Monaten fanden wir heraus, woher die Motten kamen: In der Speisekammer lag eine alte Tüte Pistazien, die voll vom weißen Gespinst ihrer winzigen Eier war. Wir warfen die Tüte weg. Lange hoffte ich, wir würden das Pendant dieser Tüte finden – den Ursprung unseres Streits, das Nest, aus dem er kam –, um ihn auszumerzen.

Meine Trennung von Dave mit Ende zwanzig war wichtiger als alle anderen Trennungen vorher, und sie dauerte länger – sowohl der Verlust als auch seine Nachwirkungen. Einen Großteil unserer Beziehung verbrachten Dave und ich mit dem Versuch, die Frage zu beantworten, ob unsere Beziehung funktionieren könnte, und ich dachte, wenn wir uns trennen würden, wären wir von diesem ständigen Auf und Ab befreit. Doch ich irrte mich. Wir trennten uns, kamen wieder zusammen, trennten uns wieder, dann redeten wir vom Heiraten. Unsere Trennung wurde mein Partner, so wie Dave mein

Partner gewesen war. Seine Abwesenheit konservierte ihn, und sie folgte mir überallhin.

Häufig beschreiben wir die Geister, die uns verfolgen, als Stimmen, die zu uns sprechen, aber Dave war eher ein Geisterohr für mich – jemand, dem ich ständig etwas erzählen wollte. Noch Jahre nach der Trennung formulierte ich meine Gedanken irgendwie für ihn. Ich führte eine Liste von Dingen, die ich ihm erzählen wollte, aber nicht konnte – hauptsächlich alberne, alltägliche Dinge: der Schnee, der sich zwischen der äußeren und der inneren Scheibe meines Fensters sammelte; wie ich mein Auto nach einem Schneesturm ausgrub und mich zwei Rechtsanwälte anmotzten, weil ich auf ihrem Parkplatz geparkt hatte; die gegrillte Grapefruit mit der karamellisierten Kruste, die ich in unserem Diner gegessen hatte, ohne ihn, der Grapefruits liebte; alle Männer, mit denen ich mich in seiner Abwesenheit traf oder gerne getroffen hätte. »Ich will einen Mann, der mich anfasst«, schrieb ich, »damit ich diese Liste weglegen und aufhören kann, dir zu schreiben.«

Die Erinnerungen zogen sich hin wie der Wolkenbruch in Pennsylvania. Immer wenn ich dachte, ich wäre durch, ich hätte ihn hinter mir gelassen, stellte sich heraus, dass er noch weiterging. Ich konnte so viele Kilometer fahren, wie ich wollte, immer war da noch mehr von dem Gefühl, Dave zu verlieren. Äußerlich ging es mir gut, das sagte ich zu meinen Freunden, und oft stimmte es auch, als wären meine Gefühle irgendwo eingeschlossen und man hätte mir zu meinem eigenen Schutz den Schlüssel weggenommen. Aber manchmal, wenn ich nachts alleine aufwachte, sehnte ich mich verzweifelt nach diesem Schlüssel – um die Tür zu öffnen, um in den abgesperrten Raum zu gelangen. Vielleicht war Dave noch da und wartete auf mich.

Einmal nach einem schlimmen Sonnenbrand, als meine Haut sich in Streifen abschälte und wie altes Kreppband zwischen meinen Fingern rollte, ging mir der Gedanke durch den Kopf: *Das ist die Haut, die er berührt hat.* Meine Trauer war kindisch. Sie war immun gegen jedes Argument. Meine Haut pellte sich wie geschreddertes Papier, und die Flocken schneiten auf meine Kleider, die Sitze meines Toyota. Er war überall. Seine Staubpartikel.

In einer Schlange am Flughafen beobachtete ich einmal ein Paar mit blauen Augen, das sich freundschaftlich aufzog. Wer von ihnen musste seinen Pass zuerst verlängern lassen? Er! Nein, sie! Er knuffte sie mit seinem weichen Nackenkissen. Sie hatten passende versilberte Kofferschilder an ihren passenden Rollkoffern mit den Lederbesätzen. In jenen Tagen war jedes Paar ein Tatort für mich, an dem ich Spuren zu finden versuchte – oder ein Rezept, das ich klauen könnte. Wie kamen sie zu ihrem Kofferset, wie hielten sie es in der Schlange aus, ohne aufeinander herumzuhacken, wie fühlte es sich an, einen gemeinsamen, in Silber geprägten Nachnamen zu tragen? Ich wollte mich dem oberflächlichen Leben überlegen fühlen, das ich ihnen unterstellte, aber der magere Trost, den ich daraus zog, verblasste neben der Frage: *Was haben sie, was wir nicht hatten? Wie haben sie geschafft, woran wir gescheitert sind?*

»Vielleicht ist das Schwierigste daran, einen Geliebten zu verlieren, / zu erleben, wie das Jahr seine Tage wiederholt«, schrieb Anne Carson. »Es ist, als könnte ich meine Hände eintauchen / in die Zeit und herausschöpfen / die blauen und grünen Pastillen der Aprilhitze / vor einem Jahr und in einem anderen Land.« Wenn ich meine hohlen Hände in die Vergangenheit mit Dave tauchte, härtete jeder erinnerte Moment zu etwas Reinerem, Glücklicherem aus, als die Wirklichkeit gewesen war. Die Nostalgie räumt in den Zimmern der Erinnerung auf: Sie schüttelt die Betten auf, stellt Blumen auf die Kommode, öffnet die Vorhänge, um die Sonne hereinzulassen. Es wird immer schwerer zu sagen: *Es war keine glückliche Zeit.* Die Stimme wird immer leiser: *Es war.* Weil wir die Zeit vermissen. Wir vermissen das, was schwer daran war. Wir vermissen alles.

An dem Abend, als wir uns zum ersten Mal küssten, sagte ich zu Dave: »Ich habe mich nicht lebendig gefühlt. Jetzt tue ich es.«

Ausstellungsstück 9: Flasche Crystal Pepsi
Queens, New York
Nach dem Ende meiner Beziehung mit dem Mann, den ich eigentlich heiraten wollte, lernte ich einen unerwartet tollen Anwalt kennen, der in Queens wohnte. Er nahm mich mit zur Quiznacht in seinem Stammlokal in Astoria. Er nahm mich mit zur Weihnachtsfeier seiner Kanzlei in der Nähe des Times Square. Er nahm mich mit ins Blazer Pub in seinem Heimatort in Upstate New York, wo wir Burger aßen und Shuffle-Bowling spielten. Ich wusste, dass er nicht »der Richtige« war, aber ich dachte auch, dass ich nicht mehr an »den Richtigen« glaubte – nicht, weil ich ihn nicht gefunden hätte, sondern weil ich ihn gefunden hatte, und jetzt war es vorbei. Der Anwalt brachte mich zum Lachen. In seiner Gegenwart fühlte ich mich wohl. Wir aßen gut. Wir machten Pancakes mit Himbeeren und weißer Schokolade und sahen am Wochenende vormittags Filme. Er fand Wiederholungen der blöden alten Spielshow Legends of the Hidden Temple, *die wir beide als Kind gesehen hatten, und schenkte mir eine zehn Jahre alte Flasche Crystal Pepsi,*

die er online gefunden hatte – mein Lieblingsgetränk als Kind, das seit Jahren nicht mehr produziert wurde. Er war wirklich ein toller Mann, aber ich schaffte es nicht, ihn wirklich zu sehen – oder wie wundervoll er war –, weil ich nie richtig an uns glaubte. Unsere Beziehung forderte mich nicht heraus. Mit der Zeit fühlte ich mich von seiner Zuneigung eingeengt. Es war, als zeigte er mir, wie schwer es mir fiel, Liebe zu leben – Liebe zu verstehen –, wenn es keine Schwierigkeiten gab.

Neun Monate nach der Trennung von Dave begann ich mich mit einem Mann zu treffen, der genau das Gegenteil von Dave war. Jedenfalls redete ich mir das ein. Er war kein Autor, sondern Anwalt und arbeitete in Midtown in einer Kanzlei. Wir hatten keine explosiven Konflikte, vielleicht, weil ich mein Herz nicht in seine Hände gelegt hatte – in seinen Posteingang, seinen Umzugswagen, seine Vorratskammer. Stattdessen bekam ich in unserer Beziehung viel zu lachen und echte Freude und Kribbeln im Bauch, nach all den Jahren, in denen ich für und um eine nicht funktionierende Beziehung hatte kämpfen müssen. Offenbar waren die Dinge, die ich immer von einem Partner gewollt hatte – Charisma, Flüchtigkeit –, nicht die Dinge, die mir am besten taten.

Auf verschiedenen Ebenen war die Beziehung mit dem Anwalt ein weiteres Kapitel der langen Geschichte meiner Beziehung mit Dave, oder Teil des Nachworts. Als wir uns trennten, fühlte es sich nicht wie neuer Liebeskummer an, sondern wie die Rückkehr zum alten Liebeskummer, ich vermisste den Mann, den ich die ganze Zeit vermisst hatte. Bis ich ein paar Monate später dem Mann begegnete, den ich heiraten würde.

Bevor ich nach Zagreb flog, überlegte ich, ob ich die Flasche Crystal Pepsi mitnehmen sollte, die mir der Anwalt geschenkt hatte, um sie dem Museum zu stiften, als Memento meiner letzten Trennung vor der Ehe. Aber ich packte sie nicht ein. Warum wollte ich sie behalten, zu Hause in meinem Bücherregal? Es hatte mit dem Wunsch zu tun, dem Mann zu huldigen, der sie mir geschenkt hatte, damit, dass ich ihn nicht genug gewürdigt hatte, solange wir zusammen waren. Indem ich sein letztes Geschenk behielt, wollte ich ihm nachträglich die Ehre erweisen, die ihm gebührte.

Während meines Rundgangs durch das Museum der zerbrochenen Beziehungen dachte ich auch an die Gegenstände, die nicht gestiftet worden waren, die Dinge, von denen sich die Menschen nicht getrennt hatten, die wie eine Geisterarmee hinter den über dreitausend ausgestellten Objekten standen. Ich dachte an die Dinge, die meine Freunde beschrieben hatten – die Muschelkette, die Einkaufsliste, das einzelne Haar an dem Briefumschlag, vier schwarze Kleider und der Gitarren-Slide –, manche verloren, manche irgendwie verstaut, wieder andere zum Teil eines neuen Lebens umgewidmet.

Wenn ich ganz ehrlich bin, behalte ich die Flasche Crystal Pepsi nicht nur, um den Mann zu ehren, der sie mir geschenkt hat, oder das, was wir geteilt haben. Es hat auch damit zu tun, dass mir der Blick auf Trauer und Auflösung manchmal guttut, das Andenken an das reine, durchdringende Gefühl der Gebrochenheit. Heute geht es in meinem Leben nicht mehr um den erhabenen Zustand einsamen Schmerzes oder um ein gebrochenes Herz, sondern darum, morgens aufzustehen und meine Versprechen zu halten. In Zagreb skypte ich täglich mit meinem Mann und schickte meiner Stieftochter Guten-Morgen-Videos. Ich fütterte den Fötus in meinem Bauch:

mit istrischen *fuži* und Trüffeln; mit Pasta in Sahnesoße; mit Seebrasse und Artischocken; mit einem Gebäck, das sich Haushaltskuchen nannte; mit etwas Krautigem, das sich Vitaminsalat nannte.

Heute geht es weniger um elektrisch geladene Schwellen als um Kontinuität, darum, zurückzukommen und sich irgendwie durchzuwursteln; es geht weniger um das große Drama am Ende als um das tägliche Bemühen, das, was ist, zu nähren und auszubessern. Ich behalte die Crystal Pepsi als Erinnerung an fünfzehn Jahre, die ich in einem Zyklus aus Anfängen und Enden verbracht habe, jeder Anfang und jedes Ende eine Gelegenheit der Selbstentdeckung und Neuerfindung und transformativen Emotion; ein Weg, mich unendlich zu fühlen in der Fülle möglicher Identitäten. Ich behalte die Crystal Pepsi als Erinnerung an ein Ich, das sich vulkanisch und flüchtig anfühlte – himmelhoch jauchzend, zu Tode betrübt –, und weil ich ein Andenken haben will an all die ungelebten Leben, die auch hätten sein können.

PURZELBÄUME

Als du so groß warst wie ein Mohnsamen, saß ich im Bad eines Bostoner Hotelzimmers und pinkelte auf ein Stäbchen, das ich bei einem älteren Herrn in einer Drogerie in der Nähe vom Fenway Park gekauft hatte. Dann legte ich das Stäbchen auf die kalten Fliesen und wartete darauf, dass es mir sagte, ob du existierst. Ich wünschte mir dich so sehr. Hinter mir lag ein Jahr aufmunternder E-Mails von meiner Fruchtbarkeits-App, die abfragte, ob ich an den richtigen Tagen Sex gehabt hatte, ein Jahr der Enttäuschungen, wann immer ich Blut sah: im Büro, zu Hause, auf einem sandigen Klo an einem kühlen Strand nördlich von Morro Bay. Jeder rostrote Fleck nahm mir die Geschichte, die ich mir ein paar Wochen lang erdichtet hatte – dass *dies* der Monat wäre, in dem ich erfuhr, dass ich ein Baby bekommen würde. Doch mein Körper erinnerte mich immer wieder daran, dass er die Geschichte schrieb, nicht ich. Und dann warst du da.

Eine Woche später saß ich in einem Kinosaal und sah, wie in einer Raumschiff-Cafeteria Aliens aus ihren menschlichen Wirten schlüpften. Ihre dunklen, glänzenden Körper sprengten den Brustkorb auf und krochen aus der aufgeplatzten Haut. Ein böser Roboter war darauf fixiert, ihnen beim Überleben zu helfen. Als der Captain den Roboter fragte: »Woran glaubst du?«, antwortete er einfach: »Die Schöpfung.« Im nächsten Augenblick platzte die Brust des Captains auf und heraus kam sein eigenes Parasitenbaby: grausig, käferschwarz, neugeboren.

Ich hatte mich seit Jahren nicht gewogen, als die Schwester mich bei der ersten Vorsorgeuntersuchung bat, mich auf die Waage zu stellen. Ich hatte irgendwann aufgehört, mich zu wiegen, um einen Schlussstrich unter die Zeit zu ziehen, als ich mich zwanghaft gewogen hatte. Auf der Waage zu stehen und tatsächlich zu *hoffen,* dass ich zugenommen hatte, das war eine neue Ausgabe von mir. Seit jeher heißt es, dass die Mutterschaft einen zu einem neuen Menschen mache, aber dieses Versprechen hat schon immer viel zu einfach geklungen, um wahr zu sein. Ich bevorzuge eine andere Weisheit – egal wohin du gehst, du hast dich selbst im Gepäck.

Im ersten Collegejahr ging ich jeden Morgen in meinen Wohnheimwandschrank, um mich auf die Waage zu stellen, die ich dort versteckt hatte. Es war mir peinlich, dass ich mich aushungerte, und deshalb zog ich mich für das Ritual des Wiegens in die Dunkelheit zurück, hinter die Kulissen, in die Falten meiner muffigen Wintermäntel. Seit meinem Wachstumssprung mit dreizehn litt ich unter dem Gefühl, dass ich alle anderen überragte. Groß zu sein war angeblich gut für das Selbstvertrauen, aber ich fand mich einfach nur exzessiv. Alles an mir war zu viel, und weil ich so ungelenk und so still war, hatte ich das Gefühl, dass ich den Platz, den ich einnahm, nicht verdiente.

Wenn ich in den Jahren nach jener Selbstbeschränkung darüber sprach, fiel mir auf, dass die Leute, denen ich es zu erklären versuchte – »ich hatte das Gefühl, ich dürfte nicht so viel Platz einnehmen« –, entweder genau verstanden, was ich meinte, oder überhaupt nicht. Und die, die es genau verstanden, waren meistens Frauen.

Die Tage des Hungers bestanden aus Cola light und Zigaretten und Herzschmerzsongs auf Napster; einem Apfel und ein paar Scheiben Knäckebrot; langen Märschen an eiskalten Winterabenden zum Fitnessstudio und zurück; Sehstörungen, wenn am Rand meines Gesichtsfelds dunkle Flecken waberten. Ich hatte immer kalte Hände und Füße. Meine Haut war immer blass. Als hätte ich nicht genug Blut im Körper.

In der Schwangerschaft fünfzehn Jahre später hatte ich ständig Zahnfleischbluten. Eine Ärztin erklärte mir, dass in meinem Körper mehr Blut zirkulierte – knapp zwei Kilo zusätzlich –, um den winzigen zweiten Satz Organe zu versorgen. Das zusätzliche Blut ließ mich anschwellen. Es heizte mich auf. Meine Adern waren fiebrige Highways, durch die glutroter Sirup strömte, aufgepumpt mit notwendigem Volumen.

Als du so groß warst wie eine Linse, flog ich im Auftrag einer Zeitschrift nach Zagreb. Als das Flugzeug über Grönland eindrehte, verdrückte ich eine riesige Packung Käsecracker und fragte mich, ob dies die Woche war, in der sich dein Gehirn entwickelte, oder dein Herz. Ich stellte mir ein Herz aus Käsecrackern vor, das in mir schlug, in dir. Das erste Schwangerschaftsdrittel verbrachte ich vor allem in Ehrfurcht und Angst: staunend, dass sich in meinen Niederungen ein winziges Wesen zusammensammelte, fürchtend, dass ich dich irgendwie abstoßen könnte. Was, wenn du sterben würdest und ich es nicht merkte? Wie besessen googelte ich »Fehlgeburt ohne Blutung«. Ich legte die Hand auf meinen Unterbauch, um dich dort festzuhalten. Du warst mein Zellenstrauß, mein weiches Häuflein des Werdens. Als ich erfuhr, dass du ein Mädchen bist, weinte ich. Es schien, als hättest du plötzlich Gestalt angenommen. Das Pronomen war ein Körper, der sich um dich herum formte. Ich war ein Körper, der sich um dich herum formte.

Als ich meiner Mutter erzählte, dass ich nach Kroatien fliegen würde, riet sie mir, lieber zu Hause zu bleiben. »Ruh dich aus«, sagte sie. Aber sie erzählte mir auch, dass sie, als sie im fünften Monat mit meinem ältesten Bruder schwanger war, in Bari eine Bucht durchschwommen hatte, wobei ihr auf der ganzen Strecke ein älterer italienischer Herr im Ruderboot gefolgt war, weil er Angst um sie hatte.

Auf dem Flug nach Zagreb weinte vor uns ein Kleinkind, und dann weinte noch ein Kleinkind hinter uns. Ich wollte zu dir sagen: *Hör hin, das sind deine Leute*. Ich wollte zu dir sagen: *Die Welt ist voller Geschichten:* die Männer mit den handgestrickten Kippas, die unseren Abflug um eine Stunde verzögerten, weil sie sich weigerten, neben einer Frau zu sitzen; der Mann am Gang gegenüber, der sich, nachdem er das eingeschweißte Gulasch-Quadrat gegessen hatte, eine Blutzuckerspritze ins Fleisch rammte, und jetzt das kleine Icon unseres Flugzeugs anstarrte, das über den trüben blauen Bildschirm-Atlantik kroch. Wer weiß, wovon er träumte? Welchem Schatz er entgegenflog? Ich wollte zu dir sagen: *Baby, ich habe in diesem Leben unglaubliche Dinge gesehen*. Dabei warst du noch nicht einmal ein Baby. Du warst eine Möglichkeit. Doch ich wollte zu dir sagen, dass jeder Mensch, dem du begegnest, eine ganze Welt in sich trägt. Das war eins der wenigen Versprechen, die ich dir mit gutem Gewissen geben konnte.

Als ich hungerte, führte ich zwei Tagebücher. In einem zählte ich jeden Tag die Kalorien, die ich zu mir nahm. Im anderen beschrieb ich das Essen, von dem ich fantasierte. Ein Heft enthielt, was ich tat; das andere enthielt, wovon ich träumte. Meine hypothetischen Festmähler waren Collagen aus Speisekarten, mariniert in der peniblen Präzision der Verzweiflung: keine Käsemakkaroni, sondern *Vier-Käse*-Makkaroni; keine Burger, sondern Burger mit Cheddar und Spiegelei; kein Schokoladenkuchen, sondern Chocolate-Lava-Cake, dessen flüssiges Herz sich in schmelzendes Vanilleeis ergoss. Die Selbstbeherrschung ließ mich die Möglichkeit eines Lebens imaginieren, in dem ich nichts tat außer essen. Ich wollte nicht normal essen; ich wollte ununterbrochen essen. Die Vorstellung, fertig zu essen, hatte etwas Abschreckendes, als müsste ich die Tatsache akzeptieren, dass ich nie satt wurde.

Damals füllte ich meinen Mund mit Hitze und Rauch und leerer Süße: schwarzem Kaffee, Zigaretten, Pfefferminzkaugummi. Ich schämte mich für mein verzweifeltes Bedürfnis zu konsumieren. Verlangen war eine Art, Platz zu beanspruchen, und zu viel Verlangen war peinlich – genauso peinlich wie das Gefühl, zu viel zu sein, oder einen Mann zu begehren, der mich nicht begehrte. Verlangen war etwas weniger peinlich, wenn ich mir die Dinge, nach denen ich Verlangen hatte, versagte, also freundete ich mich mit dem Zustand des Verlangens ohne Erfüllung an. Ich fing an, mich hungrig wohler zu fühlen als satt, mich sehnsüchtig wohler zu fühlen, als wenn ich täglich Liebe bekam.

Aber in meiner Schwangerschaft, Jahre später, warf ich den Geist jenes alten knochigen Mädchens ab wie eine Schlangenhaut. Ich aß Chocolate-Chip-Muffins von nie dagewesener Größe. Im Café um die Ecke leckte ich mir die Butter eines Mandelcroissants von den Fingern, während ich hörte, wie die Frau hinter der Theke zur anderen sagte: »Erinnerst du dich an die Frau, mit der Bruno was hatte?« Sie starrte auf ihr Handy. »Ich weiß, sie ist schwanger, aber … was zum Teufel isst sie, Pferde?«

Bei mir dauerte es fünf oder sechs Monate, bis man etwas sah. Vorher sagten die Leute immer: »Du siehst überhaupt nicht schwanger aus!« Was ein Kompliment sein sollte. Der weibliche Körper wird immer gelobt, wenn er in seinen Grenzen bleibt, wenn man ihm nicht einmal die erlaubte Ausdehnung ansieht.

Als du so groß warst wie eine Blaubeere, futterte ich mich durch Zagreb, stopfte mir auf dem Markt händevoll kleine Erdbeeren in den Mund, bestellte beim Zimmerservice ein riesiges Stück Schokoladentorte und inhalierte zwischendurch ein Snickers, weil ich es nicht aushielt, auf die Torte zu warten. Meine Hände waren immer klebrig. Ich kam mir vor wie ein Tier. Mein Hunger stammte aus einem anderen Land, das ich nicht kannte.

Als du so groß warst wie eine Limette und dann so groß wie eine Avocado, aß ich pausenlos saure Gurken, beglückt vom salzigen Knacken zwischen meinen Zähnen. Ich trank Schüsseln mit geschmolzener Eiscreme aus. Es war ein Verlangen, dem kein Mangel zugrunde lag. Es war ein Verlangen, das dem Gegenteil entsprang. Schon 1899 wird das Wort *Verlangen* in einem Wörterbuch definiert als »seltsamer, häufig abnormer Heißhunger, der von schwangeren Frauen erlebt wird«.

Als du so groß warst wie eine Mango, flog ich für einen Vortrag nach Louisville und hatte nach meinen Haferflocken zum Frühstück noch solchen Hunger, dass ich direkt zum Brunch ging, und auf dem Weg zum Brunch hatte ich solchen Hunger, dass ich mir unterwegs einen Spinatstrudel holte, ein blättriges Stück Spanakopita, das die Papiertüte mit öligen Inseln tränkte. Beim Brunch hatte ich solchen Hunger, dass ich mich zwischen dem Rührei mit Brötchen, den fettblasigen Würstchen und dem zuckerbestäubten Stapel Zitronen-Pancakes nicht entscheiden konnte, also nahm ich alle drei.

Das endlose Dürfen fühlte sich wie die Erfüllung einer Prophezeiung an: all die imaginären Menüs, die ich mit siebzehn zwanghaft aufgezeichnet hatte. Jetzt, da ich für einen anderen Menschen aß, durfte ich so viel essen, wie ich wollte. Ich hatte noch nie so gegessen, wie ich für dich aß.

In der Zeit, als ich mich von Knäckebrot und Apfelschnitzen ernährte, bekam ich jahrelang meine Periode nicht. Darauf war ich stolz. Das Ausbleiben war wie eine geheime Trophäe. Hervorquellendes Blut hätte eine weitere Form von Überschuss bedeutet. Nicht zu bluten war eine angenehme Form der Zurückhaltung. Und es war buchstäblich das Gegenteil von Fruchtbarkeit. Indem ich meinen Körper dünn machte, schien ich mein physisches Selbst zu überwinden. Mich auszuhungern manifestierte die Intensität meiner Einsamkeit, meines Selbsthasses, meiner simultanen Abgesondertheit von der Welt und meiner hoffnungslosen Nähe; das Gefühl, gleichzeitig zu viel und nicht genug zu sein.

Als ich mit vierundzwanzig schwanger wurde, ein paar Jahre, seit ich meine Periode wieder bekam, empfand ich beim Anblick des vielsagenden Kreuzes auf dem Schwangerschaftstest nicht Schock oder Verzweiflung, wie ich erwartet hatte, sondern Staunen. Ich trug ein winziges potenzielles Leben in mir. Obwohl mein Verstand wusste, dass ich eine Abtreibung wollte, spürte ich den plötzlichen Anstieg von Ehrfurcht im Bauch. Diese Ehrfurcht pflanzte etwas tief in mir ein, ein Band. Das Band sagte: *Eines Tages bist du wieder hier.*

Erst nach der Abtreibung begann ich, überall Babys zu sehen. Ihre kleinen Gesichter sahen mich aus Kinderwagen an. Sie wussten, wer ich war. Es hatte nichts mit Reue zu tun. Es war Vorfreude. Als wäre ich magnetisiert worden. Ich hatte keine Lust, fremde Babys im Arm zu halten, ich wusste einfach, dass ich eines Tages mein eigenes halten wollte – dass ich miterleben wollte, wie das Bewusstsein in ihm erwachte, unabhängig von mir, jenseits von mir; dass ich von einem Wesen in Staunen versetzt werden wollte, das aus mir herausgekommen war, aber das nicht ich war.

In dem Jahr, als ich schwanger zu werden versuchte, zehn Jahre nach der Abtreibung, erzählte mir meine Freundin Rachel, wie sie sich beim Anblick ihres kleinen Sohns während eines Fieberkrampfs gefühlt hatte. Die Beschreibung ihres Grauens berührte mich tief. Es war etwas, was ich nicht in vollem Umfang begreifen konnte. Ich hatte mich immer gegen die Vorstellung gewehrt, dass zum Elternsein eine Liebe gehörte, die tiefer ging als jede Liebe, die man kannte, und am liebsten hätte ich ein Kind gekriegt, nur um zu beweisen, dass es nicht stimmte, um sagen zu können: *Nein, diese Liebe ist nicht tiefer, sie ist nur anders*. Aber gleichzeitig ahnte ich, dass ich vielleicht in den Chor derer einstimmen würde, die sagten: *Keine Liebe ist so tief*.

Als ich endlich schwanger wurde, hatte das Warten meine Dankbarkeit verstärkt. Mein Körper überließ mir dieses kleine Säckchen Organe, das er mir genauso gut hätte vorenthalten können. Dieser zweite Herzschlag war alles andere als selbstverständlich. Nach dem ersten Ultraschall stieg ich in die U-Bahn, sah jeden einzelnen Fahrgast an und dachte: *Auch du warst einmal in einem anderen Menschen zusammengerollt*.

Als du so groß warst wie eine Steckrübe und dann wie eine Grapefruit und dann wie ein Blumenkohl, wollte ich dich aus Freude erschaffen: aus Sommergewittern und Lachanfällen; aus den Stimmen von Frauen in endlosen Gesprächen. Ich schwamm nachts mit meinem Freund Kyle nackt in einem Pool unter Eukalyptusbäumen, die im heißen Wind raschelten, deine Tritte wie Wellen unter meiner Haut. Ich fuhr mit meiner Freundin Colleen zu einem windschiefen alten Haus auf einem Berg über einem Postamt, wo die tanzenden Bäume ans Fenster klopften. Es gab Eier mit leuchtend gelbem Dotter im Lampenschein. Sie ließ die kaputten Schalen in der Spüle liegen wie früher in unserer WG, als wir beide gebrochene Herzen hatten.

Zu Hause in Los Angeles hatte deine Großmutter einen Flüchtling aus Kamerun aufgenommen. Was soll ich sagen? Es überraschte mich nicht. Ich rang die Hände vor Sehnsucht, so sehr wünschte ich dir und deiner Großmutter tausend Jahre zusammen auf dieser Welt, und kein einziges weniger. Das Heimweh nach meiner Mutter in der Schwangerschaft war wie der Heißhunger auf Obst, auf das zweite Snickers, auf Rührei und Würstchen und Zitronen-Pancakes. Es war uferlos. Sie erzählte mir, sie erinnere sich heute noch an den Anblick des verschneiten Asts vor dem Fenster, als der Arzt ihr sagte, ich sei ein Mädchen, als hätte sich all ihr Verlangen dort auf den Zweigen angehäuft – unwirklich schön, vollkommen gewöhnlich.

Ich wollte dir das Beste meiner Liebe zu deinem Vater schenken – wie wir im Sommer ein Haus in einem Nest auf dem Land oben in Connecticut gemietet hatten, als ich mit dir schwanger war, und auf dem großen weißen Bett lagen, wo wir dem Rattern der Züge und dem Prasseln des Regens lauschten und ich mir vorstellte, wie die Tropfen auf die blaue Plane des Hot-Dog-Stands gegenüber trommelten. Wir aßen Hamburger in einem Landstraßen-Diner und schwammen im Freibad des Country Clubs am Cream Hill Lake, wo uns die blutjungen Bademeister fast rauswarfen, weil wir keine

Clubmitglieder waren. Eigentlich verdienten wir das tiefe blaue Wasser nicht, die dicht mit Bäumen bewachsenen Ufer, die sonnengesprenkelten Holzbojen. Manchmal knurrten wir uns an, hatten auch mal abends Streit. Aber ich will, dass wir in deiner Vorstellung dort sind: unsere albernen Stimmen, unser Gelächter umschlungen. Du sollst wissen, dass du aus rosa Steak und Spätnachmittagslicht erschaffen bist.

Als ich mich endlich einer Therapie unterzog, durchfuhr mich ein jäher Schauer, als ich die Diagnose schwarz auf weiß auf einem der Arztbriefe sah: *Essstörung*. Es war, als hätte ich endlich einen offiziellen Namen für das, was ich empfand – die Unzulänglichkeit, die Entfremdung –, als hätte ich endlich einen greifbaren Behälter für die ungreifbaren Rauchsignale meines Leids. Ich fühlte mich bestätigt.

Doch die Psychiaterin, die mir die Diagnose stellte, interessierte meine Bestätigung nicht. Als ich ihr von meiner Einsamkeit erzählte – wahrscheinlich nicht die erste Collegestudentin –, antwortete sie: »Na gut, aber wie soll Hungern das Problem lösen?« Natürlich hatte sie recht. Auch wenn ich nicht versuchte, das Problem damit zu lösen, sondern nur auszudrücken, vielleicht zu erweitern. Aber wie sollte ich die selbstzerstörerischen Impulse in die Sprache rational handelnder Personen übersetzen? Ich konnte für meine Störung keinen *legitimen Grund* vorweisen, und es fühlte sich an, als hätte ich unentschuldigt in der Schule gefehlt.

Nach fünfzehn Jahren suchte ich immer noch nach der fehlenden Entschuldigung. Ich versuchte immer noch, mich dieser Ärztin zu erklären, versuchte immer noch, mich mit einer Ursachenliste von der Scham zu befreien: Einsamkeit, Depression, Kontrollzwang. All diese Ursachen gab es. Aber keine war hinreichend. Dasselbe würde ich Jahre später über das Trinken sagen, und dasselbe galt für meine Theorie über menschliche Motive im Allgemeinen: Wir tun nie etwas aus nur einem Grund.

Sechs Jahre nachdem ich mir hatte helfen lassen, schrieb ich zum ersten Mal über die Essstörung und dachte, wenn ich sie in den Kontext von Egozentrik, Eitelkeit und Nabelschau stellte, könnte ich mich durch meine kritische Selbstwahrnehmung rehabilitieren, so wie man nur genug Ave-Marias sprechen muss, um sich von seinen Sünden reinzuwaschen. Ich dachte immer noch, dass ich für die Essstörung Vergebung brauchte.

Als ich diesen frühen unausgereiften Versuch in einem Schreibkurs vorstellte, hob ein Kommilitone bei der Diskussion die Hand und fragte, ob es so etwas wie zu viel Ehrlichkeit gebe. »Es fällt mir unglaublich schwer, die Erzählerin des Essays zu mögen«, sagte er. Seine Formulierung amüsierte mich, *die Erzählerin des Essays*, als wäre sie eine Fremde, über die wir lästern konnten. Es war mein erster Nonfiction-Kurs, und ich war die Regeln der Auslagerung noch nicht gewohnt – dass wir alle so taten, als würden wir uns nicht persönlich kritisieren. Nach dem Kurs fragte derselbe Mann, dem es so schwerfiel, meine Erzählerin zu mögen, ob ich Lust hätte, mit ihm etwas trinken zu gehen. Ich dachte: *Arschloch*, aber laut sagte ich: »Klingt super.« Je weniger man mich mochte, desto mehr wollte ich gemocht werden.

Doch als ich schwanger wurde, schien es, als hätte ich es endlich geschafft, »die Erzählerin des Essays« auszulagern – die gestörte junge Frau, die sich zwanghaft mit ihrem eigenen Schmerz beschäftigte und schwer zu mögen war – und durch eine noblere Version meiner selbst zu ersetzen: eine Frau, die ihren Körper nicht zerstörte, sondern nährte, um einen weiteren Körper zu erschaffen, den sie hegen und pflegen würde.

Zwar war da irgendwo in mir noch immer eine trotzige Stimme, die behauptete, dass die Essstörung sich ausschließlich um das »Ich« gedreht hätte, darum, mich selbst in die Form einer Bohnenstange zu schrumpfen. Doch die Schwangerschaft lieferte mir ein neues Zentrum der Schwerkraft: das »Du«. Auf der Straße wurde ich ständig von Fremden angelächelt.

In meiner Frauenarztpraxis wurden Patientinnen, die schwanger waren, in der oberen Etage behandelt. Ich musste nicht mehr die gewöhnlichen Untersuchungsräume im Erdgeschoss besuchen. Stattdessen schwebte ich die Atriumtreppe hinauf, ließ die Gonorrhoe-Tests und Pillenrezepte hinter mir und wurde mit Ultraschall und Pränatal-Vitaminen belohnt – als hätte ich das nächste Level eines Videospiels erreicht oder mir ein Ticket für das Leben nach dem Tod erworben.

Als du so groß warst wie eine Kokosnuss, schleppte ich mich keuchend die U-Bahn-Treppen hoch. Mein Bauch war wie eine zehn Kilo schwere Reisetasche, die ich überallhin mitnahm. Meine Bänder ächzten und schnalzten so schmerzhaft, dass ich stöhnte. Jeden Abend kribbelten meine Beine wie verrückt, was meine Ärztin »Restless-Legs-Syndrom« nannte. Im Kino musste ich einmal ständig die Beine abwechselnd übereinanderschlagen, ich konnte einfach nicht still sitzen, und irgendwann verließ ich den Saal, um mich für zehn Minuten in die Klokabine zu setzen. Meine Beine zuckten und zappelten, als gehorchten sie fremden Befehlen, als hätte das kleine Wesen in mir schon die Kontrolle übernommen.

Während einer drei Monate langen Erkältung schimpfte meine Mutter mit mir, weil ich mich weigerte, mein Tempo zu drosseln. »Ich weiß, dass du deine Pläne nicht unterbrechen willst«, sagte sie, »aber es kommt der Punkt, da hast du keine Wahl mehr. Dann kommen die Wehen, und dein Leben wird unterbrochen.« Davor hatte ich am meisten Angst – aus meinem Leben herausgerissen zu werden. Und gleichzeitig war es das, wonach ich mich am meisten sehnte.

Ich war sogar irgendwie dankbar für die körperlichen Beschwerden im letzten Schwangerschaftsdrittel. Sie gaben mir das Gefühl, dass ich meine Pflicht erfüllte. In den ersten Monaten, als mir nie schlecht war, kam ich mir vor wie jemand, der auf einer Beerdigung nicht weinte. Sollte ich nicht spüren, wie die Schwangerschaft meine Grenzen aufschwemmte? Sollte ich mich nicht elend fühlen? War das nicht Evas Erbstrafe? *Ich will dir viel Schmerzen schaffen, wenn du schwanger wirst; du sollst mit Schmerzen Kinder gebären.*

Einerseits wünschte ich mir Schmerzen als Beweis, dass ich jetzt schon eine gute, weil leidgeprüfte Mutter war, auch wenn ein anderer Teil von mir gegen die Vorstellung protestierte, dass Schmerz der einzig mögliche Beweis für Hingabe sein sollte. Ich wollte die Schwangerschaft unbedingt als Geschichte einer Konversion lieben lernen, die mein altes Ich, das Bedeutung mit Schmerz gleichsetzte, auslagerte und durch eine andere Frau ersetzte – eine Frau, die glücklich zusah, wie die Zahl auf der Waage kletterte, die gut zu sich war und sich auf ihr Baby konzentrierte, die sich rückhaltlos und konfliktfrei Kalorien und tugendhafter Dankbarkeit hingab.

Doch die Schwangerschaft entpuppte sich nicht als Befreiung von früheren Ichs, sondern als ein Behälter, in dem jede Version von mir gleichzeitig steckte. So einfach wurde ich meine Geister nicht los. Es war zwar leicht, die Augen zu verdrehen, wenn die Leute sagten: »Du siehst gar nicht schwanger aus«, aber es war schwer zuzugeben, dass ich darauf insgeheim stolz war. Es war leicht, mich über meine Ärztin aufzuregen, die mit mir schimpfte, weil ich in einem Monat fünf Pfund (statt vier!) zugenommen hatte; aber es war schwer zuzugeben, dass ich mich für einen Moment deswegen ehrlich geschämt hatte. Es war schwer zuzugeben, dass ein Teil von mir noch immer still triumphierte, wenn ein Arzt besorgt feststellte, dass ich mich am unteren Ende der Wachstumskurve befand. Diesen Stolz hatte ich unbedingt hinter mir lassen wollen. Ich hatte Angst, dass er dein Wachstum behinderte, was eigentlich der Ausdruck einer tieferen Angst war – dass ich dich mit meiner gestörten Beziehung zu meinem Körper anstecken könnte, dass du sie erben könntest wie einen Gendefekt.

Als du so groß warst wie eine Ananas, schrieb ich einen Geburtsplan. Der Geburtsplan gehörte zu meinem Geburtsvorbereitungskurs, aber es war auch eine Form der Prophezeiung: die Erzählung einer Geburt, bevor sie passierte.

Die Leiterin des Geburtsvorbereitungskurses zeigte triumphierend auf ein Plastikmodell des Beckens. »Man denkt, da wäre nicht genug Platz, um den Kopf des Babys durchzulassen«, sagte sie. »Aber in Wirklichkeit ist da *jede Menge* Platz.« Ich blinzelte das Becken an. Von jeder Menge konnte keine Rede sein.

Irgendwie lebten wir alle auf diese Schmerzen hin. Es ging nicht nur um das Ertragen – es ging um das Wissen. Es war unmöglich, diese Schmerzen zu verstehen, bis man sie erlebt hatte. Ihre Undurchschaubarkeit faszinierte mich. *Du sollst mit Schmerzen Kinder gebären.* Die Schmerzen waren die Strafe dafür gewesen, dass Eva den Apfel aß, dass sie nach Erkenntnis strebte. Jetzt *waren* die Schmerzen die Erkenntnis.

Bald wäre ich jemand, der eine Geburtsgeschichte hatte. Nur dass ich die Geschichte noch nicht kannte. Natürlich gab es keine Garantie, das verstand sich von selbst. Ein Kaiserschnitt konnte jedem passieren. Sein Schatten lag über allem. Man wollte ihn unbedingt vermeiden. Es war das Pressen – die *Wehen* –, die die Entbindung real machte. Das war die implizite Gleichung, die man mir mitgab.

Beim Schreiben des Geburtsplans hob ich mir die deutlichste Formulierung für die goldene Stunde auf. So nannten sie die Stunde nach der Geburt, wenn dein neugeborener Körper auf mir liegen würde. Schon der Ausdruck klang wie Glockengeläut. Wenn ich diese goldene Stunde wollte, warnte man mich, dann sollte ich sie unbedingt einfordern: *Ich will unmittelbaren, ununterbrochenen Hautkontakt mit ihr, bis ich sie das erste Mal gestillt habe,* schrieb ich in meinen Plan. Es war wie eine Beschwörungsformel. Ich würde dich zur Welt bringen. Du würdest auf meiner Haut liegen. Du würdest trinken.

Als du so groß warst wie eine Honigmelone, aber kleiner als eine Wassermelone, brach das neue Jahr mit einem Schneesturm an. Bis zum Geburtstermin waren es noch drei Wochen. Die Ärztin war besorgt, weil du so klein warst, und bestellte mich zu einem zusätzlichen Wachstumskontrolltermin. Ich stapfte durch Berge von Schnee zu ihrer Praxis in Manhattan, die Arme um die dick gepolsterte Kugel meines Bauchs geschlungen, um den der Mantel nicht mehr zuging, und murmelte vor mich hin: »Meins, meins, meins.« Das eisige Gestöber um mich herum verstärkte meinen Beschützerinstinkt noch. Es war ein archaisches Gefühl.

In der Praxis sagte die Ärztin, mit Stürmen habe es etwas Merkwürdiges auf sich – manche glaubten, sie ließen die

Fruchtblase früher platzen. Es hätte irgendwas mit dem Sinken des Barometers zu tun. Es klang wie Aberglaube, etwas, das sich Hebammen in der Scheune zuflüstern, wenn am Himmel Wolken aufzogen, doch wie im Märchen wurde es in dieser Nacht wahr. Ich wachte um drei Uhr morgens auf, und als ich aus dem Bett stieg, stürzte ein heißer Schwall aus mir heraus. Bei meiner Mutter hatte die erste Geburt, mein ältester Bruder, genauso angefangen. Es war fast biblisch, redete ich mir ein: *Wie es für die Mutter war, so soll es für die Tochter sein.* Darin lag eine wohlige Symmetrie.

Für den Fall, dass die Furchtblase mitten in der Nacht platzte, hatte uns die Leiterin des Geburtsvorbereitungskurses geraten, dass wir uns noch mal schlafen legen, weil wir den Schlaf später brauchen würden. Aber ich legte mich nicht wieder schlafen. Ich konnte mir nicht mal im Traum eine Version meiner selbst vorstellen, die sich noch einmal hingelegt hätte. Außerdem schien ich immer weiter auszulaufen. Ich setzte mich mit dem Laptop aufs Klo und spürte, wie das Fruchtwasser meinen Körper verließ, während ich einen Essay über weibliche Wut redigierte. Als ich ihn der Redakteurin mailte, schrieb ich darunter: »PS: Ich habe Wehen.« Bis wir am folgenden Nachmittag im Taxi zum Krankenhaus fuhren, krümmte sich mein Körper alle paar Minuten vor Schmerz, auf dem wunderschönen Stück Highway am East River mit seinen Docks und Basketballplätzen und den glänzenden Wolkenkratzern auf der anderen Seite.

Der Schmerz bedeutete, dass mein Körper wusste, was er tun musste, um dich zur Welt zu bringen. Ich war dankbar, dass mein Körper es wusste, denn mein Verstand wusste es nicht. Er war jetzt sein ergebener Diener und flehte ihn mit seinen krudesten, ehrlichsten Worten an: *Bitte halte das durch. Ich will es mehr, als ich jemals etwas gewollt habe.*

Im Krankenhaus lag ich bis tief in die Nacht in den Wehen. Der Monitor am Bett zeigte zwei Linien an: meine Wehen, dein Herzschlag. Die Ärztin wurde nervös, als die zweite Linie sank, während die erste hochschnellte. So sollte es nicht sein. Dein Herzschlag habe sich jedes Mal wieder erholt, sagte die Ärztin. Aber wir mussten dafür sorgen, dass er nicht mehr sank. Er sollte sich zwischen 160 und 110 bewegen. *Nicht sinken*, flehte ich die Linie an. *Nicht sinken.* Wachsam behielt ich den Monitor im Auge. Als versuchte ich, deinen Herzschlag mit Willenskraft über der Gefahrenzone zu halten. Der Glaube an die Macht des Willens war noch so ein vertrauter Geist, ein Evangelium meiner Hungertage.

Als dein Herzschlag sich stabilisierte, hatte ich das Gefühl, wir arbeiteten zusammen – du und ich –, als hättest du meinen Ruf gehört, als hättest du gespürt, wie mein stures Beharren, es gehe dir gut, einen festen Boden unter dir bildete. Die Wehen waren eine explodierte Variante der heißen, bohrenden Krämpfe, die mich in den Nächten nach der Abtreibung gequält hatten. Gleichzeitig waren die Schmerzen genauso, wie sie immer beschrieben wurden: unbeschreiblich. Irgendjemand hatte gesagt, ich solle mir vorstellen, an einem Sandstrand zu liegen, solle mir jede Wehe als eine Welle denken, die mich mit Schmerz überspülte, und zwischen den Wellen solle ich so viel Sonnenwärme wie möglich aufsaugen. Aber im Kreißsaal fühlte sich gar nichts wie Wellen oder Strand oder Sonne an. Ich bettelte um eine PDA: den Rettungshubschrauber, der mich von diesem Gestade wegbeamte. Rund zehntausend Minuten vergingen nach dem Satz: »Ich will eine PDA«, bis ich sie endlich bekam.

Am Anfang meiner Schwangerschaft hatte mir mein Mann erzählt, seine erste Frau sei fest entschlossen gewesen, natürlich zu gebären. »Bei dir«, sagte er, »stelle ich mir eher vor, wie du sagst: *Gebt mir alles, was ihr habt.*« Ich war gekränkt, aber ich konnte nichts einwenden. Die Geschichte der Frau, die natürlich gebären wollte, war edler als die Geschichte der Frau, die früher magersüchtig gewesen war. Es war irgendwie kleinlich oder egoistisch oder feige, zu viel Kontrolle ausüben zu wollen, seinem Körper die Form oder die Strapazen absprechen zu wollen.

Gegen zwei Uhr früh, fast vierundzwanzig Stunden nachdem die Fruchtblase geplatzt war, nach ein paar Stunden im süßen Nebel der PDA, kam eine Krankenschwester, die ich nicht kannte. »Sieht aus, als hätten Sie Probleme mit dem kindlichen Herzschlag.« Sie klang vorwurfsvoll. Als hätte ich bewusst Informationen zurückgehalten.

»Was ist mit dem Herzschlag?«, fragte ich. Ich dachte, du und ich, wir hätten es geschafft, ihn oben zu halten. Aber als ich einen Blick auf den Monitor warf, lag er bei knapp unter 110 – und sank weiter.

Eine zweite Schwester kam herein. »Braucht ihr noch zwei helfende Hände?«, fragte sie, und die erste Schwester sagte: »Auf jeden Fall.«

Wofür braucht ihr so viele Hände?, wollte ich fragen, aber ich wollte sie nicht davon ablenken, was ihre Hände tun mussten. Dann kamen noch mehr Schwestern herein. Sie sagten, sie brauchten eine genauere Methode, die Herztöne zu messen. Sie steckten einen Stab in mich hinein. Sie ließen mich auf eine Seite rollen, dann auf die andere. Sie steckten den Stab noch einmal hinein. Sie sagten, ich solle auf alle viere kommen.

»Wir finden den Puls nicht«, sagte die erste Schwester alarmiert, und ich wollte fragen: *Ist er nicht da oder hört ihr ihn nur nicht?* Das war die einzige Frage auf der Welt.

Dann war die Ärztin da. Sie sagte, dass der Fall eingetreten sei, den wir hätten vermeiden wollen. Sie sagte: »Der Herzschlag Ihres Babys fällt und kommt nicht wieder hoch.«

Danach ging alles ganz schnell: Zehn, fünfzehn Leute im Zimmer, mehrere rollten mich auf die Trage, meine Beine waren noch von der PDA gelähmt. Dein Vater nahm meine Hand. Eine Stimme rief: »Unter siebzig!« Eine andere: »Unter sechzig!« Ich wusste, dass sie von deinem Herzschlag sprachen. Dann hetzten sie im Laufschritt mit mir durch den Flur. Unterwegs zog eine Schwester der Ärztin eine Operationshaube über.

Im OP zwickte mir ein Mann in den Unterbauch und fragte mich, ob ich etwas spürte. Ich sagte ja. Er wirkte genervt. Ich sagte, sie sollten mich einfach so aufschneiden. Er tat noch etwas in meine Infusion, und als er das nächste Mal zwickte, spürte ich nichts mehr. Die Ärztin sagte, ich würde Druck empfinden, keinen Schmerz. Alles würde hinter dem blauen Vorhang passieren, der den Rest meines Körpers abschirmte.

Mein Mann saß auf einem Hocker neben dem OP-Tisch – besorgt, mit einer blauen Operationshaube auf dem Kopf –, und ich sah in sein Gesicht wie in einen Spiegel und versuchte, dort dein Schicksal zu lesen. Erst als ich die Stimme der Ärztin hörte, die sagte: »Da bist du ja, Süße«, wusste ich, dass sie mich aufgeschnitten und dich gefunden hatten, bereit für die Welt.

Jede Geburtsgeschichte ist die Geschichte zweier Geburten: Ein Kind wird geboren, und eine Mutter wird geboren – geformt von der Geschichte, wie sie ihr Kind auf die Welt brachte, geprägt vom Gebären und noch einmal vom Erzählen davon. Der Geburtsplan blieb zusammengefaltet in meiner

Krankenhaustasche. Er blieb die Geschichte eines Ereignisses, das nicht stattgefunden hatte.

Stattdessen hatte das Ärzteteam meinen Kopf und meinen Unterleib mit einer blauen Plane getrennt. Die Hände einer anderen Frau hatten hineingegriffen und dich aus mir herausgezogen. Mein Körper war vom Komplizen zum Feind geworden. Er presste nicht mehr; er hatte versagt. Er musste aufgeschnitten werden. Die Geburt musste von anderen gerettet werden, weil ich es nicht geschafft hatte. Ich sage nicht, dass das für Kaiserschnitte im Allgemeinen gilt. Ich sage, was ich fühlte. Ich fühlte mich betrogen.

Ich hatte immer gehört, wie Wehen als eine Art triumphierende Übermacht beschrieben wurden, aber deine Geburt war eine Lektion in radikaler Demut für mich. Meine Geschichte war unterbrochen worden. Mein Körper war unterbrochen worden. Du kamst und hast mir gezeigt, dass Schmerzen nie meine besten Lehrer waren. Du kamst und hast mir gezeigt, dass ich nie Kontrolle hatte. Es war nicht wichtig, ob ich Schmerzen hatte oder ob ich nicht genug Schmerzen hatte, als ich dich zur Welt brachte. Es war wichtig, dass du kamst, glitschig und staunend und vollkommen. Du warst immer noch ein Teil von mir. Du warst jenseits von mir.

Wenn das Werk des Hungerns so klein und stickig war wie ein Wandschrank, war das Werk deiner Geburt so weit wie der Himmel. Es entfaltete sich mit allen Unbekannten eines Lebens, das in dem Körper passieren würde, den mein Körper möglich gemacht hatte.

Den großen Teil der ersten Stunde nach deiner Geburt lag ich noch auf dem OP-Tisch und bat darum, dich halten zu dürfen. Dein Vater erinnerte mich daran, dass ich noch operiert wurde. Er hatte recht. Mein Unterleib war immer noch aufgeschnitten. Mein Körper zitterte von all den Medikamenten, die man mir gegeben hatte, erst gegen die richtigen Schmerzen und dann gegen die falschen Schmerzen.

Ich wusste nicht, dass ich noch stundenlang zittern würde. Ich wusste nur, dass dein Vater in die Ecke des Zimmers zeigte, wo sie ein kleines Bündel zum Brutkasten brachten. Ein Beinchen ragte heraus, unglaublich winzig. Mein ganzer Körper vibrierte, voller Bedürfnis, dich zu halten. Ich fragte immer wieder: »Geht es ihr gut? Geht es ihr gut?« Die Ärzte hatten die Hände in meinem Bauch und sortierten meine Organe – Druck, kein Schmerz; Druck, kein Schmerz –, und dann erfüllte dein Schrei den Raum. Als deine Stimme anschwoll, spürte ich, wie meine aus mir herausbrach. »O mein Gott.«

Da warst du: eine Ankunft, ein Schrei, der Anfang einer neuen Welt.

DANKSAGUNGEN

Voller Dankbarkeit, wie immer, für meinen unermüdlichen, ermüdenden und absolut brillanten Lektor Ben George; meine Kriegerin und Kameradin Jin Auh; und Michael Taeckens, der so viel Seele und Leidenschaft in seine Arbeit steckt, dass er mich jedes Mal beglückt. Tief empfundener Dank an meine Teams bei Little, Brown und Wylie: Reagan Arthur, Liz Garriga, Pamela Marshall, Craig Young, Ira Boudah, Brandon Kelley, Marie Mundaca, Gregg Kulick, Shannon Hennessey, Cynthia Saad, Allan Fallow, Alex Christie und Luke Ingram; sowie meine Lektorinnen und Lektoren im Ausland, besonders Max Porter, Anne Meadows und Karsten Kredel. Außerdem hatte ich das Glück, an den Essays mit einem Team strenger und inspirierender Zeitschriftenredakteurinnen und -redakteure arbeiten zu dürfen: Charlie Homans, James Marcus, Denise Wills, Roger Hodge, Brad Listi, Genevieve Smith, Tom Lutz, Derk Richardson und Allison Wright.

Meinen außergewöhnlichen Freunden – denen, die Entwürfe der Essays gelesen haben, und denen, die mir einfach nur helfen, mein Leben zu überleben – und meiner geliebten Familie: vielen Dank. Ich bin dankbar für all das Glück, das ich habe.

QUELLENVERZEICHNIS

James Agee, *Preisen will ich die großen Männer: Drei Pächterfamilien,* übersetzt von Karin Graf. Schirmer/Mosel Verlag, München 1989. Neu erschienen bei Die Andere Bibliothek, Band 344, Berlin 2013.

Roland Barthes, *Fragmente einer Sprache der Liebe,* übersetzt von Hans-Horst Henschen. Suhrkamp Verlag, Frankfurt am Main 1984 und Berlin 2015.

Anne Carson, *Glas, Ironie und Gott. Gedichte,* übersetzt von Alissa Walser und Gerhard Falkner. Piper Verlag, München 2000.

Joan Didion, *Das weiße Album. Eine kalifornische Geisterbeschwörung,* übersetzt von Charlotte Franke. Kiepenheuer & Witsch, Köln 1983. Neu erschienen unter *Wir erzählen uns Geschichten, um zu überleben,* neu übersetzt von Antje Rávik Strubel. List Taschenbuch, 2. Aufl., Berlin 2009.

Ralph Waldo Emerson, *Natur,* übersetzt von Harald Kiczka. Diogenes Verlag, Zürich 1988.

Herman Melville, *Moby-Dick,* übersetzt von Matthias Jendis. Carl Hanser Verlag, München 2001.

David Foster Wallace, *Das hier ist Wasser/This Is Water,* übersetzt von Ulrich Blumenbach. KiWi-Taschenbuch, Köln 2012.

Jacob Riis, *How the Other Half Lives: Studies Among the Tenements of New York.* Martino Find Books, Eastford 1957 und 2015. Die Zitate auf den S. 154 u. 158 sind übersetzt von Sophie Zeitz.

Marilynne Robinson, *Haus ohne Halt,* übersetzt von Sabine Reinhardt-Jost. Edition fünf, München 2012.

Susan Sontag, *Das Leiden anderer betrachten,* übersetzt von Reinhard Kaiser. Carl Hanser Verlag, München 2003.

Die Gedichtzeilen auf S. 203: *Ich muss zurück zum Meer hinab, zum rastlosen Wanderleben, / Der Möwe nach, und dem Walfisch nach, wo die wilden Winde fegen …* stammen aus dem Gedicht »Sea Fever« von John Masefield, übersetzt von Sophie Zeitz.